农村地区平交路口安全性评价及案例分析

赵　亮　著

人民交通出版社股份有限公司

北　京

内 容 提 要

全书共分为6章，主要阐述了农村公路平交路口事故生成机理、驾驶员眼动特性规律、农村地区平交口安全性评价体系与模型构建，并对典型案例进行了分析。本书系统地介绍了农村地区平交口人、车辆以及道路交通环境、设施与交通安全的关系及其预防交通事故发生的相关措施。

本书可作为开设交通运输、交通工程、安全工程等相关专业的本科、专科院校的教材，同时也可作为从事道路交通安全设计、安全管理、安全评价等相关人员的参考用书，以及交通运输系统安全管理人员短、中期安全培训的教材。

图书在版编目(CIP)数据

农村地区平交路口安全性评价及案例分析/赵亮著
.—北京:人民交通出版社股份有限公司, 2021.10

ISBN 978-7-114-17565-7

Ⅰ.①农… Ⅱ.①赵… Ⅲ. ①农村道路—平交道口—交通运输安全—研究 Ⅳ.①U492.8

中国版本图书馆CIP数据核字(2021)第164032号

书　　名：农村地区平交路口安全性评价及案例分析
著 作 者：赵　亮
责任编辑：崔　建
责任校对：刘　芹
责任印制：张　凯
出版发行：人民交通出版社股份有限公司
地　　址：(100011)北京市朝阳区安定门外外馆斜街3号
网　　址：http://www.ccpcl.com.cn
销售电话：(010)59757973
总 经 销：人民交通出版社股份有限公司发行部
经　　销：各地新华书店
印　　刷：北京虎彩文化传播有限公司
开　　本：720×960　1/16
印　　张：12.5
字　　数：227千
版　　次：2021年10月　第1版
印　　次：2021年10月　第1次印刷
书　　号：ISBN 978-7-114-17565-7
定　　价：49.00元

前　言

随着我国经济的发展，公路建设也取得了长足进展。然而，公路的快速发展在促进国家经济发展的同时，也带来了一些负面效应，如道路交通事故。平交路口作为道路的节点，与道路路段相比，有更多的车流、人流，且道路条件及环境更为复杂，更易发生交通事故。尤其在广大农村地区，公路平交路口安全防护措施缺失、交通信号设施不完善、路侧标志牌遮挡等问题突出，导致道路交通事故频发。

本书以农村地区公路平交路口（包括国省道、县乡村道等）交通安全性提升为目标，以人、车、路、环境为研究对象，建立农村地区平交路口的交通安全综合评价体系，将农村地区平交路口分为高等级有信号控制、高等级无信号控制、低等级有信号控制、低等级无信号控制四部分，对农村地区平交路口安全性进行科学合理的评价，并结合实际案例，提出农村地区平交路口交通安全隐患排查方法和交通安全提升对策。

本书的出版得到了山东省智慧交通重点实验室（筹）的支持，在此表示感谢。在本书的撰写过程中，参考了部分专家、学者的一些研究成果，在此表示衷心的感谢。由于笔者水平有限，书中错误和疏漏之处在所难免，恳请广大读者批评指正。

作　者

2021 年 7 月

目　　录

第1章　农村地区平交路口交通安全概述

公路的发展是一个国家综合国力的体现。我国公路的发展大致经历了三个阶段,即古代道路、近代道路、现代公路。早在公元前2000年,我国已经出现了可行驶牛、马车的道路。公元前2世纪,我国通往中亚西亚和欧洲的丝绸之路开始发展起来,到唐朝已初步形成了以城市为中心的四通八达的道路网。1908年我国第一条公路在广西南部边防兴建,随后公路逐渐发展,至1965年底,我国公路通车里程达30.5万km,桥梁10.5万座。“九五”期间以高等级公路为主的国道主干线形成规模效益,使东部地区干线公路拥挤状况明显缓解,中西部贫困地区交通条件有所改善,国防公路得以加强。截至2019年,中国公路总里程已达484.65万km、高速公路达14.26万km,居世界第一。我国公路里程的快速增长,不仅推动区域经济的发展,也是促进整个国家经济发展的重要导向。它能够将社会的生产、交换、分配与消费等诸多环节紧密相连,是我国社会、经济、生活等各个方面能够正常运行的基础前提。

然而,道路的快速发展在促进国家经济发展的同时,也带来了一些负面效应,即道路交通事故。随着交通事故的频发,道路交通安全问题就成了世界各国关心的社会问题和困扰世界各国的难题。交通事故已经成为制约我国国民经济发展的重要因素。平交路口作为道路的节点,与道路路段相比,有更多的车流、人流,且道路条件及环境更为复杂,更易发生交通事故。据有关统计资料显示,美国2000年发生的引起人员受伤的交通事故中,约有280万起发生在平交路口或附近,占全部引起人员受伤交通事故的48%;日本2008年发生在平交路口的道路交通事故占所有道路交通事故的56.1%;联邦德国大约有35%的交通事故发生在平交路口;澳大利亚大约有18%的交通事故发生在平交路口;法国大约有24%的交通事故发生在平交路口;在我国,约有30%的交通事故发生在平交路口。由此可见,道路平交路口的交通安全应引起我们的高度重视。

尤其在广大农村地区,农村公路平交路口道路安全防护措施不到位、相位信号设施设置不合理、道路交通指示标线磨损较严重、路侧标志牌遮挡等问题突出,道路交通事故频发。因此,从农村公路平交路口出发,研究其交通事故发生特点及规律,科学合理地提出农村公路平交路口安全性综合评价方法,并通过对农村地区平交路口安全性能进行准确定位分析,从而针对性地提出农村公路平交路口安全提升对策,以减少农村公路平交路口交通事故的发生。

1.1 国外农村地区平交路口交通安全概述

国外对道路交通安全问题的研究起步较早,其关于道路交通事故原因分析的理论主要经历了三个阶段。最早出现且最简单的是单因素理论,这种理论偏重于对人的分析,把事故简单归结为由一种原因引起。随后单因素理论逐渐发展成为多因素理论,该理论广泛地用于各种事故分析,认为在事故分析中,主要应从"人—车—路"三因素着手。国外在 20 世纪 80 年代又提出了系统致因理论,该理论用系统的观点对引发事故的多种因素及其关系进行了研究。

美国是进行道路交通事故研究最早的国家,其各级交通部门首先抓紧改善交通安全尤其是交叉路口安全,给予各种政策及经费上的支持。在 20 世纪 30 年代就成立了世界上第一个交通研究机构——美国工程师协会,主要进行理论研究和应用研究。

英国也是对道路交通安全十分重视的国家,英国伦敦大学的 Smeed R. J. 教授在 1949 就根据欧洲 20 个国家 10 余年的交通资料,对事故次数与机动车及人口数量进行了回归分析,建立了施密德模型;20 世纪 80 年代末期英国又率先开展了道路安全评价工作,澳大利亚、新西兰、加拿大、美国在 90 年代也普遍推行了道路安全评价制度。目前,意大利、新加坡、马来西亚、南非、丹麦、荷兰等也在推行此项工作。发达国家对道路交通事故进行了系统性的研究,提出解决方案,显著降低了交通事故率及严重程度。

俄罗斯的道路交通专家巴布可夫,早在 1990 年就开始系统性地研究道路条件与交通安全的内在关系,为交通安全的研究奠定了基础。

美国的 Venkataraman Shankar 在 1995 年研究道路几何线性和环境对公路事故率的关系时提出了泊松回归模型。Ruedijer 等在 1999 年研究了道路设计、驾驶员行为、驾驶动力特性和交通安全的内在关系,对交通安全特征进行分析和评价。

日本 Tezukayama 大学在研究驾驶员心理特征与道路交通事故率的关系时,综合考虑了驾驶员的性别、驾驶时间、驾驶熟练程度,车辆的行驶状态以及道路特征等影响因素。

1.2　国内农村地区平交路口交通安全概述

我国对交通安全领域的研究与发达国家相比起步较晚,20 世纪 80 年代以来随着我国国民经济水平不断提高,小汽车人均占有量不断攀升,使得近年来交通事故频繁发生,已经严重威胁到广大人民的人身财产安全,尤其是交叉路口的安全问题。对此,我国学者不断进行深入研究,并取得了一定的进展。

从 20 世纪 80 年代开始,王炜、高海龙、李文权等人对公路无信号交叉路口进行研究,对无信号交叉路口的交通特性、延误等进行了细致性的研究。

1998 年西南交通大学将城市交通安全分为特别安全、安全、安全边缘和不安全四个等级,其分级标准采用时均的冲突与混合交通当量的比值来确定;西安交通大学引入了交通冲突技术,于 2000 年对郑州黄河公路大桥进行了安全评价,具有一定的实际指导意义。

2006 年,田建等基于系统聚类方法,应用交通冲突技术,提出了以早高峰、晚高峰以及平峰时期三个阶段的交通冲突数与混合当量交通量的比值(TC/M PCU)的交叉路口安全评价指标,建立了道路交叉路口交通冲突系统聚类评价法。

2008 年,项乔君、卢川等提出采用交通冲突的方法进行公路平交路口的安全评价时,应考虑不同严重程度的冲突对交通安全的影响,采用冲突时间(TTC)作为评价指标,给出了不同严重程度交通冲突的界定标准,并通过对一般冲突、严重冲突及交通量数据的采集,运用灰色理论的计算方法定量计算出平交路口的安全程度。

2010 年,李应南等通过分析研究,建立了平面交叉路口交通安全的层次指标体系,并且运用层次分析法各指标之间的相对重要行进行判断,构造了比较判断权重的矩阵,得到各指标层和准则层因素的相对权重,然后利用主成分分析法和专家打分法等方法获取了交叉路口评价指标的组合权重。

2013 年,关宇驰等对过境的一、二、三级公路乃至国家的公路网的主干架进行研究,总结了过村镇路段的交通事故特征,提出了交通事故的致因机理,并根据问题提出解决方案,对过村镇路段的交通秩序进行了优化。

2014 年,葛兴、姜波等利用 vogue 集方法,确定了各指标权重,提出定权灰色聚类评价方法,对指标体系进行聚类分析,把交叉路口安全水平分为四级,对公路平面交叉路口的安全性进行快速定量分析。

2015 年,田毕江、代德彪、丁光柱等通过重点研究分析一级公路大型平面交叉路口设计情况,建立了基于运行速度下平面交叉路口的安全性评价研究,利用专家打分机制确定评价指标权重,运用模糊评价和层次分析法对交叉路口的安全性进行评价。

2015 年，肖莉英等在对现有基于交通冲突技术(TCT)的城市道路交叉路口安全评价存在问题的基础上，将端点三角白话权数灰色聚类评估模型引入到基于TCT 的城市道路平交路口安全评价模型，通过对城市道路交叉路口交通冲突的观测，分析各个因素的特征值，利用灰色聚类评估原理，构建了一种基于交通冲突技术的城市道路交叉路口危险度的系统技术按模型与方法。

2016 年，刘义春等通过对现有道路平面交叉路口的各种定位指标、线形、速度、路面安全性能与设计图纸等原有资料的设计参数进行对比分析，找出造成平交路口指标差异的根源并加以分析，提出了直观判别法、综合事故指标计算法及检查表列项检查分级法三种评定方法。

综上所述，国内外对道路交通安全方面的关注度越来越高，在城市和主要道路的交通安全方面的研究也取得了较大的进展，但对于道路条件及道路环境都普遍落后的农村地区来说，道路上尤其是平交路口处的不安全状况仍是一种普遍状态，亟须整改。但目前，我国学者对农村地区公路的研究更倾向于研究路段基础设施有信号控制的平交路口，对交通相对比较混乱的无信号控制的农村地区公路研究较少。本书以农村地区公路平交路口(包括国省道、县乡村道等)交通安全性提升为目标，以人、车、路、环境为研究对象，建立农村公路平交路口的交通安全综合评价体系，将农村公路平交路口分为高等级有信号控制、高等级无信号控制、低等级有信号控制、低等级无信号控制四部分，对农村地区平交路口安全性进行科学合理的评价，并结合实际案例，提出农村公路平交路口交通安全隐患排查方法和交通安全提升对策。

第2章　农村地区平交路口安全性机理与控制

2.1　农村地区平交路口事故机理

2.1.1　事故现状规律

农村公路是我国公路网的重要组成部分，规模大、覆盖面广，其里程占全国公路通车总里程的3/4以上，连接广大的县、乡、村，直接服务于农业、农村经济发展和农民出行。我国农村公路覆盖率较高，多数国省道穿越农村与城市相衔接，在这种状况下，农村公路的建设迫在眉睫。

农村公路与城市道路存在较大差异。一是在设施的完善程度上，农村公路设备设施缺失，行车安全性较差。二是农村公路的各项物理指标稍显落后，这将对于道路行车的安全性造成一定困扰。三是农村公路在道路设计指标上不合理。农村公路的建设相对较早，在建设方面技术不成熟，形成了较多弊端。且农村公路地处偏远，改善相对较困难。四是农村公路交通管制不足，不同类型的车辆混杂行驶，道路出入口多，出行方式目的多种多样，行驶环境较为混乱，安全性相对降低。

无论在城市还是郊区、农村地区，交叉路口都是事故的多发点，大多数事故的冲突几乎都与交叉路口有关。一般交叉路口通常是由于伴随着车流量的增多，引发行车冲突过多等，进而发生交通事故。农村公路交叉路口范围内经常出现违规停车、乱停乱放、不遵守交通秩序的车辆。农村公路平面交叉路口位置相对来说设置不合理，交叉路口视距不充分、三角区内有障碍物等都将导致驾驶员不能对当前交通状况作出正确、及时的判断；平面交叉渠化复杂、车道划分不合理或不明显、缺乏必要的机非分离设施等，将对规范道路交通环境起反作用；交叉路口功能区域内有不合理的支路接入会使交通复杂化，不利于道路交通安全。交通信号灯可见性不好、位置设置不合理及远离交叉路口，指路标志位置设置不合理和信息不明确，标线剥落或模糊、磨损严重、辨认性差，未在必要处设置减速停让标志，这些缺陷将导致驾驶员在交叉路口位置不能做出正确的驾驶操作，加重了交通事故的严重程度。虽然交叉路口处车流量符合相关规定，但是不同种类车辆鱼龙混杂，运行方式不一，易导致交通事故的发生。

2.1.2 事故生成机理

从系统论的观点看，道路交通系统是由人、车、路、环境等因素构成的一个复杂系统。交通事故属于这个动态系统中的一种突发随机事件，是道路交通系统运行失衡的结果。根据我国的道路交通事故统计数据，导致事故发生的原因主要有人的因素、环境因素及车辆因素，其中人为失误所导致的事故占主要比例，道路交通环境条件因素的事故占比相对较少，车辆技术状况因素的事故占比最小。因此，分析道路交通事故成因最重要的是要分析人、车、路、环境对交通事故产生的影响。根据事故发生的影响因素，驾驶员为最直接的原因，驾驶员驾驶的车辆、道路的环境和条件等原因的影响也侧面反映在驾驶员的操作上。驾驶员的驾驶状态易受到道路环境和道路条件的影响，对驾驶员的心理以及车辆操作等个体行为产生极其重要的影响。在设有交通管制的交叉路口，冲突点较少，车辆运行流畅，安全性较高。相较于设有交通管制的交叉路口，畸形交叉路口，交通管制严重缺乏的路段安全性则相对不足，交通事故发生率相对增加。车辆的不安全状态会使驾驶员处在危险状态中，当车辆的某些部件老化、失灵，会进一步导致驾驶员错误操作、延时操作，造成交通事故的发生。同样，道路条件和环境也影响着车辆的性能，例如，路面的完整度、摩擦性能影响车辆的制动性能、轮胎的磨损度，部分农村公路由于地形的限制，常出现长大纵坡，车辆连续的制动导致制动性能减弱，甚至出现制动失灵等危险状况。其他原因中；天气原因也通过影响道路条件、道路环境因素来间接影响车辆的性能，而车辆的性能降低造成车辆的操作延误，易使驾驶员判断失误，从而对行车安全造成影响。另外，天气原因将会导致驾驶员生理心理的变化，如不良天气下，虽驾驶环境较为糟糕，但出行率较低、驾驶员的安全忧患意识会相对较高，因此，不良天气下的事故发生频率反而相对较低。

驾驶员是事故发生的最直接因素，所有事故的发生与驾驶员直接关联。道路环境因素、道路条件因素、车辆因素、其他因素对于驾驶员的操作、意识起着重要作用。因此事故的发生是以驾驶员的错误操作、意识为主导，其他各种因素相互作用的结果。事故生成机理流程如图 2-1 所示。

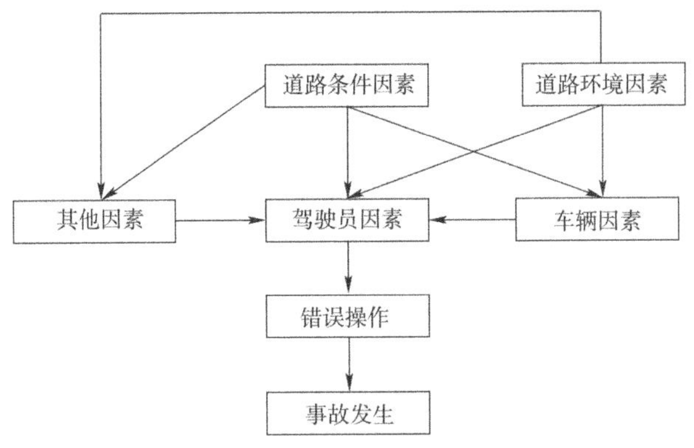

图 2-1　事故生成机理流程

2.2　农村地区平交路口交通事故影响因素分析

每一辆车行驶在道路上,都是由驾驶员、汽车、道路以及环境等因素组成的一个相互协调的系统。这个系统中的任意一个组成部分的正常技能受到破坏就会引起交通事故,因而交通事故发生的最根本原因是这一系统的协调作用受到破坏的结果。系统内各因素通过对其他因素的相互影响而表现出对交通系统的影响作用,即在分析影响道路安全的影响因素时,往往并不是某单一因素的作用,而是多因素的相互影响。

2.2.1　道路环境因素

环境,是交通安全系统中的客观因素之一。环境因素作用主要表现在对人、车、路的不良影响上。环境又可分为道路环境和自然环境。道路环境主要指道路的安全设施系统,如视距、信控设备、视认特征、道路排水、路侧防护、隔离管理、路侧景观、监管设备等。公路交通安全设施是公路的重要组成部分,是保证公路安全、顺畅运行的关键因素。这些设施对于减轻事故的严重程度,有效消除各种纵、横向干扰,提高道路服务水平,提供视线诱导,改善道路景观等起着重要的作用,特别是对充分发挥公路安全、快速、经济的功能,具有特殊的意义。有效准确地设置安全设施可以减轻事故严重程度,减少事故发生次数。自然环境主要指天气条件、季节条件。恶劣的自然环境,会降低道路的使用性能和车辆的动力、制动性能;还会致使驾驶员产生紧张的情绪,增大操作失误的可能性。因此,在交通安全系统中,自然环境因素有着举足轻重的作用。

2.2.2 道路条件因素

路,是交通安全系统中最重要的因素之一。路是车辆的载体,为车辆的安全行驶提供良好的条件,驾驶员通过对道路条件的接收和处理做出适合道路条件的行车指令,良好的道路条件有利于行车安全,恶劣的道路条件对行车安全有明显的不良影响。从道路条件影响交通安全的角度出发,可以将道路条件分为道路线形、路面性能、交通标志标线、接入管理等方面。道路线形必须满足车辆行驶运动学、动力学要求,同时也应考虑线形对驾驶员驾驶行为的要求。在行车时,驾驶员主要通过视觉、听觉和触觉等感觉器官接收信息。研究表明:驾驶员每行驶 1km,会接收约 300 种信息,需作出 70 多次决策。这就需要驾驶员一方面观察了解前方路段的情况,另一方面要驾驶车辆使之适应前方路段的条件。由于驾驶员顺着路线注视前方时,习惯使视线平顺前进,为保证行车安全,道路几何线形应该自然流畅。此外,道路线形的宜人性要求也是重要因素,如果在道路中有单调或复杂路段,驾驶员就会因单调而产生疲劳或由于道路条件复杂而产生害怕、紧张等负面情绪,这就造成了潜在危险,很难保障道路交通安全。道路线形因素主要包括平面线形、纵面线形、横断面以及平纵面线形组合等。路面性能是道路的行车部分,路面的好坏直接影响行车安全,车辆行驶在有车辙、沉陷、波浪的路面上,安全程度会明显降低。路面性能通常包括的因素有路面强度、稳定度、平整度、路面病害等。根据摩擦学的原理与汽车受力分析和操纵稳定性的分析可知,在路面湿润、下雨、结冰状况下,汽车的制动性能、操作稳定性能、抗侧滑性能都会大大降低,尽管驾驶员按照限制车速行驶,也可能引发交通事故,这种事故的间接原因为路面性能的降低。路面集料的性能直接影响路面的抗滑性能和耐久性,这种性能的好坏也会影响交通的安全水平。此外,路面的平整度会影响车辆行驶的平顺性、方向稳定性等操作性能,从而对安全水平产生一定程度的影响。行车道宽度的增加可以缓解驾驶员在曲线路段超车或错车时的紧张心理,有利于降低交通事故发生的可能性。交通标志标线主要通过影响驾驶员对前方路况的判断以及心理状态来影响交通安全,标志设置不合理易导致车辆行驶秩序混乱,引发交通事故。接入管理主要指交叉路口,平交路口时交通事故的高发地点,由于是不同交通流集中的地方,因而与路段比较而言,其混合交通现象相对较明显,情况更为复杂。接入管理即道路接入管理。道路接入是指车辆从道路两侧的用地汇入道路的直行交通流中;或者是车辆从道路直行交通流中驶出,进入路侧用地。在此过程中,接入车辆与直行车辆以及道路上的行人和非机动车辆有可能发生交通冲突,而交通冲突往往引起交通事故的发生,因此,道路接入点成为交通事故的易发区域。美国对道路接入管理有如下定义:道路接入管理是一种对接入车道、中央分隔带开口以及连接干道的支路进行系统管理与控制的方法,包括它们的位置、空间、设计以及操作方式;也涉及干道上中央分隔带几何形状、辅助车道以及交通信号灯安装位置的设计。接入管理分为交叉路口的接入管理、交通流导入的接入管理、其他的道路接入管理,其中交叉路口的接入管理作为重点研究。交叉路口的接入管理主要包含交叉路口接入道路数目、接入道路的顺序、干道周围设施出入口和交叉路口间距等。交叉路口接入道路数目主要指在接入管理技术中,所有与交叉路口直接相接的支路或次要道路统的总数量。因接入道路的数目越多,产生的冲突点就越多,产生的交叉角度越小,导致转弯半径越小,越影响交通安全,所以要控制交叉路口接入道路数目。接入道路的顺序是指当交叉路口的进口道两侧各有一个接入道路时,其先后接入交叉路口的顺序不同会产生不同的交通冲突后果。在分析接入道路对主交叉路口产生的交通冲突时,主要考虑主交叉路口的交通流。交叉路口间距干道周围设施出入口应和交叉路口保持一定的距离,除特殊情况外,一般不应位于交叉路口的功能区,以保证周围交通畅通、行车安全。交通法规应该限制干道周围设施出入口和交叉路口的最小距离,这个距离一般根据道路等级和设计车速来确定,干道周围设施出入口是事故多发地段,事故发生的原因很大部分是由于出入口的车道数、车道长度、转弯半径、坡度、视距保证、渠化岛和标志标线等设计不当所致,出入口设计的要点是减少转弯进入和离开干道的车辆对直行车辆的影响,减少车流冲突点。

2.2.3　驾驶员因素

人,是交通安全系统中重要的因素。在本书中,人仅指机动车驾驶员,非机动车驾驶员和行人。在人、车、路和环境四大要素中,车辆是由人来驾驶的,道路是由人来使用的,环境主要通过人使用道路综合反映。道路和环境是客观的、无意识的,而人是主动的、有意识的;车通过人相辅相成,驾驶员是车的核心内容,因此,人是交通安全的核心,交通安全的关键在于人。而在各类人导致的交通事故中,因机动车驾驶员导致所占比重往往最高,这与机动车驾驶员的生理、心理特性有着密切的关系。根据相关研究,将机动车驾驶员的生理、心理特性可分为两大类:稳定因素和不稳定因素。其中,稳定因素包含驾驶员的年龄、性别、反应时间、驾龄、驾驶习惯、文明程度等,不稳定因素包含疲劳驾驶、情绪波动、酒后驾驶等。驾驶员驾驶车辆在道路上正常行驶的过程中要不断地根据道路情况进行决策,是认知情况(感知信息)、确定措施(判断信息)、实施操作(反馈执行)三个步骤不断循环的过程,这三个步骤中任意一项出现失误,均可能引起交通事故。而驾驶员的生理、心理特性会对三个步骤产生不同程度的影响,进而影响驾驶的安全性。

2.2.4 车辆因素

车是交通安全系统中的重要因素之一。车辆是驾驶员的载体，是人的直接作用对象，道路条件和交通环境必须满足车辆的基本行驶要求。对于行人和非机动车来说，机动车明显属于交通强者，因此，车辆因素主要讨论的是机动车的特性。机动车本身的状况，如转向系统、制动系统、行车系统及电气系统是驾驶员行车安全的物质基础，它们的安全性能是诱发事故的主要因素。通常，单独由车辆的技术状况不良引起的交通事故虽然不多，但是一旦发生交通事故，车辆的安全状况将直接影响着事故的严重程度。车辆因素导致的交通事故主要包括制动劳损或失灵、转向失效、车辆爆胎、轮胎劳损、灯光失效等，其中，机动车的制动系统是降低车速的控制机构，属于主动安全措施的最重要手段，是行车安全最核心的部件；机动车的转向系统直接关系到车辆的操纵有效性，很大程度上影响交通安全，其中转向系统受道路线形条件的影响较大。若机动车转向系统发生异常，极有可能使车辆不能在车道内正常行驶，不能控制方向或突然大幅度改变方向，甚至造成翻车的严重事故。车辆是交通事故的直接“参与者”和“肇事者”，交通事故与车辆的性能密切相关。

2.3 安全性控制分析

2.3.1 速度控制

速度控制是指通过改善道路条件、道路环境等在车辆行驶时，能够影响速度产生波动的因素，并在车辆行驶速度对交通事故产生机理分析的基础上，通过对农村道路安全等级的评价，专门提出了一套高效、宏观、快速的交通控制安全等级评价方法和改善措施，使车辆能够达到预期安全驾驶速度的控制方法。车速是影响道路交通安全的一个重要因素，也是道路发生交通事故的重要机理。因此，加强车速控制科学应用、提高速度控制技术功效，对于改善道路安全性和降低道路交通事故具有重要的意义。事故的严重程度也与车辆的行驶速度有着密切的联系。当车辆行驶速度超过限定速度时，交通事故的严重程度会明显增加。从交通事故的发生数量和事故本身严重程度对人们的生命及财产安全造成的损失两个方面进行分析，造成上述情况的主要因素都是由于车辆行驶速度异于安全行驶速度值。不合理的行驶速度会对人们的生命及财产安全构成极大的威胁。因此，对车辆行驶速度现象合理有效的控制，可以在很大程度上改善道路的交通安全状况。道路条件

和道路环境是影响车辆行驶速度的重要因素。改善农村公路交叉路口的交通安全水平，控制车辆安全行驶速度，应充分考虑其实际情况，立足于公路条件、道路环境、交通特性等关键因素，依据公路安全评价等级结果，以此确定改善内容，确立优化目标。对不符合规范、不能保障车速平稳变化的公路条件和公路环境，进行深度优化、彻底改造，达到有效控制安全车速、减少交通事故数量、提高公路安全性能的目的。

2.3.2　信号控制

信号控制是指通过合理规划各种信号指示灯、警示灯、导向灯、文明标语灯等相关装置的适用条件、安装位置，对机动车驾驶员或慢行参与者起到警惕、引导、指示作用，并针对可能存在的问题，专门提出了一套高效、宏观、快速的信号控制安全等级评价方法和改善措施，提高道路安全性能的控制方法。大量的研究和实践经验表明，使用信号控制，如路口信号灯、非机动车信号灯、行人信号灯、警示灯、导向灯及文明标语灯等，可以有效地降低交叉路口事故发生频率，减少机动车、非机动车、行人间的冲突点数量，同时有效引导驾驶员以正确安全的驾驶轨迹行驶，避免交叉路口中各交通参与群体出现违反交通规则的行为。交叉路口中各类信号指示灯能够使各类交通参与群体实现时间上的分离行驶，以此减少各冲突点数目，且相位越多越容易控制，但并不意味着交叉路口的安全状况都可以通过设置信号灯来改善，也不代表可以无原则地增加控制相位。交叉路口信号相位的增加，会带来交叉路口绿灯时间的损失，同时延长信号周期时长，降低各类交通参与群体的出行效率。交叉路口中各类信号指示灯应当结合实际情况，当交通量增加到超过全无和优先控制交叉路口的处理能力或事故发生频率较高时，应当合理增设信号指示灯，以减少交通冲突，提升交叉路口安全性能，反之，如果设置不合理，则会造成社会资源浪费，甚至造成更为严重的后果。除各类信号指示灯外，警示灯、导向灯、文明标语灯等信号控制措施虽无法实现交叉路口中各类交通参与群体实现时间上的分离和减少冲突数目的目的，但其能够提醒、警示和引导驾驶员以安全、高效、顺畅的驾驶行为通过交叉路口，如警示驾驶员注意前方行人或交叉路口，提醒驾驶员安全行驶、文明礼让行人，引导驾驶员确认道路线形状况，及时获取道路环境信息，从而大大提升交叉路口安全性能。

2.3.3　停车控制

停车控制是指通过合理进行交叉路口标线施化、标志牌设置、隔离柱布设、慢行过街设置、道路让行规则制定等相关措施，以此实现对机动车的强制性与非强制性的停车位置、原则等的控制目的，并针对其可能存在的问题，专门提出一套高效、宏观、快速的停车控制安全等级评价方法和改善措施，以提高交叉路口安全性能的控制方法。

实践表明，平面交叉路口的停车控制是交叉路口交通设计的重要内容，结合实际状况，对交叉路口实行合理的停车控制手段，能够进一步提升交叉路口内部的时空资源利用效率，改善各类交通参与者的通行效率水平，提高交叉路口的通行能力，并降低交叉路口事故发生频率，大大提升安全性能。科学地进行交叉路口标志标线设计，如停车线等标线的设计，减速让行、停车让行、禁止停车等相关标志的设计，能够大大优化车辆行驶轨迹，改善车流通行秩序，减少偶然性冲突点的产生，提高交叉路口通行安全性，倘若设计不合理，往往适得其反，影响整个交叉路口的通行安全性。交叉路口转角处隔离柱的准确布设，既能够强制性杜绝驾驶员在交叉路口转角处停车，同时也可以保障慢行交通参与人群的过街安全。交叉路口慢行交通参与群体的过街设计，应结合实地状况，正确设计交叉路口行人过街形式的确定，如一次过街人行横道、二次过街人行横道、十字交叉人行横道或单侧人行横道，同时确定交叉路口人行横道位置及宽度，以缩短行人的过街时间，减少行人与机动车的冲突，确保机动车行车轨迹的顺畅性。在道路让行规则制定中，平面交叉路口应当正确分配主次道路，明确交叉路口不同方向来车的让行准则，尤其是在无信号控制交叉路口的情况下，必须明确主线道路与支线道路车辆通行准则，以此实现交叉路口各方向车辆有序、安全、有效的停车控制。

第3章　农村地区平交路口驾驶员眼动特性

视觉是人类感知外界信息最重要的通道，也是驾驶员在行车过程中获得外界信息最主要的手段。相关研究表明，驾驶员90%以上的信息是通过视觉获得的。为了保证行车安全，驾驶员必须能够快速地发现前方道路的情况，并及时采取措施，避免交通事故的发生。可见，良好的行车视距是保证行车安全的前提条件。但是，我国现阶段的农村公路大多数道路等级偏低，道路环境复杂，视距不良路段较多，对行车安全极为不利。

平面交叉路口路段是机动车、非机动车、行人等汇集的区域，来自两个不同方向的车流和人流叠加在一起，交通冲突点较多。尤其在无信号控制交叉路口，没有明显的主路和次路之分，交通冲突尤为突出。因此，驾驶员驾车通过交叉路口路段时，需要充分考虑行车间距、非机动车、路上行人和周围道路环境等多重因素，然后决定何时采取必要的操作避开交通冲突。此时，驾驶员的心理和生理负荷比一般路段要大。通过在实际农村公路上进行实车试验，实时采集"安全生命防护工程"改造前后（以下简称"改造前"或"改造后"），驾驶员在通过平面交叉路口路段时驾驶员的眼动特征参数，分析驾驶员通过平面交叉路口路段时驾驶员眼动特性。

3.1　驾驶员瞳孔特性分析

改造前，驾驶员在平面交叉路口路段行车时瞳孔直径变化剧烈，平均瞳孔直径在35像素左右，瞳孔直径变化范围在0～50像素之间，表明驾驶员对平面交叉路口路段的行车环境较为关注，驾驶员处于紧张状态。在前150m路段，瞳孔直径由缓慢变化逐渐过渡为剧烈变化，在0m处瞳孔直径变化最剧烈，在后150m路段，瞳孔直径变化程度逐渐减弱。

改造后，驾驶员在平面交叉路口路段行车时瞳孔直径的变化趋势与改造前相似，但总体变化幅度明显减弱，平均瞳孔直径在25像素左右，瞳孔直径变化范围在0～30像素之间。但在交叉路口处，驾驶员的瞳孔直径变化仍然很剧烈。这说明虽然改造后道路环境有所改善，但由于总体行车环境复杂，驾驶员的心理负荷仍然较大。

从以上定性分析可以看出，驾驶员的瞳孔变化可以有效衡量驾驶员的行车心理负荷。为了有效分析，选用瞳孔面积变化率对平面交叉路口路段的驾驶员生理和心理负荷进行最小二乘模型分析。

最小二乘函数模型为：

$$f(x) = a_0 + a_1 x + \cdots + a_n x^n \tag{3-1}$$

如表3-1 和表3-2 所示，对瞳孔面积变化率随距离的变化关系进行了3 次、9 次和15 次的最小二乘建模分析，从模型建立过程可以看出，改造前和改造后9 次最小二乘模型的拟合优度分别为0.9153 和0.9317，拟合优度较高。因此，选定9 次最小二乘模型进行分析。

改造前瞳孔面积变化率模型参数表 表3-1

模型参数	3 次	9 次	15 次
拟合优度	0.8999	0.9153	0.9277
误差均值	1.0364	1.0006	0.9186
方差	54.038	45.7157	39.0455
a_1	-8.01×10^{-7}	2.08×10^{-19}	-7.42×10^{-30}
a_2	-4.66×10^{-4}	-2.19×10^{-16}	5.28×10^{-28}
a_3	0.0349	-1.14×10^{-14}	-6.82×10^{-25}
a_4	40.4723	8.80×10^{-12}	-4.01×10^{-23}
a_5		2.84×10^{-10}	-2.54×10^{-20}
a_6		-9.77×10^{-8}	1.23×10^{-18}
a_7		-4.18×10^{-6}	4.91×10^{-16}
a_8		-2.43×10^{-4}	-1.99×10^{-14}
a_9		0.0475	-5.18×10^{-12}
a_{10}		40.6386	1.83×10^{-10}
a_{11}			2.88×10^{-8}
a_{12}			-8.99×10^{-7}
a_{13}			-7.54×10^{-5}
a_{14}			0.0013
a_{15}			0.1006
a_{16}			40.126

改造后瞳孔面积变化率模型参数表　　表3-2

模型参数	3次	9次	15次
拟合优度	0.8328	0.9317	0.9392
误差均值	0.9957	0.632	0.5676
方差	0.5745	0.2406	0.2483
a_1	-9.42×10^{-7}	-2.66×10^{-18}	9.58×10^{-30}
a_2	-3.81×10^{-4}	1.18×10^{-16}	4.19×10^{-28}
a_3	0.0126	1.22×10^{-13}	-7.83×10^{-25}
a_4	30.0191	-6.89×10^{-12}	-3.61×10^{-23}
a_5		-1.73×10^{-9}	2.54×10^{-20}
a_6		1.43×10^{-7}	1.24×10^{-18}
a_7		6.55×10^{-6}	-4.21×10^{-16}
a_8		-0.0015	-2.14×10^{-14}
a_9		0.0099	3.77×10^{-12}
a_{10}		31.5484	1.89×10^{-10}
a_{11}			-1.78×10^{-8}
a_{12}			-7.27×10^{-7}
a_{13}			3.71×10^{-5}
a_{14}			2.48×10^{-5}
a_{15}			-0.0062
a_{16}			31.1106

如图3-1和图3-2所示，从瞳孔面积变化率拟合曲线来看，改造后，由于道路两侧加装了护栏、道路指示标志等，道路的行车环境得到改善。驾驶员在平面交叉路口处的瞳孔面积变化率明显减小，但波动仍然比较大。说明虽然改造后道路行车环境得到了改善，但驾驶员在平面交叉路口处的心理负荷仍然加大，此处仍可能是事故多发路段。

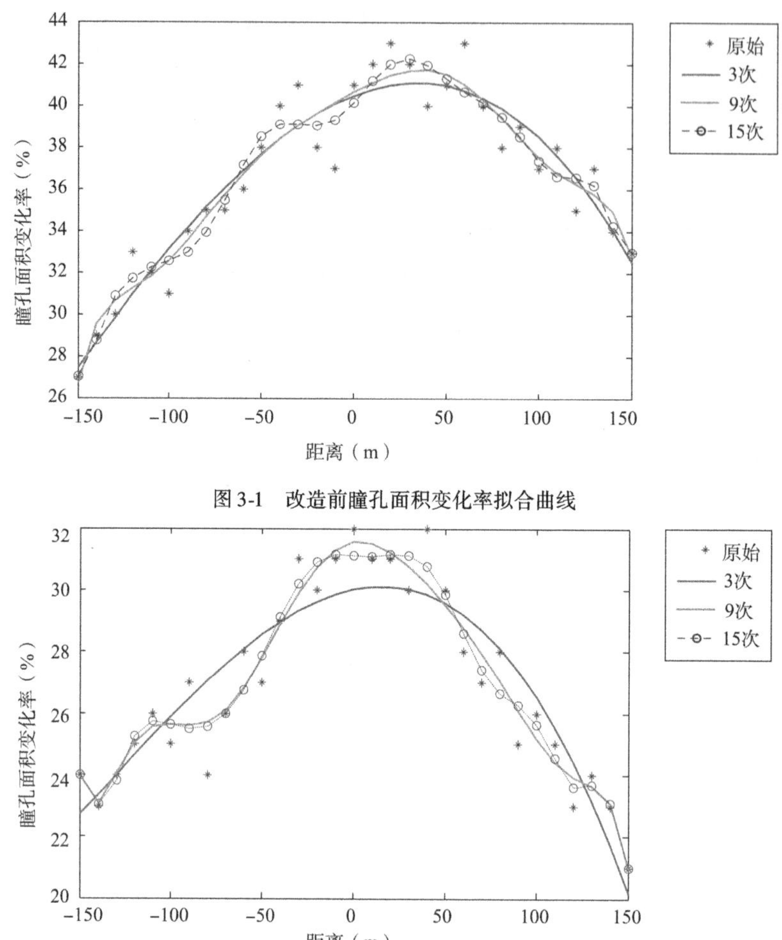

图 3-1　改造前瞳孔面积变化率拟合曲线

图 3-2　改造后瞳孔面积变化率拟合曲线

3.2　驾驶员注视特性分析

3.2.1　注视时间

如表 3-3 和表 3-4 所示，对驾驶员的注视时间进行了 3 次、9 次和 15 次的最小二乘建模分析，从模型建立过程可以看出，改造前和改造后 9 次最小二乘模型的拟合优度分别为 0.8784 和 0.9545，拟合优度较高。因此，选定 9 次最小二乘模型进行分析。

改造前注视时间模型参数　表 3-3

模型参数	3 次	9 次	15 次
拟合优度	0.7269	0.8784	0.9134
误差均值	2.8037	1.8239	1.5017
方差	3.7955	1.8707	1.45
a_1	-4.96×10^{-6}	-4.65×10^{-18}	2.44×10^{-30}
a_2	-6.67×10^{-4}	9.21×10^{-16}	-4.46×10^{-27}
a_3	0.0776	2.13×10^{-13}	-2.68×10^{-25}
a_4	461.563	-4.68×10^{-11}	3.24×10^{-22}
a_5		-2.78×10^{-9}	1.15×10^{-20}
a_6		7.73×10^{-7}	-9.02×10^{-18}
a_7		1.93×10^{-6}	-2.51×10^{-16}
a_8		-0.005	1.21×10^{-13}
a_9		0.1037	3.01×10^{-12}
a_{10}		465.7604	-8.08×10^{-10}
a_{11}			-1.90×10^{-8}
a_{12}			2.75×10^{-6}
a_{13}			4.34×10^{-5}
a_{14}			-0.0061
a_{15}			0.0727
a_{16}			465.4924

改造后注视时间模型参数　表 3-4

模型参数	3 次	9 次	15 次
拟合优度	0.7911	0.9545	0.9578
误差均值	2.8244	1.2399	1.2224
方差	3.6809	1.0366	0.8653
a_1	-5.21×10^{-6}	8.14×10^{-18}	2.18×10^{-29}
a_2	-4.01×10^{-4}	2.47×10^{-16}	-6.01×10^{-28}

续上表

模型参数	3次	9次	15次
a_3	0.0167	-4.40×10^{-13}	-1.86×10^{-24}
a_4	390.3013	-1.82×10^{-11}	4.48×10^{-23}
a_5		8.34×10^{-9}	6.31×10^{-20}
a_6		4.24×10^{-7}	-1.28×10^{-18}
a_7		-6.89×10^{-5}	-1.08×10^{-15}
a_8		-0.0037	1.78×10^{-14}
a_9		0.1659	9.61×10^{-12}
a_{10}		394.725	-1.89×10^{-10}
a_{11}			-3.89×10^{-8}
a_{12}			7.45×10^{-7}
a_{13}			2.80×10^{-5}
a_{14}			-0.0039
a_{15}			0.1098
a_{16}			394.6924

如图3-3所示,改造前,驾驶员在平面交叉路口路段的注视点较多,注视时间长。具体来看,在整个行车过程中,注视时间呈现"波浪形"变化。在前150m路段,注视时间长,注视范围大;在0m处,注视范围减小,注视点较集中;在后150m路段,注视时间较长,注视范围逐渐扩大。这说明,改造前,由于道路两边缺乏必要的道路指示信息,驾驶员在进入平面交叉路口前,对前面的道路条件没有预判,随着道路环境的复杂化,驾驶员的驾驶负荷逐渐增加,随着车辆驶出交叉路口,行车环境逐渐好转,驾驶员的驾驶负荷逐渐减小。另外,在整个交叉路口路段行车过程中,驾驶员的回视现象突出,说明在复杂道路条件下行车,驾驶员需要通过多次回视来确认道路信息。这与图3-4所示的驾驶员注视热点图相吻合,在整个行车过程中,驾驶员的注意力高度集中,注视现象突出。尤其在0m处,出现了两个注视中心区域,说明在此处驾驶员的驾驶负荷较大,容易发生交通事故。

如图3-5所示,改造后,驾驶员的注视时间明显减小,从图3-6的热点图中可以看出驾驶员的注视特性中出现了副中央窝预视效应。改造后,驾驶员在整个交叉路口路段的行车过程中,注视时间和注视点的变化幅度不大,甚至在0m处出现了

驾驶员的注视范围增加的现象。这说明通过增设必要的交通指示标志、加装安全防撞护栏等措施，使驾驶员在驶入交叉路口路段前能对前面的道路状况进行预判，驾驶员的驾驶负荷逐渐减小。

a)-150m处

b)0m处

c)150m处

图3-3　改造前注视图

a)-150m处

b)0m处

c)150m处

图3-4　改造前注视热点图

a)-150m处

b)0m处

c)150m处

图 3-5　改造后注视图

a)-150m处

b)0m处

c)150m处

图 3-6　改造后注视热点图

3.2.2 注视次数

如表 3-5 和表 3-6 所示，对驾驶员的注视次数进行了 3 次、9 次和 15 次的最小二乘建模分析，从模型建立过程可以看出，改造前和改造后 9 次最小二乘模型的拟合优度分别为 0.9679 和 0.8997，拟合优度较高。因此，可以选定 9 次最小二乘模型进行分析。

改造前注视次数模型参数 表3-5

模型参数	3次	9次	15次
拟合优度	0.8636	0.9679	0.9861
误差均值	0.1961	0.0936	0.0623
方差	0.0224	0.0056	0.0023
a_1	3.20×10^{-7}	4.33×10^{-20}	2.38×10^{-30}
a_2	8.15×10^{-5}	2.69×10^{-17}	5.56×10^{-29}
a_3	-0.0035	-5.75×10^{-15}	-1.95×10^{-25}
a_4	6.7284	-9.46×10^{-13}	-6.19×10^{-24}
a_5		1.65×10^{-10}	6.41×10^{-21}
a_6		4.00×10^{-9}	2.57×10^{-19}
a_7		-1.16×10^{-6}	-1.07×10^{-16}
a_8		1.63×10^{-4}	-5.09×10^{-15}
a_9		-3.48×10^{-4}	9.57×10^{-13}
a_{10}		6.4916	5.05×10^{-11}
a_{11}			-4.28×10^{-9}
a_{12}			-2.40×10^{-7}
a_{13}			7.97×10^{-6}
a_{14}			5.98×10^{-4}
a_{15}			-0.0058
a_{16}			6.3641

改造后注视次数模型参数 表3-6

模型参数	3次	9次	15次
拟合优度	0.7371	0.8997	0.9268
误差均值	0.1168	0.0725	0.0592
方差	0.0064	0.0024	0.0021
a_1	-2.43×10^{-7}	-8.32×10^{-20}	1.20×10^{-30}
a_2	-2.70×10^{-5}	2.43×10^{-17}	4.69×10^{-29}
a_3	0.0035	4.15×10^{-15}	-8.41×10^{-26}
a_4	5.4641	-1.26×10^{-12}	-3.65×10^{-24}
a_5		-6.99×10^{-11}	2.20×10^{-21}
a_6		2.29×10^{-8}	1.09×10^{-19}
a_7		2.07×10^{-7}	-2.56×10^{-17}

续上表

模型参数	3次	9次	15次
a_8		-1.82×10^{-4}	-1.54×10^{-15}
a_9		0.0027	1.10×10^{-13}
a_{10}		5.6648	9.42×10^{-12}
a_{11}			1.40×10^{-10}
a_{12}			-6.92×10^{-9}
a_{13}			-1.99×10^{-6}
a_{14}			-1.65×10^{-4}
a_{15}			0.0053
a_{16}			5.6704

如图3-7～图3-10所示，改造前，驾驶员在整个平面交叉路口的行车过程中，注视次数呈现出“先升后降再升”的趋势。这表明刚进入平面交叉路口路段时，由于道路条件突然发生变化，驾驶员需要通过增加注视次数来确认道路相关信息。随着对道路环境的熟悉，注视次数减少，在0m处注视次数达到最小值，结合前面的注视时间分析，此时注视时间较长。因此，通过分析可以得到，改造前，驾驶员表现出典型的长时间注视的搜索模式。相关研究表明，长时间注视的是一种较差的视觉搜索模式，不利于行车安全。

改造后，驾驶员的注视次数变化趋势与改造前相比有较大差异，改造后注视次数总体趋势表现为“先降后升再降”，尤其在0m处附近，驾驶员的注视次数达到最大值，表现出短时注视的特性。相关研究表明，短时间的注视是一种良好的视觉搜索模式。因此，可以看出，改造后的一些相关措施（如增设交通指示标志、加装安全防撞护栏等）对驾驶员的注视模式有较大影响，有助于提高驾驶员的行车安全。

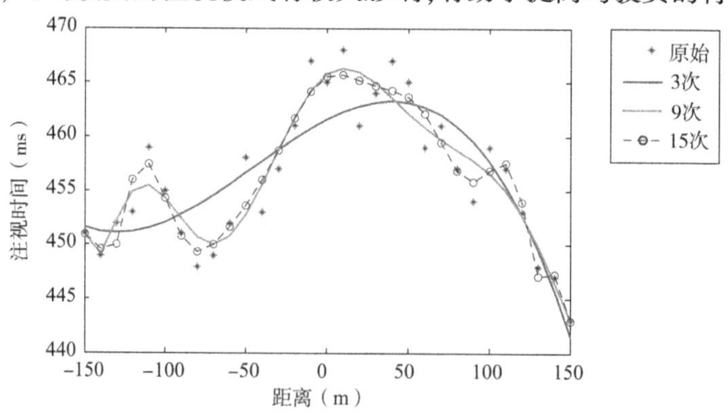

图3-7　改造前注视时间拟合曲线

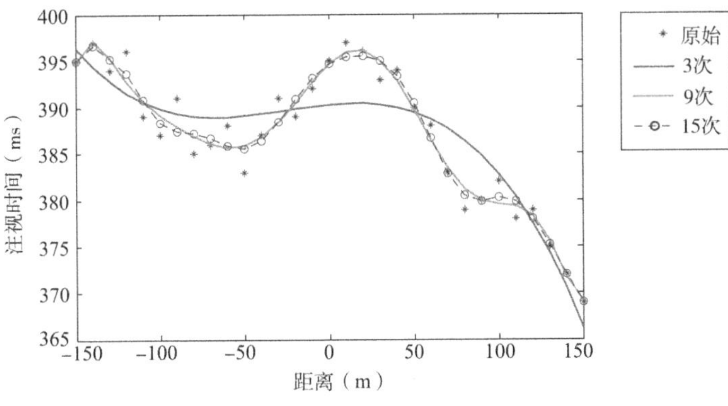

图3-8　改造后注视时间拟合曲线

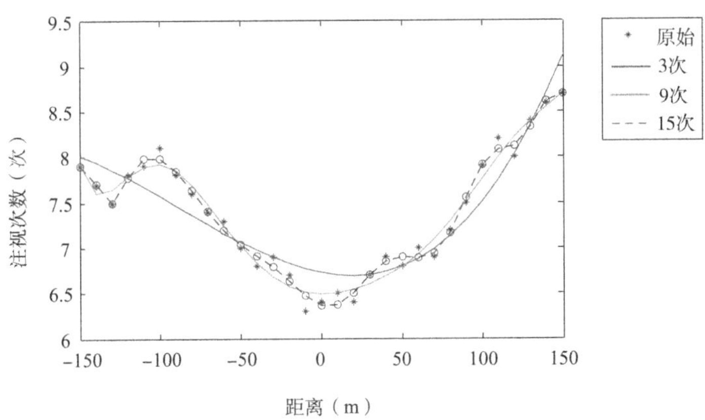

图3-9　改造前注视次数拟合曲线

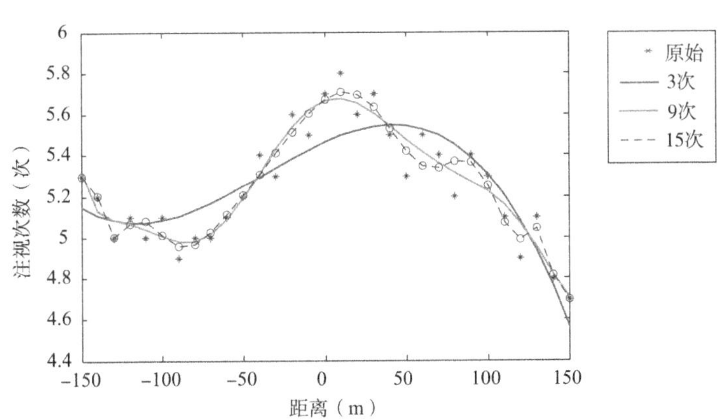

图3-10　改造后注视次数拟合曲线

3.3 驾驶员扫视特性分析

3.3.1 扫视幅度

如表3-7和表3-8所示,对驾驶员的扫视幅度进行了3次、9次和15次的最小二乘建模分析,从模型建立过程可以看出,改造前和改造后9次最小二乘模型的拟合优度分别为0.8682和0.9415,拟合优度较高。因此,可以选定9次最小二乘模型进行分析。

改造前扫视幅度模型参数　　表3-7

模型参数	3次	9次	15次
拟合优度	0.6310	0.8682	0.9379
误差均值	1.0767	0.5473	0.3645
方差	0.3292	0.2361	0.1199
a_1	1.21×10^{-6}	-7.08×10^{-19}	1.73×10^{-29}
a_2	-1.93×10^{-4}	7.64×10^{-17}	2.86×10^{-28}
a_3	-0.0129	2.50×10^{-14}	-1.48×10^{-24}
a_4	35.4866	-4.56×10^{-12}	-1.25×10^{-23}
a_5		-1.10×10^{-10}	5.06×10^{-20}
a_6		1.04×10^{-7}	1.95×10^{-20}
a_7		-1.58×10^{-6}	-8.87×10^{-16}
a_8		-0.0011	6.60×10^{-15}
a_9		0.0032	8.39×10^{-12}
a_{10}		36.9287	-1.22×10^{-10}
a_{11}			-4.10×10^{-8}
a_{12}			8.61×10^{-7}
a_{13}			8.76×10^{-5}
a_{14}			-0.0028
a_{15}			-0.0539
a_{16}			37.494

改造后扫视幅度模型参数 表3-8

模型参数	3次	9次	15次
拟合优度	0.4751	0.9415	0.9669
误差均值	0.3905	0.1255	0.0928
方差	0.0879	0.0111	0.0066
a_1	2.7294×10^{-7}	-1.1842×10^{-19}	-4.3939×10^{-30}
a_2	-1.7311×10^{-5}	1.7927×10^{-16}	-1.1967×10^{-28}
a_3	7.7265×10^{-4}	-3.9232×10^{-15}	3.6032×10^{-25}
a_4	40.3159	-8.9405×10^{-12}	9.0950×10^{-24}
a_5		2.8952×10^{-10}	-1.1654×10^{-20}
a_6		1.4557×10^{-7}	-2.7353×10^{-19}
a_7		-3.4695×10^{-6}	1.8766×10^{-16}
a_8		-8.3382×10^{-4}	4.3222×10^{-15}
a_9		0.0119	-1.5654×10^{-12}
a_{10}		41.1310	-4.2063×10^{-11}
a_{11}			6.5100×10^{-9}
a_{12}			2.7749×10^{-7}
a_{13}			-1.2810×10^{-5}
a_{14}			-0.0010
a_{15}			0.0142
a_{16}			41.1909

如图3-11～图3-14所示，改造前和改造后驾驶员扫视模式显著不同。改造前扫视幅度呈“先升后降”趋势，而改造后扫视幅度呈“波浪形”上升趋势。改造前扫视幅度较小，扫视区域较集中，主要集中于驾驶员一侧区域，而改造后扫视幅度较大，扫视区域明显扩大(图3-12)，在150m处，驾驶员的扫视区域遍布整个屏幕区域。可以看出，改造后驾驶员扫视幅度更大，对道路信息的把握更准确和全面，有利于行车安全。

a)-150m处

b)0m处

c)150m处

图3-11　改造前扫视图

a)-150m处

b)0m处

c)150m处

图3-12　改造后扫视图

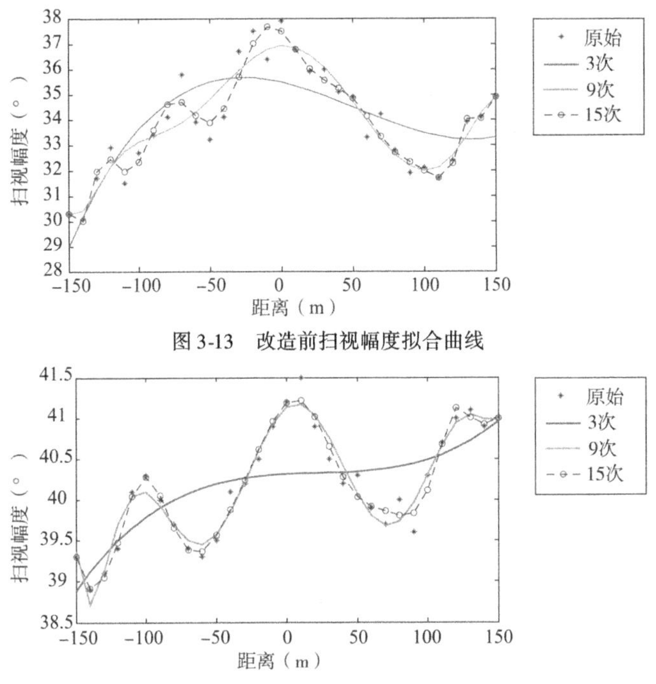

图 3-13　改造前扫视幅度拟合曲线

图 3-14　改造后扫视幅度拟合曲线

3.3.2　扫视速度

如表 3-9 和表 3-10 所示，对驾驶员的扫视速度进行了 3 次、9 次和 15 次的最小二乘建模分析，从模型建立过程可以看出，改造前和改造后 9 次最小二乘模型的拟合优度分别为 0.9675 和 0.9186，拟合优度较高。因此，可以选定 9 次最小二乘模型进行分析。

改造前扫视速度模型参数　　表 3-9

模型参数	3 次	9 次	15 次
拟合优度	0.5835	0.9675	0.9794
误差均值	0.3643	0.0967	0.0687
方差	0.0622	0.0059	0.0050
a_1	-8.6250×10^{-7}	4.8284×10^{-19}	1.5533×10^{-31}
a_2	-4.7717×10^{-6}	2.7321×10^{-17}	3.1798×10^{-28}
a_3	0.0145	-3.2875×10^{-14}	-6.8605×10^{-27}
a_4	14.9801	-1.5463×10^{-12}	-2.3276×10^{-23}

续上表

模型参数	3次	9次	15次
a_5		8.2852×10^{-10}	-1.4008×10^{-23}
a_6		3.1868×10^{-6}	6.5969×10^{-19}
a_7		-9.3985×10^{-6}	5.7048×10^{-18}
a_8		-2.5275×10^{-4}	-9.0755×10^{-15}
a_9		0.0408	-1.3606×10^{-13}
a_{10}		15.3400	6.1381×10^{-11}
a_{11}			1.6370×10^{-9}
a_{12}			-1.6833×10^{-7}
a_{13}			-1.1933×10^{-5}
a_{14}			-2.5950×10^{-5}
a_{15}			0.0430
a_{16}			15.3016

改造后扫视速度模型参数 表 3-10

模型参数	3次	9次	15次
拟合优度	0.7464	0.9186	0.9664
误差均值	0.2227	0.1322	0.0776
方差	0.0356	0.0098	0.0053
a_1	3.9600×10^{-7}	8.3663×10^{-19}	8.8766×10^{-31}
a_2	-3.8913×10^{-5}	3.7637×10^{-17}	-4.0177×10^{-28}
a_3	-0.0018	-4.8900×10^{-14}	-6.1496×10^{-26}
a_4	18.7532	-2.0323×10^{-12}	3.2533×10^{-23}
a_5		9.6142×10^{-10}	1.6240×10^{-21}
a_6		3.7664×10^{-8}	-1.0422×10^{-18}
a_7		-6.6875×10^{-6}	-1.9652×10^{-17}
a_8		-2.9261×10^{-4}	1.6750×10^{-14}
a_9		0.0125	7.8986×10^{-14}
a_{10}		19.0707	-1.4138×10^{-10}
a_{11}			5.7389×10^{-10}

续上表

模型参数	3次	9次	15次
a_{12}			6.0055×10^{-7}
a_{13}			-6.0671×10^{-6}
a_{14}			-0.0012
a_{15}			0.0120
a_{16}			19.2990

如图3-15和图3-16所示，改造前扫视速度呈“S”形变化趋势，而改造后扫视速度呈平稳上升趋势，而且改造后扫视速度明显高于改造前。驾驶员在行车过程中，要对各种道路信息进行及时筛选，并对重要信息及时作出反应，改造后扫视速度的提高无疑对行车安全至关重要。

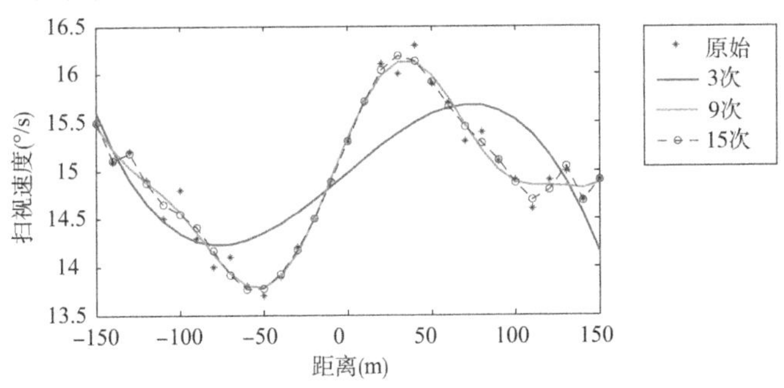

图3-15　改造前扫视速度拟合曲线

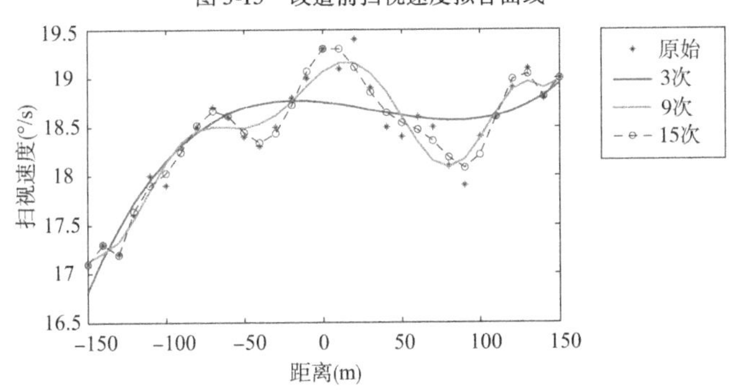

图3-16　改造后扫视速度拟合曲线

通过以上分析可以看出，无论是改造前还是改造后，在农村公路平面交叉路口路段，驾驶员眼动特征波动较大。但是在改造后，由于采取了一定的改造措施，道路环境发生了改变，比如：增设道路指示标志、设置视线诱导标志、施化道路中心线等，对缓解驾驶员的心理紧张、保障行车安全起到了一定的作用。总体来看，驾驶员的眼动特性可以有效衡量驾驶员的行车安全状态，行车安全状态可以分为三级，即危险级（A 级）、较危险级（B 级）及一般危险级（C 级），如表 3-11 ~ 表 3-13 所示。

危险级（A 级）指标 表 3-11

项目	瞳孔直径（PX）	瞳孔面积变化率（%）	注视次数（次）	注视时间（ms）	扫视幅度（°）	扫视速度（°/s）
定性分析	瞳孔直径大，波动大	瞳孔面积变化率大，波动大	注视次数多	注视时间长	扫视幅度小	扫视速度低
定量分析	>35	>35%	>8	>450	<32	<14

较危险级（B 级）指标 表 3-12

项目	瞳孔直径（PX）	瞳孔面积变化率（%）	注视次数（次）	注视时间（ms）	扫视幅度（°）	扫视速度（°/s）
定性分析	瞳孔直径较大，波动较大	瞳孔面积变化率较大，波动较大	注视次数较多	注视时间较长	扫视幅度较大	扫视速度较高
定量分析	25 ~ 35	25% ~ 35%	6 ~ 8	380 ~ 450	32 ~ 42	14 ~ 18

一般危险级（C 级）指标 表 3-13

项目	瞳孔直径（PX）	瞳孔面积变化率（%）	注视次数（次）	注视时间（ms）	扫视幅度（°）	扫视速度（°/s）
定性分析	瞳孔直径较小，波动较小	瞳孔面积变化率小，波动小	注视次数较少	注视时间短	扫视幅度大	扫视速度高
定量分析	<25	<25%	<6	<380	>42	>18

第4章 农村地区平交路口安全性指标分析与模型构建

针对近年来农村公路交通事故的发生进行识别、预测、优化,以供相关行业管理部门更好地掌握农村公路交通事故危险路段及其分布和演变规律;同时,还能提升交通安全改善措施的性价比,以准确地投入设施,可以大幅度降低道路全段的事故率和危害性,具有极佳的经济和社会效益。为此,将事故按照事故形态和事故原因进行分类分析,对各原因下事故严重程度统计分析,并就各事故原因下事故数与运行速度的关系展开研究;因交叉路口往往是事故的多发地点,以距离交叉路口距离不同与事故数的关系建立相关模型,展开分析讨论。

4.1 事故数据统计与分析

交通事故是农村公路交通系统中突发的偶然事件,具有较强的随机性。但与其他随机变量类似,但整体上农村公路交通事故也呈现出一定的统计分布规律,研究其事故分布规律,对农村公路平交路口安全性提升规划设计与交通管理具有意义。故本章节将收集到的事故位置、事故时间、天气状况、事故形态、事故原因、事故伤亡、事故速度等数据进行科学合理的整理统计与分析,以用于研究农村公路平交路口事故发生特征规律与机理,为农村公路平交路口安全性综合评价体系的提出奠定理论基础。

4.1.1 交通事故信息概况

本书选取某市部分国省道作为研究区域对象,记录相对全面,具有较强的研究参考价值,主要包含事故位置、事故时间、天气状况、事故形态、事故原因、事故伤亡、事故速度等。事故时间:精确至事故发生时的年月日时分秒;天气状况:精确至事故发生当天的阴、晴、雾等天气条件;事故形态:分为7种不同事故形态,如碰撞、刮擦、碾压、翻车、坠车、失火等;事故原因:精确至驾驶员的违法或不安全驾驶行为,如未安全驾驶、不让右方道路的来车先行、不按规定与前车保持必要的安全距离、转弯机动车不礼让直行或行人优先通行等;事故伤亡:精确至死伤数目;事故速度:精确至各事故发生时车辆瞬时速度。

本研究分别搜集了2017—2018年某地区国道220、省道239、省道247、省道316的交通事故原始数据,分布指标见表4-1、表4-2。同时,为揭示交叉路口事故发生客观规律,本研究对距离交叉路口的交通事故发生基本分布状况进行了统计。根据传统交叉路口设计经验,本研究规定距离交叉路口中心处200m的半径范围内均属于交叉路口范围,反之,则不属于。

某地区2017—2018年部分道路交通事故总体统计表 表4-1

道路名称	年份	事故数(次)	受伤人数(人)	死亡人数(人)	事故率(次/km)	死亡率(人/km)	总里程(km)
国道220	2017年	15	7	9	49.75%	60.00%	30.15
	2018年	12	3	8	39.80%	66.67%	
省道239	2017年	15	14	8	41.23%	53.33%	36.38
	2018年	12	8	7	32.99%	58.33%	
省道247	2017年	14	11	5	53.85%	35.71%	26
	2018年	7	3	5	26.92%	71.43%	
省道316	2017年	11	9	5	47.83%	45.45%	23
	2018年	8	7	5	34.78%	62.50%	
合计	2017年	55	41	27	47.61%	49.09%	115.53
	2018年	39	21	25	33.76%	64.10%	

某地区2017—2018年部分道路交叉路口交通事故总体统计表 表4-2

道路名称	交叉路口数(个)	交叉路口总数(个)	范围内事故总数(次)	范围外事故总数(次)	交叉路口事故率(次/个)
国道220	68	250	80	14	32%
省道239	73				
省道247	38				
省道316	71				

由表4-1、表4-2可知,根据部分国省道交通事故调查统计数据可以看出2017—2018年事故发生次数、死亡人数、受伤人数均呈现下降的态势,但事故发生的死亡率呈现出上升态势。较2017年,2018年事故的严重程度死亡率较高,高于我国平均水平,而且从总体上看,该地区部分道路交通事故中交叉路口处的事故发

生概率较高,较多集中在距离交叉路口 0～100m 范围内,且当距离交叉路口 200m 时,交通事故发生频率迅速上升。因此不难看出,该地区部分国省道整体道路基础水平较差,安全隐患现象较突出,能够较好且完整地反映农村公路穿城镇道路交通事故发生的特征规律。

4.1.2　事故数据处理

因原始数据可能存在部分缺失,各类数据之间混乱无序,数据存在不一致、冗余等情况,所以需对原始数据进行筛选处理,得到高质量的数据,以便更好地研究问题。因此,对原始数据进行筛选、预处理极其重要。

1)缺失数据的处理

对于车辆的属性,主要包括发生事故车辆的类型、车辆本身性能、车辆的行驶速度等,其中车辆类型、车辆本身性能无法根据原有的数据进行推断,所以在研究车辆属性与事故数之间的关系时将缺失样本去除,而在原始数据中含有对事故车辆的速度统计,因此,可以基于车辆的行驶速度展开对事故的研究。对于人的属性主要包含驾驶员的性别、年龄、驾龄以及行人的性别、年龄等,根据已有的数据不能对驾驶员或行人的属性进行准确判断,故将其缺失部分删除,但能根据已有数据中事故发生的原因推断发生事故的责任人。道路条件属性主要包含道路线形、路面性能、交通标志标线、交叉路口类型等,因原始数据中有准确的事故位置信息,精确至道路桩号点,对特殊地点如交叉路口处会有明确标示,因此,可根据已有的信息将事故地点与交叉路口的距离进行准确计算,并根据准确的位置信息查找到相应的交叉路口类型;对特殊路段也同样会标示,如线性不良地段等,有助于研究道路条件与事故之间的内在联系。对于道路环境属性,同样根据所提供的准确的位置信息,来推测出相应的事故地点的道路环境,如交叉路口处是否有无信号控制等。

2)数据整理与统计

原始数据为 2017—2018 两年内,关于 220 国道、239 省道、247 省道、316 省道的部分路段所发生的事故数的混合统计,为更深入地剖析农村公路的事故特性,需要对数据进行系统的归纳整理。将已有数据按照不同的事故形态、事故原因进行分类统计,对于事故形态整理统计为四部分:碰撞、剐蹭、碾压、坠落。

3)解决数据冗余、不一致

因实际的数据量较大,在统计过程中往往会出现因疏忽大意等原因导致数据出现冗余、不一致的现象。解决冗余问题:首先将事故发生时间、地点两列合并为同一列,对这一列插入数据透视表,由此将发生时间地点完全一致的筛选出来,一一进行核对。对于出现相同地点相同时间下发生多起事故的记录进行排查,找出错误数据将其进行删去。解决不一致问题：将同一起事故下事故原因和事故形态进行因果关系处理，对于二者出现前后矛盾的数据进行进一步确认，如果无法进一步证实，则对其进行删减。

4.1.3 事故特征分析

农村公路交通事故的频繁发生，严重威胁着人们的生命财产安全。因此，研究农村地区道路交通事故发生特征，并分析其相关原因，这将对于研究事故特征起到重要作用。本节以交通事故统计数据为依据，客观的揭示了事故发生的相关特征及其基本规律，并依据事故特征的分析和规律，探索导致交通事故的潜在影响因素，为农村公路平交路口安全性指标分析与模型构建奠定坚实基础。

1）事故原因特征

事故发生的原因是事故发生的根源，是研究事故最为重要的条件。交通事故成因错综复杂，对交通事故原因进行合理分类是对事故进行深入研究的前提。对于事故发生原因的研究，根据相关文献并结合本身已有数据的特点，进行系统分类。首先按照交通事故的原因分类，分为主观原因和客观原因两大类。其中主观原因主要是指造成交通事故的当事人本身内在的因素，即主观故意或过失，根据事故责任对象主要分为机动车驾驶员、非机动车驾驶员、行人；客观原因即排除人的不安全行为或者人的主观意识影响而导致的，而是由于外在的道路、环境、车辆、其他原因导致的。因此，将其客观原因分为道路条件、道路环境、车辆、其他原因四部分。道路条件作为导致事故的最主要的原因，其包含多种因素，它主要表现为道路线形、路面性能、标志标线、交叉路口类型对驾驶员产生误导，使驾驶员产生错误的判断或者影响车辆的性能，从而引发交通事故。道路环境主要是指道路设施如隔离护栏以及视距条件，也是影响道路安全的重要原因之一。车辆的性能主要指车辆行驶的速度以及速度差，主要受驾驶员、道路条件、道路环境、车辆本身的类型影响。其他原因主要包含天气、时间，其主要是通过影响道路的性能、车辆的行驶状态、影响驾驶员的生理状态等，从而导致交通事故的发生。

2）事故形态特征

事故发生的形态是作为事故导致的最终结果，通过分析交通事故的形态可以推断出事故发生的原因以及事故发生的严重程度。因此，合理分析交通事故形态对研究交通事故有重要意义。结合已有数据本身的规律统计得到，碰撞所占比重最高，产生的经济损失以及导致的伤亡程度往往较大。碰撞事故形态根据碰撞角度的不同又分为正面碰撞、侧面碰撞、追尾碰撞，相关研究表明，碰撞角度与事故严

重程度正相关。

3)事故严重程度特征

事故发生的严重程度作为道路事故的分析指标之一,通过对于道路环境等方面因素的研究,能够更为清晰地洞察事故发生时造成的后果。通过对事故严重程度的研究,统计并分析相关变量,以此来达到减轻事故发生后果的严重性的目的,对于道路安全性有极大的提升作用。

所获数据分析得到,事故严重程度与驾驶人自身原因、道路的环境因素、条件因素、其他原因等因素,对事故严重程度的影响关系密切,能够较好地反映出其与事故严重程度的客观规律。当道路环境条件较差时,事故的严重程度往往偏高,重大事故所占比例偏大,轻微事故所占比例较小,从而反映出事故的发生与不利因素之间的密切关系。因此,根据事故的客观发展规律,并结合严重程度占比的统计,能够对于事故不安全因素进行有效且针对性的改善,以此来控制车辆行驶时的安全性以及发生事故的严重程度。

4)速度与交叉路口距离的事故特征

速度的变化程度与道路存在的许多因素有密切关系,也就是说,速度与事故发生因素是密不可分的。通过控制道路车辆的行驶速度,可以改变道路的因素,进而来提高道路行车的安全等级。在不同种环境因素情况下提升道路行驶的安全性,将对道路设计起到不可或缺的作用。而速度与事故数、交叉路口距离与事故数的拟合回归模型建立可以准确反映出道路环境因素对于事故发生的影响规律,由此事故数与两者之间关系的研究成为农村公路交通事故发生规律探寻工作中尤为重要的一环。

本研究根据已有的事故原始数据,在不同事故发生状况下,建立事故数目与速度间的多元回归函数拟合模型,并结合拟合结果,针对性地对人、车、路、环境方面的相关变量进行回归拟合分析,从而定量地得到各因素之间的拟合函数关系,以精准地探寻农村公路交通事故发生规律。首先,对于主观原因中人的影响因素进行合理分析,从而建立其速度与事故数的拟合函数模型;其次,通过客观原因的准确分析,对道路环境、道路条件、天气、时间原因等因素分别建立其速度与事故数的拟合函数模型,从而定量地揭示出事故发生数目与速度间的客观发展规律。同时,由事故数据也不难发现,交叉路口处事故发生频率较高,且其事故所造成的不良后果往往较为严重。因此,对事故发生地距交叉路口间的距离与事故数关系的研究也显得尤为必要。本研究通过建立事故发生地与交叉路口间的距离与事故数的拟合函数模型,来分析揭示出交叉路口处事故发生的客观规律,以此为农村公路交叉路口合理规划和提高车辆通行安全性能奠定坚实基础。

4.2 基于事故数的农村公路交通事故分析

根据本研究的事故统计数据,基于事故的原因和结果,对农村公路平交路口事故从事故形态和事故原因两方面进行研究。其中,事故形态主要集中在碰撞、剐蹭、碾压、坠落等方面,事故原因则从主观和客观因素两方面对其进行深入剖析,如图 4-1 所示。

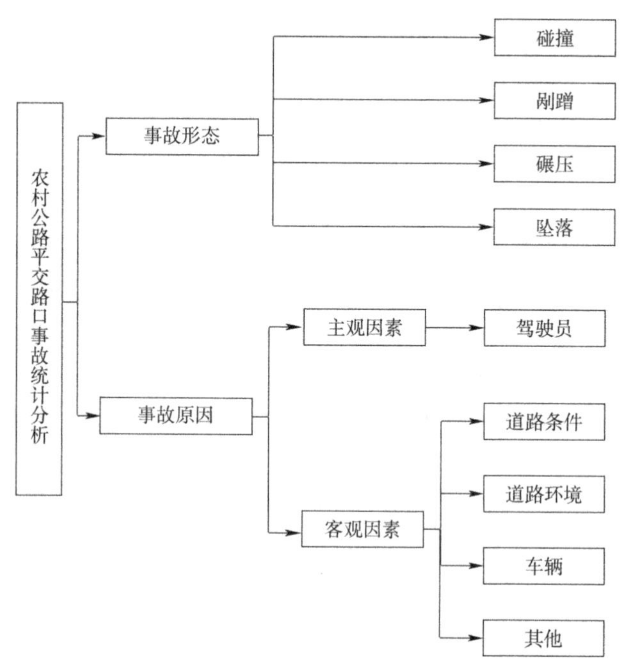

图 4-1 农村公路平交路口事故统计分析思路

4.2.1 农村公路交通事故形态分类分析

交通事故的形态是交通事故的外部表现形态,即最终呈现的结果,通过分析交通事故的形态可以推断出事故发生的原因以及模拟推算事故发生车辆的行驶速度,因此对交通事故形态进行合理分析对研究交通事故有重要意义。

根据我国部分农村公路事故统计表,对 2017—2018 年以来各事故形态进行统计分析,将事故形态主要分为四大类:碰撞、剐蹭、碾压、坠落,其各事故形态的占比如图 4-2 所示。

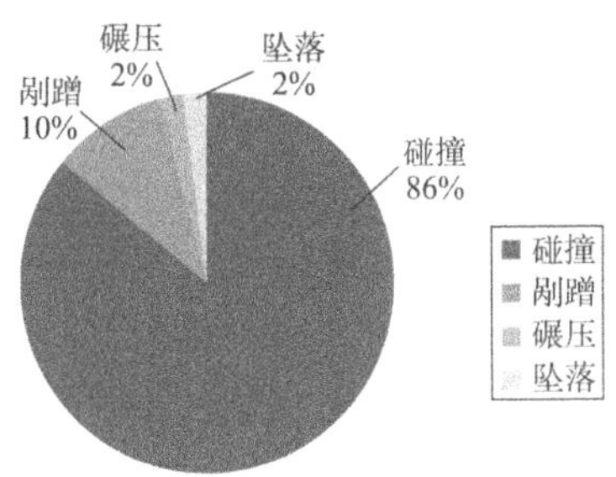

图4-2　各事故形态占比

根据本研究事故统计数据可知，其中碰撞形态所占事故总形态的86%，剐蹭占10%，碾压和坠落均占2%。存在此占比特性的原因，与农村公路的特性有着密切的联系。剐蹭主要是指交通强者的侧面部分与他方接触的事故形态，分为机动车与机动车、机动车与非机动车、非机动车与非机动车、机动车与固定物、非机动车与固定物、机动车与人、非机动车与人等的剐蹭。在此处主要指机动车剐蹭行人，这与农村公路的特性密切相关，大部分农村公路信控设备缺失，加上驾驶员交通规则意识淡薄，在行经没有交通信号的道路时，未避让行人，再加上行人随意横过马路，易发生剐蹭，因此，该形态在农村公路事故形态中占有一定比重。碾压是指交通强者对弱者的推碾或压过的事故形态。农村公路大型货车较多，超载现象严重，易出现大型货车对小型轿车以及非机动车的碾压；行人不遵守交通规则，中央隔离开口不合理，导致机动车辆对行人的碾压。坠落包含车辆整体坠落、人员抛出坠落，这与农村公路的道路条件、道路环境、驾驶员的安全意识有密切的关系，部分低等级农村公路线形指标不合理，如急转弯，加上路侧无防护措施，驾驶员未系安全带，存在不安全驾驶行为，导致坠落事故的发生。碾压和坠落造成的事故严重程度往往较高。

对于碰撞形态是各类事故形态中占比最高，也是发生概率最大的。因此需要对碰撞进行主要的分析。碰撞包含多种形式，根据车辆碰撞角度的大小以及碰撞的对象不同，将碰撞分为碰撞运动车辆、碰撞静止车辆、撞固定物。碰撞形态下各形态的占比示意图如图4-3所示。

根据图4-3可以看出，碰撞运动车辆占88%、碰撞静止车辆占8%、碰撞固定物占4%。由此可知碰撞运动车辆是碰撞的主要事故形态，这与相关文献的统计以及实际状况相符合。出现此碰撞形态以及占比的原因与农村公路的特性有密切的关系。

碰撞运动车辆占比最高，碰撞运动车辆原因主要有以下几点：碰撞运动车辆中根据碰撞角度的不同又可分为正面碰撞、追尾碰撞、侧面碰撞（直角、对向）。正面碰撞主要发生在路段上，结合农村公路特性分析其原因有以下几点：一是低等级的农村公路较窄，线形条件较差，多急弯等不良线形，导致驾驶员视线中断，加上中央隔离缺失，常导致碰撞事故的发生；二是机动车、非机动车驾驶员不遵守交通规则，逆向行驶，导致正面碰撞的发生。侧面碰撞在交叉路口路段上均会发生，但在交叉路口发生的事故数要高于路段。交叉路口处，因农村公路多为无信号交叉路口，常出现机动车、非机动车驾驶员不遵守交通规则，如转弯车辆不让直行车辆、转弯掉头不打指示灯等现象；在有信号灯的交叉路口，常存在机动车、非机动车驾驶员违反信号灯通行的现象。在路段上，因为农村公路车流量较小，公路上农用车等慢速车辆较多，出现部分车辆频繁超车变道现象，超速现象严重，易发生交通事故。追尾碰撞同样主要集中于路段上，主要表现为在同车道行驶中，不按规定与前车保持必要的安全距离。除去驾驶员自身的原因外，与道路条件、道路环境导致的部分相邻路段的速度差较大也有关。

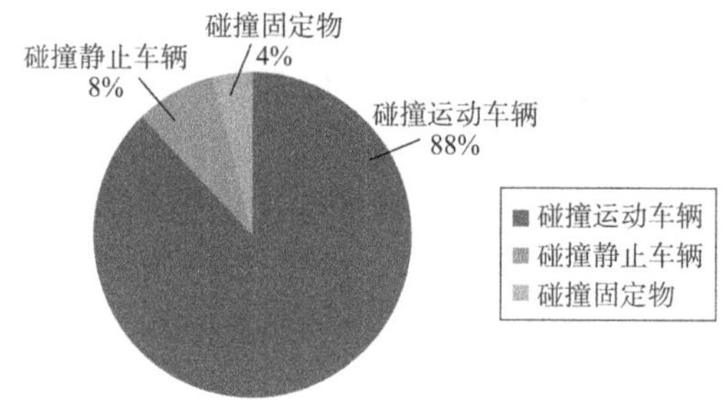

图 4-3　碰撞形态下各形态的占比

正面碰撞较追尾碰撞、侧面碰撞（直角、对向）的事故严重程度更高，是最为严重的交通事故，而随着车辆行驶速度的增加，碰撞事故的严重程度也随之增加。

碰撞静止车辆，大多数是在同一车道上行驶的两车发生的碰撞，往往是因为路边违规停车或者后方车辆由于某些原因未及时发现被撞车并采取相关措施而导致的。它的碰撞角度往往是正面或追尾，在对碰撞静止车辆的事故原因进行分析时发现，农村公路上存在以下几个原因：路边违规停车、同车道行驶中不按规定与前车保持必要的安全距离、不按规定倒车的、驾驶电动自行车超速行驶等。对于农村公路，路侧并未设有停车泊位，而因监管不严加上务农的需要，农用车辆等机动车辆往往随意在路边停放，占用车道，农忙季节此现象最为明显，加上车辆行驶速度较快，不能对障碍物及时作出躲避，易引发碰撞静止车辆的事故形态。该事故形态下的事故严重程度常出现两种极端现象，在行驶车辆速度较慢时，易引发轻微事故，而车辆速度较快时，易导致重大事故的发生。

撞固定物往往发生在单车事故中，由于驾驶员存在不安全驾驶行为或者受其他因素的干扰导致汽车驶离正常的车道，与中央分隔带或者道路外侧的护栏相撞，在无路侧护栏地段与路侧行道树相撞，事故的严重程度往往与当碰撞前的行驶速度、碰撞固定物的性质有关，农村公路由于车流量较少，行车速度较快，超速行驶的现象严重，加上缺少路侧防护设施，导致发生的事故严重程度较高。对于路侧防护设施可有效吸收碰撞能量，降低事故的严重程度，而碰撞行道树往往属于"硬碰硬"行驶，造成的事故严重程度较高。

总体而言，事故的发生的频率与严重程度与速度有着密不可分的关系，因此，研究速度与事故数的关系，对行车速度管理方面有重要的作用。

4.2.2　农村公路交通事故原因分类分析

交通事故成因错综复杂，对交通事故进行合理分类是满足道路交通事故统计和处理的必要前提。首先按照交通事故的原因分类分为主观原因和客观原因两大类。主观原因主要是指造成道路交通事故的当事人本身内在的因素，即主观故意或过失的原因导致的；客观原因主要是由于道路、环境引起的。

1）主观原因

在传统的分类中，主观原因包括违反规定、疏忽大意、操作不当等，这种分类方法不能体现出事故的责任对象，因此，将主观原因重新进行分类，分为机动车驾驶员、非机动车驾驶员、行人原因，如图4-4所示。

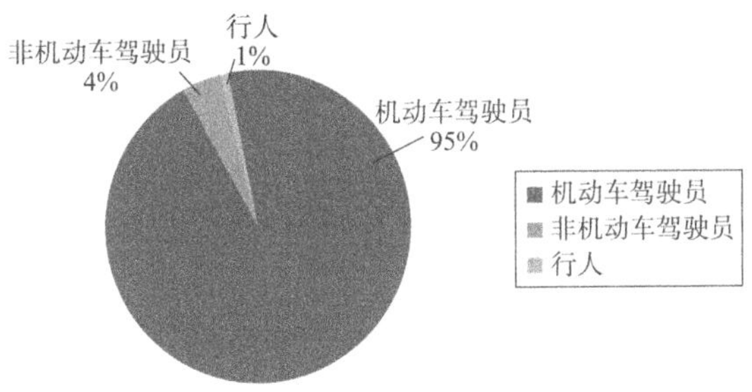

图4-4　主观原因分类占比

在主观原因的分类中，经大量数据统计资料得到：由机动车驾驶员导致的交通事故占95%，由非机动车驾驶员导致的交通事故占4%，由行人导致的交通事故占1%。可以看出由机动车驾驶员导致的交通事故所占远远大于其余两种，因此，研究机动车驾驶员导致的交通事故具有较大意义。农村公路机动车驾驶员的交通安全意识和遵守交通法规的意识淡薄，易出现无证驾驶、疲劳驾驶、酒后驾驶、超载、闯红灯、不按标志标线行驶等驾驶行为，易导致交通事故的发生。

2)客观原因

客观原因主要分为道路条件、道路环境、车辆、其他原因四大部分(图4-5)。客观原因的分类中,经大量数据统计资料发现,道路环境和道路条件引发的交通事故最多,占比高达74%,可以看出道路条件和道路环境是引发事故的主要原因。其他原因主要包括天气原因和时间原因,主要通过直接影响驾驶员生理心理和直接作用于道路条件、道路环境来影响车辆性能,从而间接影响驾驶员的判断、操作。车辆导致的交通事故中除去车辆本身的性能高低外,部分道路条件、道路环境因素会直接影响车辆的性能。

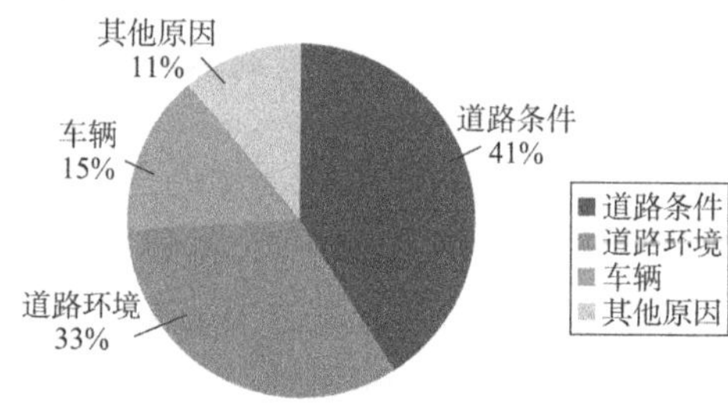

图4-5　客观原因分类占比

(1)道路条件

道路条件对交通安全的影响很大,其影响有一部分是直接的,而大部分是间接的,它通过对驾驶员的误导使驾驶员产生错误的判断从而引发事故,或者当驾驶员发生失误时不能从道路条件本身对这种失误加以修正或提示,使得由驾驶员的失误引发事故。因此,对道路条件进行深入研究,是改善交通运行情况、解决交通安全问题的中心环节。

道路条件包含道路的平面线形、纵断面线形、横断面以及线形组合形式、路面性能、接入管理、交通标志等。

①平面线形半径

平面线形半径一直是平面线形的重点研究内容,在基于道路条件的干线公路安全性评价研究中表明公路随着平曲线半径的减少,事故率呈增加趋势。多数农村公路的道路等级较低,尤其是山区道路,由于地形条件的限制,道路多急弯,再加上超高设置不合理,在离心力的作用下车辆常会发生横向倾覆或侧向滑移;急弯处往往视距条件较差,驾驶员不能及时掌握对向来车情况,增加事故发生的概率。如图4-6所示。

图4-6中的事故均发生在平面小半径曲线的转弯处,事故发生的主要原因是道路线形较差。其中,平面线形半径过小,超高设置不合理,导致出现驶向路侧或

向路内侧滑移的现象;还存在部分事故因平面线形半径过小,视距得不到满足,而发生迎面碰撞的情况。

图4-6 小半径曲线处交通事故示意图

②纵断面线形

纵断面线形中纵坡坡度、竖曲线半径是研究的重点。苏联统计资料表明,坡度越大,交通事故率越高。对于路段纵坡坡度,考虑到农村公路等级较低,对道路线形的要求低,加上部分山岭重丘区地形条件的限制,长陡坡路段所占比例较高,长陡坡的设置,导致车辆在上坡时由于要克服坡阻力和其他行车阻力而使得车速降低,速度差增大,危险程度增加;农村公路农用车辆较多,如三轮车、货车等,车辆性能较差,再加上为省力而严重超载,在长陡坡路段车辆很容易发生由于动力不足而溜车;而下坡为克服下滑加速度又需频繁制动,导致制动失灵。此外,交叉路口进口道纵坡坡度也是影响道路安全的重要因素,为满足视距条件,据规范要求,交叉路口进口道纵坡坡度不宜超过3%。

竖曲线主要是为了实现变坡点坡度变化的过渡曲线,包括凸曲线和凹曲线两种。竖曲线半径的大小,将直接影响过渡效果的好坏,对道路交通安全有着一定的影响。半径越大,提供的行车视距就越大,小半径竖曲线易造成平、纵组合不合理而使视线不连续。当为凸曲线时,会使驾驶员产生悬空的感觉而失去行驶方向、出现视线不足、跳车等现象,在凹曲线上,夜晚易造成视距不足,如果排水设施不足常造成积水问题。在农村公路的低等级道路中常存在较小半径的竖曲线,加上车道标线不清晰,车辆不按标线行驶,夜晚照明设施缺失,排水设施不完善,农用三轮车性能较差,容易导致事故的发生,且事故严重程度等级较高,常为重大事故。

③道路横断面

道路横断面对道路安全的影响主要从横断面形式、车道宽度、路肩、边坡、路侧环境等方面来评价。

横断面的断面形式按路基填挖的情况,可分为路堤、路堑及半填半挖三种类型。从交通安全角度来考虑，宜选择矮路堤设计方案，尽量避免高填深挖路基，但是路基横断面的形式受多方面的影响，应兼顾各种因素，综合考虑。农村公路往往受到地形条件的限制，存在高填深挖路基，在地质条件不稳定的路段，易出现塌方现象，不利于行车安全。

在一定路面宽度范围内，各等级公路道路安全随着路面宽度增加而增加。国外学者研究发现，路面车道宽度在 3.35 ~ 3.65m 范围内时，车辆行车安全最高，我国规定车道宽度最小不得低于 3m，农村公路等级低、道路窄，车道宽度所满足的设计车速往往较低，但实际情况中，由于交通管理不严，农村对交通规则的忽视，车辆的行驶速度往往超出设计速度。据统计，农村公路超速行驶的车辆占 30% ~40%，使得车道宽度无法满足该行驶速度，造成驾驶员心里紧张，不利于行车安全。加上部分农村公路缺少硬路肩（图 4-7），路边停靠车辆较多，占据行车道，使得车道变窄。

图 4-7　缺少硬路肩

路肩分为硬路肩和土路肩，能诱导驾驶员视线以及通过车辆临时停车和避让的空间。据调查，硬路肩比土路肩更能增加驾驶的安全和舒适感，能安定驾驶员心理，从而减少道路交通事故率。但也存在农村公路硬路肩常被各种农用车辆、路边商贩所占用的现象，影响行车安全。

边坡对交通安全的影响主要通过病变而表现出来，其病变主要为边坡破坏和崩塌。边坡对交通安全的影响主要从边坡的病变、边坡设置的合理性表现出来。从横断面的断面形式来分，主要考虑路堤的挖方边坡和路堑的填方边坡两种形式。

挖方边坡常存在的问题是边坡不稳定。在深路堑的边坡常出现边坡不稳定导致落石、塌方。农村公路中低等级道路常出现深挖方的路段，且部分路段无防护措施，常出现因风化而引起的落石、塌陷的现象，在暴雨季等不良天气下部分路段会出现泥石流、山体塌方。有的路段虽有防护措施，但是防护程度较弱，如仅有防护网，在一定程度上可以组织小型碎石的坠落，但不能阻挡大型石块的坠落、泥石流等严重事故的发生，不能对严重事故进行有效防护，严重影响行车安全。

填方边坡存在问题主要有路基边坡破坏、边坡的防护形式不合理、边坡的坡度过陡。路基边坡破坏主要表现为边坡坡面及坡脚的冲刷，进而导致路面的塌陷。坡面冲刷主要来自大气降水对边坡的直接冲刷和坡面径流的冲刷，使路基边坡沿坡面流水方向形成冲沟，冲沟不断发展，最终导致边坡破坏，进一步造成路面塌陷，直接影响了行车的安全。沿河路堤及修筑在河滩上滞洪区内的路堤，还要受到洪水的威胁，这种威胁表现为直接冲毁路堤坡脚，导致边坡破坏。

边坡破坏还与边坡的防护形式、边坡的坡度有关。农村公路中低等级道路边坡多采用植物防护，高等级道路中多采用工程防护，少数路段考虑到美观性，采用二者结合。其中工程防护最为安全，二者结合次之，植物防护的效果较差，在雨量较高的地段，易产生冲刷，不利于路基的稳定，影响行车安全。科学试验表明，当坡度缓于1:4时，行车最为安全；陡于1:3时，则不安全。农村公路的低等级道路中常出现高填方的路段，导致边坡的坡度过陡，不利于行车安全。

路侧环境主要指路侧净区范围内的环境情况，主要表现为路侧净区范围内地势条件是否良好以及有无障碍物。路侧安全净区是指公路行车方向最右侧车行道以外、相对平坦、无障碍物、可供失控车辆重新返回正常行驶路线的带状区域，是从行车道边缘开始，车辆驶出路外后能够安全驶回车道的一个宽度范围。在实际中，净区条件很难达到理想化，农村公路常出现因受到地形地势的影响，而导致净区范围内存在沟壑、低洼区域以及一些天然或人为的不易拆除的障碍物，净区范围内存在的障碍物会对驾驶员心理产生一定的影响，同时对驶出路侧的车辆造成二次伤害，不利于行车安全。因此，对于不能移除或者改变的障碍物或地势，应结合路侧防护的设置，以保证行车安全。

④线形组合

线形组合主要包括平面线形组合和平面线形与纵断面线形的组合。交通安全的实践表明，不良的线形组合会导致交通事故明显增加。线形组合使道路的路线情况变得复杂，增加了驾驶员要处理的信息量，线性组合的不合理容易导致驾驶员产生误判，导致驾驶失误，如平面线形与纵面线形组合中要避免小半径的平曲线与竖曲线曲组合、急弯与陡坡的不利组合、凸形竖曲线的顶部或凹形竖曲线的底部与反向平曲线的拐点重合等组合形式，德国的比鲁兹通过公路事故统计资料证实了急弯与陡坡的不利组合会使事故率剧增，这些不利的组合形式在农村公路中常出现，农村公路因此而导致的事故数在总事故数统计中占据一定比重。

⑤路面性能

路面性能主要从路面的平整度、路面的摩擦性能、路面完好度等方面进行研究。

路面平整度常作为衡量路面性能好坏的标准之一，可定义为路表面相对于真正平面的竖向偏差。这种偏差反映了路面的纵向起伏变形，平整度是影响道路交通安全的重要因素，也是驾驶员和路况评分者首先关心的问题。就农村公路而言，导致路面不平整的原因有以下几点：第一，农村公路等级较低，加上监管不严，设计及施工人员松懈易导致施工材料配比不合理，路基未打好基础，路面施工过于粗糙，易出现错台、沉陷、隆起等现象，导致路面平整度较低。第二，农村公路农用车辆超载严重，对路面的破坏严重。路面的平整度会影响车辆行驶的平顺性、方向稳定性等操作性能，从而对安全水平产生一定程度的影响。

路面的摩擦性能也可叫作路面的抗滑性能，与路面材料有直接关系，农村公路道路等级较低，水泥混凝土路面居多，水泥混凝土路面的抗滑性能较沥青路面较差，加上在不良天气如路面湿润、结冰状况下，汽车的制动性能、操作稳定性能、抗侧滑性能都会大大降低，尽管驾驶员按照限制车速行驶，也可能引发交通事故，这种事故的间接原因为路面性能的降低。

路面完好度是指路面破坏的严重程度，它除了与路面本身性能有关，与车辆超载、后期维修养护也有重要关系。农村公路本身的道路性能较低，农用车辆超载严重，造成路面破坏，破坏后修补不及时，加上后期得不到有效养护，路面往往出现网裂、辙槽、坑洞、唧浆等现象。

如图 4-8 所示，路面破坏严重，明显大型货车占比较大，因监管不严，超载严重，加速路面毁坏。路面的严重破坏已经影响到行车安全，车辆行驶在该路面上已发生严重倾斜，而对于货车而言，容易导致货物散落，对其他车辆造成威胁。

图 4-8　遭到严重破坏的路面示意图

⑥接入管理

接入管理指车辆从道路两侧的用地汇入道路的直行交通流中或者是车辆从道

路直行交通流中驶出，进入路侧用地。在本书研究中，接入管理重点考虑平面交叉路口。平面交叉路口时交通事故的高发地点，由于是不同交通流集中的地方，因而与路段比较而言，其混合交通现象相对较明显，情况更为复杂。穿越农村地区国省道与村道等小支路的交叉路口较多，没有任何标志提醒、信号设备，存在严重的安全隐患。农村公路交叉路口常存在以下问题：交叉路口选位不当、交叉路口类型设置不合理、交叉路口角度不合理、交叉路口间距不合理、交叉路口接入太多、交叉路口街道化严重、标志标线缺失或设置错误。

其中，交叉路口的选位不当具体体现为在小半径弯道、平曲线切点、凸曲线变坡点等位置设置平面交叉路口，造成交叉路口视距不良，驾驶操作困难，容易引起事故的发生。平面交叉路口类型主要分为正交型规则交叉路口和非正交不规则交叉路口。其中，正交型规则交叉路口包含十字交叉路口、T形交叉路口；非正交不规则交叉路口包含X形交叉路口、Y形交叉路口、五路岔口、错位交叉路口等。正交路口较非正交路口的视距条件好，行车环境更加安全，据统计，正交路口发生的事故数要少于非正交路口。此外，就冲突点数量而言，冲突点数量随着交叉路口岔口的增加而增加，在三岔路口有3个冲突点，在四岔路口有16个，在五岔路口则有50个冲突点，而每一个冲突点实际上就是一个潜在的交通事故点。对于不规则交叉路口还常存在角度不合理的现象，对于平面交叉，不管交叉类型如何，为了安全和经济，应以直角或接近直角进行交叉。锐角交叉的公路需要很宽的转弯公路面积，且视线受到限制，对于载重汽车驾驶尤其如此。锐角交叉增加了车辆横穿主要交通流的时间，因而可能增加肇事的可能性。一般情况下，为满足视距、安全要求，对锐角交叉进行约束，最小不宜小于70°，受地形条件或其他特殊情况限制时斜交角度不宜小于45°。交叉路口间距设置不合理也是常出现的问题，交叉路口间距过近不仅影响道路通行能力，同时也影响交通安全。交叉路口的间距，首先是保证驾驶员在短时间内不要作出过多的抉择而惊慌失措。对于平面交叉，还要根据交织长度、左转弯车道长度和视距来决定最小的间距。交叉路口接入太多、交叉路口街道化严重等问题主要存在于农村公路，这与农村公路的特性相符合。农村公路的交叉路口多为国省道与村道的小型交叉路口，人们随意开口接入，导致交叉路口更加不规则；加上因管理力度不足，人们的规则意识较弱，常存在随意停车、小商贩占用的现象，严重影响交通安全。许多交叉路口没有设置标线，缺失重要的标志，甚至设置错误，导致路权分配不明确，使驾驶员不能在很短时间内作出正确判断。

⑦交通标志

交通标志设置目的在于将重要信息及时准确地传递给驾驶员，要求内容简洁、明了、准确。交通标志的设计要充分考虑设计车速，保证在不同的设计车速下驾驶员能够在最短的时间内掌握标志内容。交通标志的信息饱和度、标志视认距离、标志角度等是影响交通安全的重要因素。

标志信息饱和度,又叫作信息过载阈值。农村公路中新的地名、路名大量涌现,加上道路交通管理体制的不足,在个别路段出现标志信息过多且集中现象,驾驶员没有足够时间识别、理解这些标志信息,从而影响交通安全。因此,有学者对信息过载阈值进行了深入研究,其中在道路交通标志信息过载阈值研究中得到交通标志信息过载阈值为 6 条信息,且后经试验证明阈值为 6 是合理的。

为保证驾驶员能够及时掌握前方路段情况,及时做出反应,标志视认距离至关重要。对于不同的设计车速、道路状况以及不同的标志种类,标志视认距离是有不同的规范要求的,其中警告标志设置距离规范为:60km/h—30m、80km/h—80m;速度控制类标志设置距离规范为:60km/h—30m、80km/h—90m;指路标志设置距离规范为:60km/h—90m、80km/h—150m。个别路段因特殊需要可以有所改动,但要经充分论述,保证其合理安全性。在交通标志设置过程中还要充分考虑设置的角度,以保证驾驶员能够及时看到,使其能够正确选择路线和方向,顺利、快捷地抵达目的地。对于不同类型的标志有不同的规范要求,其中路侧禁令与指示标志沿道路纵向夹角为 0°~45°;路侧指路与警告标志沿道路纵向夹角为 0°~10°。农村公路因监管力度不足,常出现标志视认距离、角度设置不合理,更甚者出现标志牌缺失等现象,导致驾驶员因不能及时掌握前方道路状况而作出错误判断,影响道路安全。

(2)道路环境

道路环境包含交通渠化、视距、隔离管理、路侧防护、监管设备、信控设备、视认特征、道路排水、路侧景观等。

①交通渠化

交通渠化是指对道路交通实行空间分离,使各类交通像渠道内的水流一样各行其道、顺序行驶。主要分为路段和交叉路口两大部分,其基本内容是通过交通标志、交通标线、隔离护栏、交通岛、绿化带等设施在道路路段或平面交叉路口处分隔车道,对平面交叉路口进行渠化时,还包括对交叉路口进口车道数的增加、设置行人安全岛,缩短行人过街时间等使不同类型、不同方向、不同速度的车辆顺着一定的方向互不干扰地顺畅通过。本书研究重点是考虑对平面交叉路口的渠化,其内容主要包含进出口机动车道、转弯顺畅度、标线施划、慢行过街秩序等。

进出口机动车道:为提高交叉路口的通行能力,在对平面交叉路口进行渠化时,会通过压缩进口车道宽度或者利用出口车道来增加进口车道数,而导致进出口车道数不平衡,往往会严重影响通行效率,在信号交叉路口处尤为明显。本书研究的平衡则是指:信号平面交叉路口在一定的道路、交通条件下, 同一相位下,出口

车道数要大于等于进口车道数。部分农村公路在对信号平面交叉路口进行渠化时,为提高其通行能力仅考虑增加进口道数,未考虑到同一相位下,进出口车道数的平衡问题,使得通行效率不高,更甚于在交通流量大时,由于出口车道的交通不畅而拥堵在交叉路口中间,在本相位的绿灯时间已经结束时还没有疏散,进而影响了下一相位车辆的正常通行,造成整个交叉路口的交通瘫痪。

转弯半径,主要指平面交叉路口处机动车转弯半径。在对平面交叉路口的渠化中,平面交叉路口设计中的转弯半径对道路通行能力也显著影响。转弯半径取值是否合理,常用机动车的转弯顺畅度来评价。交叉路口转弯半径主要受到交叉路口交叉角度、道路红线的影响,在设计转弯半径时还要考虑到各种类型的机动车,以保证各类型的机动车辆可以顺利通过。如果转弯半径取值不合理,轻则发生车辆抢道、占道、相互干扰,重则至引发交通事故。

交通标线从影响行车安全的角度,主要考虑标线的清晰度、标线完整度等。标线清晰、合理可以起到规范、引导车辆驾驶行为的作用。而农村公路常出现标线缺失的情况,再加上农村公路扬尘较多,无人员清理,长此以往导致标线模糊不清(图4-9);标线完整度是指道路标线存在缺失,如未施划车道线、导流线、停车线等,导致车辆行驶秩序混乱,易引发交通事故。正确设置交通标线能合理利用道路有效面积,改善车流行驶条件,增加道路通行能力,减少交通事故。

图4-9　道路标线不清晰

慢行过街秩序。慢行交通的通勤主体作为交通参与者中的弱势群体,时刻受到机动车的冲撞等威胁,尤其是在行人过街情况下,行人暴露在机动车道内,在交通设施与管理落后等条件下,行人过街安全存在更大隐患。在绝大部分农村公路中,与机动化交通相比,慢行交通模式缺少必要的保护设施,在安全特性和交通环境舒适性上处于劣势,使得慢行交通模式使用者成为交通事故中最大的受害者,尤其是在交叉路口处,常存在隔离设施不完善,快慢交通未彻底分离;行人过街设施等设置不合理,造成机非、机人冲突较多;过街信号设计不合理,一般会造成通过时间不足或者等待时间过长,导致行人强行穿越道路等行为;部分行人交通量较大的道路未设置过街信号;农村公路缺乏有效的管制等问题,导致慢行过街秩序混乱,过街安全得不到保证。因此在对交叉路口进行渠化时需要考虑慢行交通，完善慢行交通的保障设施。

②视距

汽车高速行驶时，驾驶员是通过视觉、运动感觉和随时间变化的感觉来判断线形的。车前的视野和视距对车辆在公路上安全而有效的运行极为重要。速度和行车路线的选择，取决于驾驶员所能看清的前方公路状况及其周围的瞬时环境，并需要有足够远的视距，以便高度准确地预测公路的线位方向、纵坡、选择车道、避让其他车辆及路上障碍物，在紧急状态时能及时停车和避开危险。可见，足够的视距和清晰的视野，是保证安全行车最最重要的因素，也是增强驾乘人员视觉心理上的安全感和舒适感的重要因素。公路的线形、周围的景观、标志的表现以及其他与公路有关的信息，所有这些信息的85%以上都是通过视觉来提供的，因此视距是确保道路行车安全的重要因素之一。视距包含停车视距、超车视距、会车视距等，其中停车视距是必须要满足的，也是公路线形几何设计最基本的控制依据之一，交叉路口要满足必要的三角视距。导致视距不足的原因居多，其中包括因道路线形不合理、平曲线和竖曲线半径太小、路侧景观遮挡等。其中，农村公路的低等级道路中路边随意停车现象严重，尤其在交叉路口处，影响视距，不利于行车安全。

③隔离管理

隔离管理主要考虑是否有中央隔离或者施化中央分隔线、用于行人通行的中央隔离开口是否合理等。中央隔离能隔离对向车流，防止车辆驶入对向车道，同时有一定宽度的分隔带，在夜晚可以起到防眩目的作用，为驾驶员提供较为安全的行驶环境，提高道路通行能力，农村公路道路等级较低多为一块板，缺少中央隔离。在缺少中央隔离时施化中央分隔线也可有效分离车流，减少交通事故的发生。部分农村公路因地形限制或选线不合理等原因而穿过村庄，在设有中央隔离的路段，为保证当地居民通行便利而开设行人口，但往往因开设的数量较多、距离较近，而影响通行，引起交通事故的发生。

④路侧防护

路侧防护主要包含防护的种类、护栏端头处理、防护的完好性。路侧防护主要有防止失控车辆越出路外；防止车辆从护栏板下钻出或将护栏板冲断；使失控车辆回到正常行驶方向；有效降低事故的严重程度；诱导驾驶员视线。

路侧防护的类型根据分类方式的不同而不同，在此根据护栏的构造形式分为柔性护栏、半刚性护栏、刚性护栏。其路侧护栏的防撞等级由低到高为B、A、SB、SA、SS五种等级。对于护栏形式的选择应注意考虑以下因素：护栏的防撞性能，即要保证所选取的护栏形式必须能有效吸收设计碰撞能量；受碰撞后护栏的变形程

度,即保证护栏有足够的变形空间;护栏所在位置的现场条件;护栏的全寿命周期成本;护栏养护工作量的大小和方便程度等。根据具体情况选择合适的护栏形式对保证行车安全至关重要。农村公路常出现护栏缺失,在选择护栏形式时考虑欠缺,导致护栏形式选择不合理的现象。农村公路常在路侧种植一排树,这并不属于路侧防护,相反,这种树的存在会增加事故的严重程度。

这些设施对于减轻事故的严重程度,有效消除各种纵、横向干扰,提高道路服务水平,改善运行环境、道路景观等起着重要的作用,特别是对充分发挥公路安全、快速、经济的功能具有特殊的意义。根据道路等级、设计速度、事故发生的频率以及严重程度来正确选择护栏的等级及类型,对有效减少交通事故是至关重要的。

护栏端头处理也是保障道路安全的重要因素。设置隔离设施的同时,要对端头进行合理的处理,保证线形的流畅性。尤其是在道路宽度发生变化明显变化的地段,同时在较窄路段设有路侧防护时,一定要根据实际线形对护栏端头采取相应的处理,使其起到防护作用和引导驾驶员视线的作用。

防护的完好性主要指护栏的养护和破损后是否及时维修,农村公路常出现护栏破损后维修不及时的现象,破损后的护栏不仅失去了本身的防护功能,还有可能导致二次事故的发生。

⑤监管设备

监管设备主要指路段或路口是否安装视频检测器。据统计,安装监管设备的交叉路口比无监管设备的交叉路口事故率低。监管设备有助于规范驾驶员行为,对驾驶员起到警示作用。农村公路常出现超速、超载、交叉路口不礼让行人等违规行为,这与农村公路监管设备缺失有直接关系。

⑥信控设备

信控设备主要指交叉路口信号设备的完备程度和合理程度。主要包含有无信号灯(车行灯、慢行灯)以及设置是否合理、信号相位、信号周期的合理程度。

研究表明,交叉路口设置信号设备能有效减少交通事故的发生。农村公路交叉路口中多为国省道与村道的小型交叉路口,绝大部分交叉路口未安置信号灯,交通秩序混乱;在含有信号灯的交叉路口交通秩序明显好转,但部分道路虽安有信号设备却不投入使用或者信号设备性能差导致出现故障没有进行及时维修,导致与无信号灯一样;其次,农村人们的交通规则意识相对淡薄,管理薄弱,常出现闯红灯等违规行为,其中以行人闯红灯现象最为明显,因此,在济南 220 国道、239 省道、247 省道、316 省道部分路段事故统计中刚撞行人的事故形态占据 10%,严重影响交通安全。此外,信号灯亮度、高度和尺寸也影响着交通安全,亮度较暗、高度和尺寸设置不合理,导致信号灯可视性不好,没有起到应有的作用,影响交通安全。

农村公路的有信号交叉路口常见的问题还包括交通信号相位、周期不合理。信号相位设置不合理易导致冲突点数量增加，易引发碰撞事故。根据规范要求，信号周期在非饱和交通时段时，当前交叉路口信号周期时长宜在30～150s范围内；在饱和交通时段时，当前交叉路口信号周期时长宜在30～180s范围内。信号周期不合理易导致道路通行能力的下降，驾驶员、行人不遵守信号灯的现象增加。

⑦视认特征

视认特征主要针对夜间道路环境而言，主要包括照明设备、视线诱导设施等。照明设施主要指照明设备的完善程度，农村公路多数路段路上缺少照明设施，部分路段虽有照明设施但照明强度较低，使得驾驶员不能及时掌握前方路况，且周围昏暗的环境导致对向车灯的眩光更加严重，这不利于夜晚行车安全。在不含有照明设施的路段，若设有视线诱导装置也可起到行车诱导作用，在不良线形的路段，驾驶员可根据视线诱导装置及时掌握前方道路线形，做出决策，减少交通事故的发生。

⑧排水设施

考虑排水设施对道路安全的影响主要考虑排水设施的尺寸、类型。排水设施的尺寸影响排水的速度，尺寸设计不合理导致路面积水，路面摩擦性能下降，不利于行车安全；类型主要分为暗埋式边沟和开放式边沟，考虑到车辆驶出路侧可能引发的二次伤害，暗埋式边沟较开放式边沟更为安全。

⑨路侧景观

路侧景观包含路侧景观遮挡和路侧景观的单调性，路侧景观设置首先考虑路侧景观是否对标志牌进行遮挡、是否影响驾驶员视距。农村公路因路侧景观无人修理，维持自然状态常导致遮挡标志牌、影响驾驶员视距现象的出现。路侧景观还有缓解驾驶员疲劳的作用，因此在有条件的情况下，宜每隔一定距离对路侧景观进行改变，以缓解驾驶员的疲劳感。

(3)车辆

车辆也是影响交通安全的主要原因之一，研究车辆对交通安全的影响主要包含交通组成、速度、速度差等方面。

交通组成是指各种车型在交通流中所占的比率。大小和重量不同的车辆具有不同的行驶特性，它们不仅影响公路几何尺寸的设计、道路的通行能力和服务水平，对交通安全也存在一定的影响。就农村公路而言，车辆种类较为复杂，摩托车、三轮车、拖拉机、低速载货汽车等农用车辆所占比例较高，这些车辆中多为无牌无证、无年检、报废车、拼装车、无强制保险的车辆，车辆性能差，速度低，存在的事故隐患较大。

速度与交通安全密切相关，主要表现在两个方面：一方面，表现为汽车速度的增加导致反应时间以及制动距离的增大,导致交通事故数增加。另一方面,表现为速度的提高导致碰撞的能量增大,增大事故的严重程度。因此研究速度与交通事故数之间的关系对交通事故隐患的排查、车辆的管理等方面有重要的研究意义。

根据以往研究资料,在此将速度差主要分为以下三种:第一,各个路段第 85 百分位行驶速度(v_{85})与设计速度的差值,表征了整体道路指标的均衡性。第二,相邻路段第 85 百分位行驶速度(v_{85})差值,表征了相邻路段的一致性和安全性,通常选择采集点速度作为调查变量。第三,抽样车辆的车速与平均车速的差值也叫作速度的离散型,用来表征速度的路段车辆行驶速度的离散程度。第一种速度差主要表明道路指标设计是否合理,其最大允许值为 20km/h。第二种速度差即相邻路段车辆行驶速度差,它与道路条件、道路环境密不可分。主要用于判断相邻路段的协调性及安全性,相邻路段之间速度差过大,可能会导致驾驶员来不及反应,导致超速,易引发追尾等交通事故,据统计分析,相邻路段运行车速差值增大,交通事故率呈增长趋势。第三种速度差即速度的离散性,诸多国内外学者对交通事故分析后认为,事故率随着车速标准差的增大而增大,即车速分布越分散,事故率越高。车速离散度越小,车辆与交通流平均行驶速度基本保持一致,车流行驶平稳,道路交通事故率就越低;车速离散度越大,即车速偏离平均车速程度越大,会导致超车现象频繁出现,从而增加车辆变换车道的数量,跟驰车辆不得不频繁调整车速,车辆间的干扰增加,交通事故发生率增大。

(4)其他原因

①天气原因

天气原因引起的事故也不可忽略,在基于数据挖掘的高速公路危险路段识别及成因分析文献中运用缓冲区分析及叠加分析曾得到过恶劣天气是影响事故多发的原因。不良天气引发的交通事故主要归结于不良天气导致的道路环境条件、驾驶员心理等方面的变化。不良天气会引起道路性能下降、能见度降低、驾驶员心理压抑等变化,影响车辆的运行速度,增加影响道路安全的因素。雨雪天气下,导致路面的摩擦性能下降,特别是农村公路,在雪天由于路面积雪得不到有效清除,路面结冰,严重影响行车安全;此外,大雾、霾等不良天气导致能见度的下降,严重影响行车安全。在行车过程中,驾驶员有 90% 的信息是依靠视觉获得的,能见度的下降会导致有关交通刺激信息的比例减少,而其他微弱信息的比例增加,容易使驾驶员犹豫、疏忽,甚至产生错觉。就统计的不良天气和良好天气下事故发生次数而言,良好天气占 84%,不良天气仅占 16%,但实际还要结合良好天气和不良天气在一年或者多年之中占的基数。如图 4-10 所示为 G220 国道因大雾导致的交通事故示意图。

图 4-10　G220 国道因大雾导致的交通事故示意图

②季节原因

季节原因作为引发交通事故的一个原因，按照一年内季节特性分为春夏秋冬；在季节特性的基础上，分析各季节下一天内不同时间段的交通事故，如图 4-11 所示。

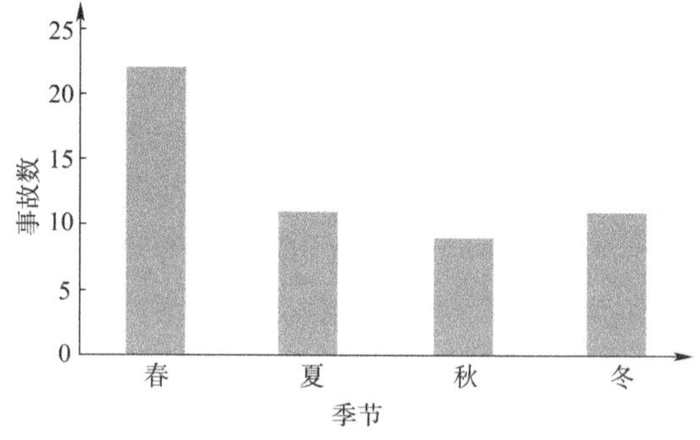

图 4-11　事故季节统计图

一年内季节特性主要考虑气候特点，季节变化会带来温度、湿度、雨量、风速等因素的变化。

由上述统计可以看出，从春-夏-秋季事故数呈递减趋势，从秋-冬-春季事故数呈现递增的趋势，这与气候变化带来的人们出行情况以及驾驶员心理和生理的变化有密切关系。

春季发生的事故数远远高于其他三季。分析其原因，春季是全年冷暖空气最为活跃、天气变化最快的季节，会导致路面某些性能的改变、驾驶员心理及生理的变化，且就农村公路而言，春季是一年农忙的高峰期之一，农民出行较为活跃，农用车辆增多，道路不安全因素增多，以及部分工人、学生开始上班、上学导致人、车增多，易导致交通事故的发生。

夏季光照强、雨天较多，路面在雨后有经过暴晒易出现裂缝，导致路面破损严重，部分山村地区出现滑坡、落石等现象。气温高、湿度大，导致驾驶员出现焦躁不

安等心理。但是夏季整体事故数量不高,这与夏季出行率较低有关,因季节原因,夏季是农忙的淡季,农民出行较少,道路上农用车辆较少,且学生放假,导致道路整体车流量下降。

秋季发生的事故数最少。秋季是农忙的另一高峰期,人们出行频繁,路边农用车辆停放以及农作物占用道路导致实际道路可通行道路较窄,但秋季秋高气爽,温度和湿度适宜,对驾驶员心理的刺激影响较小,驾驶员行车警惕性提高,反而不易导致交通事故的发生。

冬季温度低,风雪天气多,路面易结冰,易发生交通事故,就冬季整体事故而言并不高,这与冬季人们出行量较少以及人们的警惕性高有关。

4.3 基于严重程度的农村道路事故分析

4.3.1 主观原因

农村公路作为农村区域的交通要道,在人员流动上起到了至关重要的作用。据相关统计表明,在引发交通事故的人、车、路三要素中,人为因素所占比例最大,占到90%。机动车驾驶员导致的事故严重程度占比如图4-12所示。在人的因素中,驾驶员是道路和车辆的使用者,直接影响着道路交通事故的发生,也决定着重大交通事故的严重程度。

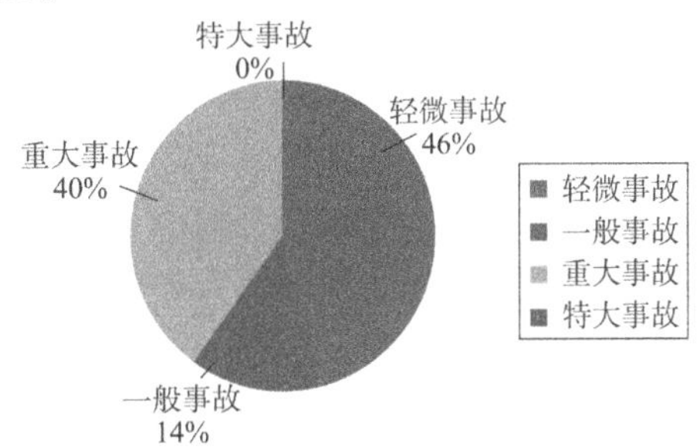

图4-12 机动车驾驶员导致的事故严重程度占比

驾驶员作为事故发生的最直接原因,具有不稳定性和偶然性,驾驶员的心理特征以及驾驶行为无法把握。就统计数据而言,从机动车驾驶行为分析考虑,机动车驾驶员的驾驶行为是多样化的、无法预测的。根据相关文献可知,车辆造成的严重事故与驾驶员的心理有关。驾驶员的驾驶特性是影响事故严重程度的一个原因。机动车驾驶员的驾驶特性大体可以分为三种类型:激进型、稳健型、谨慎型。不同的驾驶特性对于道路事故发生严重程度影响不同。激进型的驾驶员行为较为冒进，年龄较为年轻，反应速度快，在突发状况出现的情况下，能够及时做出较正确的反应，能够降低事故的严重程度，但是鉴于车速可能较快等不良原因，事故的严重程度可能相对偏高。而稳健型的驾驶员在对道路事故发生的处理上就相对从容一些，稳健型的驾驶员驾驶年龄相对较大，对于道路突发事件相对得当，轻微事故相对较多。谨慎型的驾驶员相对驾龄较小，驾驶行为较小心，但是在处理突发事件缺少经验，会手足无措，因此一旦发生事故，鉴于速度较低，严重程度可能相对较轻，但是，因处理不当，也可能造成比较严重的交通事故。

交通事故严重程度也会随着一天内时间的变化而有不同程度的加深或减轻。相关文献表明，夜间行车时，驾驶员视线受光线影响，遇到紧急事件时不能及时做出反应，进而导致交通事故发生。夜间道路行驶车辆较少，但是运输行业每年的重特大交通事故中，有 30% ~50% 的事故发生在夜间。夜间行车发生事故占的比例较白天高许多。夜间发生的事故严重程度通常较高，白天事故的严重程度则相对较小，这与驾驶员的心理以及道路的环境条件有直接关系。对于农村公路，夜间如照明设施、指示标志等安全设施不够完善，路侧边坡、路缘等安全保护措施相对简陋，无法充分保护道路行车安全，外加夜间驾驶员心理较疲惫，夜间行车视野范围变小，视距变短，紧急情况下驾驶员的应变能力下降，容易降低行车安全性。因此容易造成驾驶员对行驶环境的误判，进而导致严重事故。

总体来说，机动车驾驶员未安全驾驶或未遵守交通规则，当在运行速度较低时产生的一些不安全行为，易导致轻微事故发生；其中，超速、闯红灯等运行速度较高时，易导致重大事故发生。因此，在不同的道路环境下驾驶员的警惕性不同，在事故严重程度上来说轻微事故与重大事故的比例相当，这说明机动车驾驶员在某些特殊环境下，对于道路安全行驶的环境是无法判定的，虽然驾驶员与事故发生以及事故严重程度的大小有直接关联，但是在驾驶过程中，道路的条件以及道路环境等因素同样影响着车辆的安全行驶状态，阴雨天导致路面性能不佳、线形组合等因素影响驾驶员视距，这些同样是导致事故发生的因素。交通事故的严重程度还受道路线形以及车辆性能等因素的影响，驾驶员在不同的环境条件下驾驶的行为不同，对于事故判断能力不同，因此造成的事故严重程度也不同。

4.3.2 客观原因

1）道路条件原因导致的交通事故的严重程度分析

（1）道路线形导致的交通事故严重程度分析

①线形良好情况

如图 4-13 所示，线形良好情况下，轻微事故所占比例最大为 53%，重大事故所

占比例为37%。线形良好的情况下，视距良好，道路环境状况明确，驾驶员能够及时预先地发现道路其他车辆出现的问题，预见性地做出相应反应，进而会大大降低事故发生的概率以及严重程度。

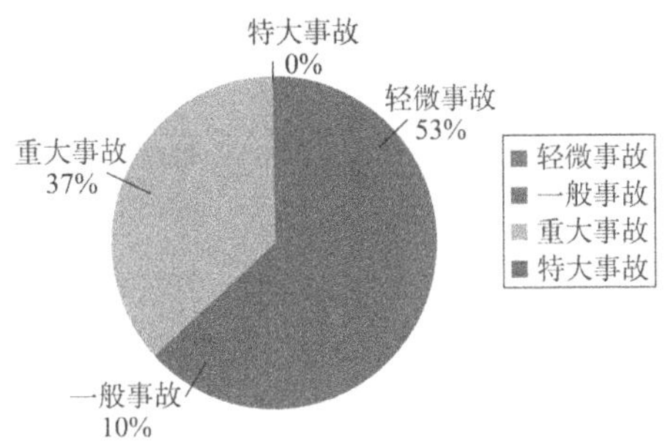

图4-13 线形良好情况下事故严重程度占比

②线形不良情况

如图4-14所示，在线形不良的情况下，根据统计数据可以看到，轻微事故所占比例较之重大事故减少了8个百分点，重大事故发生的概率超过了轻微事故所占比例。线形不良影响驾驶员的行车视距，有时无法准确判断前方车辆的位置，容易引发追尾等碰撞事故。

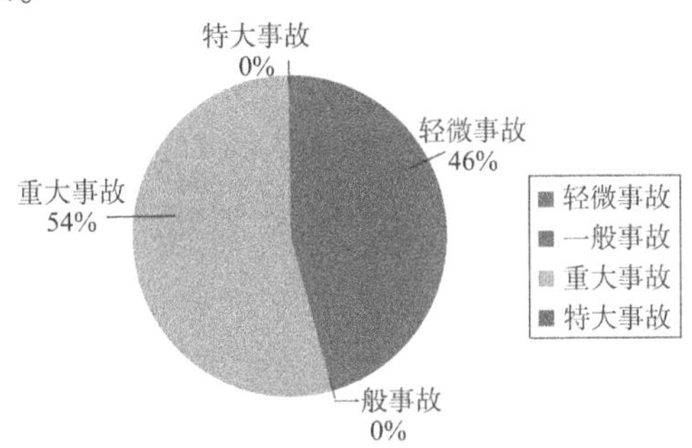

图4-14 线形不良情况下事故严重程度占比

对比两者数据分析，可以看出线形良好的情况下事故发生的严重程度较低，在重大事故的占比上，线形良好的情况下较之线形不良情况下，低了17个百分点，轻微事故发生的比例较大。线形良好的情况下，驾驶员的驾驶感舒适、精神适度、情绪稳定，较易于遵守交通规定，道路线形平滑既保证了路面美观，线形良好，驾驶员视野视距增大，能够及时发现道路的不稳定因素，提高反应能力，突发事件产生的比例较少，因此道路前方一旦有事故发生，驾驶员能够及时发现问题，有足够时间，并做出正确操作。而在线形不良的情况下，驾驶员情绪较为急躁，无法准确判断前方道路情况，农村公路路况本身较为复杂，中间穿插不同方向的小道，且行人对于道路情况环境较为熟悉，经常不关注主线车辆的行驶情况，横穿道路等不安全情况时常出现，主线车辆驾驶员在道路上行驶，就会遭遇不同种突发情况，由于视距过短，不了解道路的原因，就会发生一些无法避免的事故，从而增加事故的人员伤亡程度。相比于线形良好时，线形不良情况下发生的事故严重程度会大大增加。

(2)交叉路口类型不同导致的交通事故严重程度分析

①正交路口

如图 4-15 所示，根据统计分析可以看出，正交路口发生轻微事故所占比例为 49%，一般事故所占比例为 11%，重大事故所占比例为 40%。正交路口视野广阔，车辆行驶速度较高，农村公路大多没有信号控制设施和道路警示标志，行驶环境较为舒适，驾驶员警惕性较低，驾驶速度提升。由于车速较快、驾驶员注意力不集中等原因，在意外事故发生的过程中不能及时做出反应，所造成的事故的严重程度将增加，因此造成的重大事故所占比例达到了 40%。农村公路少部分路口存在警示标志，谨慎型驾驶员也占有部分比例，因此轻微事故和一般事故总计也占有很大部分比例，共计达到 60%。

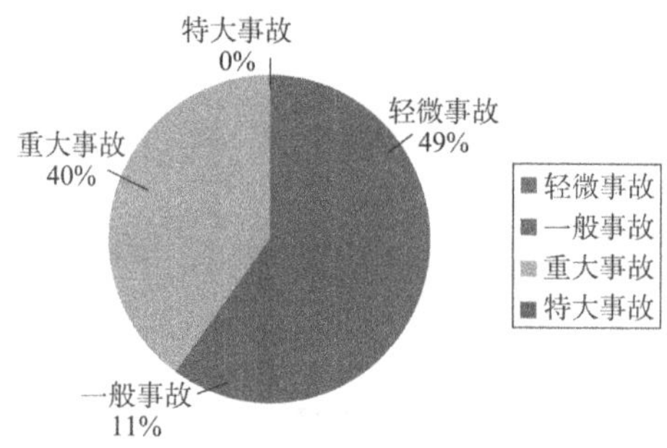

图 4-15 正交路口事故严重程度占比

②非正交路口

农村公路上存在许多的村路和小道，驾驶员在道路上行驶时常能够看到忽然穿出的农用机动车、摩托车、汽车等，对道路交通造成较大程度的影响。农村公路车流量较少，且无信号灯。车辆在行驶过程中，驾驶员缺少警惕性，因此速度大多数较快，在一些不明确的路口，驾驶员仍然会以恒定速度行驶，容易与穿插的农用车辆、其他行驶车辆造成不必要的冲突，进而引起较为严重的事故，重大事故所占比例高达 53%。谨慎驾驶型在驾驶人员中存有一定的比例，在农村公路中，其行驶速度可能较低，造成的事故严重程度也相应降低，因此轻微事故与一般事故的总比例占到 46%。

对比分析正交路口与非正交路口事故严重程度的趋势，农村公路大多数无信号控制、警示设施。在正交路口处，由于视野较为宽阔、道路环境较为舒适，驾驶员警惕性较低。但在视距良好、道路环境较好等因素情况影响的前提下，驾驶员虽然驾驶行为较为放松，但是仍然会对事故产生减缓效果。再者，农村公路开口较多，由于非正交路口视距不良，一般视距只能达到正交路口的70%左右，在交叉路口角度更加不良的情况下较正交路口，视距只能达到50%左右，加之非正交路口的设施、装置完善度较低，更加提升了非正交路口发生事故的频率以及严重程度。对于小道车辆的忽然出现，有时不能够被主线正在行驶的驾驶员所察觉，因此会对道路正常行驶车辆造成许多不良影响，会出现碰撞、剐蹭等事故。因此非正交路口相对于正交路口，在事故严重程度比例上，重大事故超出了12%，轻微事故发生的次数则较少。根据统计数据总体来说，非正交路口发生的事故，在严重程度上要超出正交路口。非正交路口事故严重程度占比如图4-16所示。

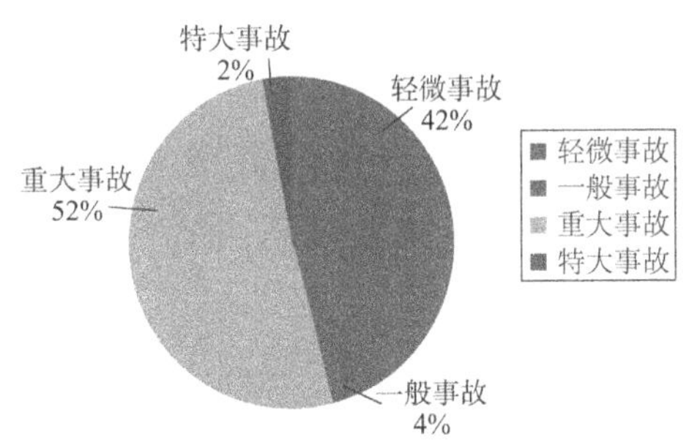

图4-16　非正交路口事故严重程度占比

2）道路环境导致的交通事故严重程度分析

（1）交叉路口存在信号灯

交叉路口有信号灯的情况下（图4-17），轻微事故占比为56%，占比较大，这突出说明交叉路口信号灯对于交通事故发生的严重程度起到了缓解的作用。一般事故占比为6%，重大事故占比38%，特大事故难以发生，可以看出重大事故发生率占比相对较高。公路行驶车辆大多按照信号灯指示行驶，农村公路监控设备不够完善，道路硬件设施设置不够全面，驾驶员对于公路条件环境较为熟悉，且农村车辆车流量少，驾驶员往往放松警惕，不遵守交通规则，容易造成制动不及时，导致突发事件，造成重大事故。

相关研究表明，交叉路口的不同位置设立提醒标志及其相应的道路标志标线，信号灯等设施将会大大降低驾驶员的道路驾驶速、增加驾驶员距离交叉路口开始减速的距离等,对于驾驶员的提醒作用是巨大的。农村公路车流量较少,农村又偏僻,位置相对偏远,道路标志标线等交通提醒措施经常性缺失,相关部门不够重视。通过设置道路交叉路口信号灯,将大大增加驾驶员的注意,提升驾驶员的驾驶警惕性。交叉路口信号灯等设施的完善,在一定程度上减少了事故的发生,降低了事故发生的严重性。

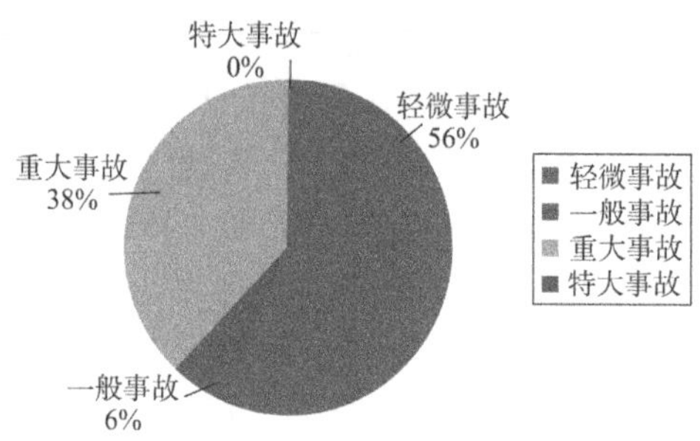

图 4-17　交叉路口有信号灯事故严重程度占比

(2)交叉路口不存在信号灯

交叉路口无信号灯的情况下,交通管制力度下降,标志标线不完善,有的甚至被长年行车所磨损,已经不够清晰,起不到提醒驾驶员的作用。农村公路车流量较小,驾驶员在没有信号标志的道路上行驶,对于道路环境的判断不准确,缺少标志提醒,一旦发生事故将会相对严重一些。

根据事故统计资料(图 4-18),对比分析有信号交叉路口和无信号交叉路口事故发生严重程度。可以看到,交叉路口有信号灯和无信号灯发生的事故中,有信号灯交叉路口轻微事故所占比例为 56%,较无信号灯交叉路口高出 9 个百分点。一般事故与重大事故所占比例,无信号灯交叉路口分别为 8% 和 44%,分别高出有信号灯交叉路口 2 个百分点和 6 个百分点,且无信号交叉路口有发生特大事故的概率。

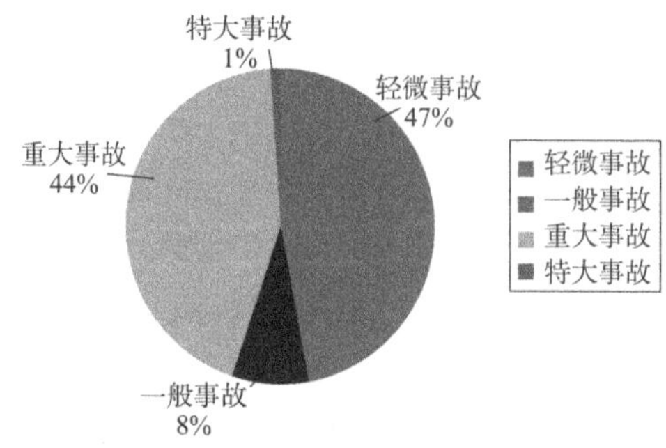

图 4-18　交叉路口无信号灯事故严重程度占比

综合其原因可以看出，在交叉路口具有信号灯的情况下，将会使事故的严重程度大大减少，这与信号灯的警示作用有直接关系。相关数据表明，在道路提示信息较少的路段，明显发现道路的信息提醒装置对于驾驶员有良好的辅助行驶作用，减少驾驶员的反应时间，这将大大减少驾驶员的不安全驾驶行为，降低事故的严重程度。

农村公路车流量小，车道宽度较窄，交通设施不够完善，道路行驶条件和环境有一定限制。车流量较小易造成驾驶员心理松懈，驾驶环境舒适，起不到警惕作用。农村公路标志缺失，道路行驶环境差，会相应地增加事故的严重程度，信号灯作为交叉路口的主要管制设施，有着不可或缺的作用。就设施不完善的农村公路来说，合理科学的交通管控措施和力度，降低了事故发生的严重程度。

3)其他原因导致的交通事故严重程度分析

(1)天气原因导致的交通事故的严重程度分析

①良好天气

如图4-19所示，就统计数据而言，在良好天气条件下发生的事故中轻微事故和重大事故所占比重最大，分别为49%、43%，一般事故仅占8%，特大事故占比为0。农村公路道路条件相对于城市道路来说条件较为一般。有的农村公路为沙石路面，天气良好的状况下路面性能也相对较差，鉴于农村公路车流量较少，虽然道路驾驶的环境较城市公路差，但是驾驶环境较为舒适，道路的摩擦系数等物理因素相对较好。因此，机动车驾驶员心理相对放松，驾驶速度相对来说会提高一些，对于一些突如其来的事件来不及做出反应，因此轻微事故与重大事故所占比例大致相同，特大事故一般不易发生。

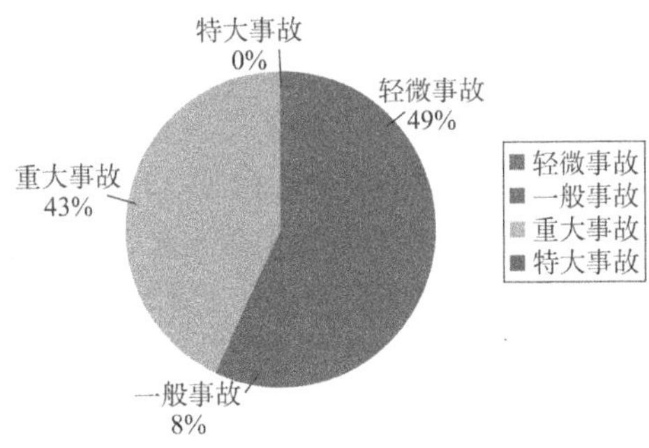

图4-19 良好天气条件下事故严重程度占比

②不良天气

如图4-20所示，就统计数据而言，分析不良天气条件下的车辆事故的严重程度，农村公路路面性能较差，视野范围较窄，驾驶员在行驶过程中会相对提高警惕，并降低车辆行驶速度，以达到较为安全的行驶速度，但是对于突然发生的事件，驾驶员能够及时地反应，但是鉴于道路条件和环境的原因，可能出现车辆侧滑、车轮地面附着力下降、视野和路面性能较差等问题，因此轻微事故占到所有事故发生的50%，重大事故相对于轻微事故所占比例相对来说较少。

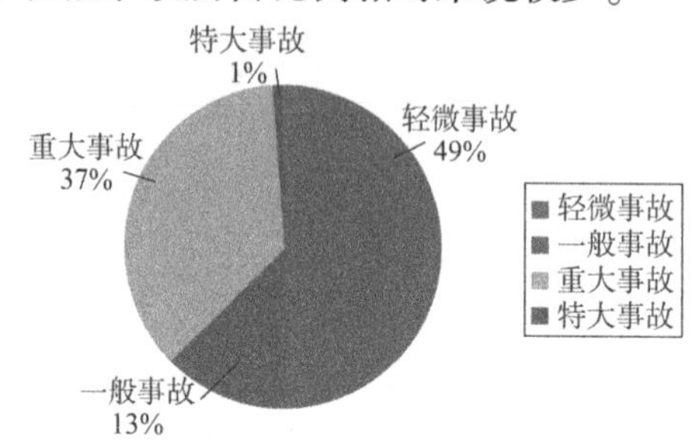

图4-20 不良天气条件下事故严重程度占比

对比分析良好天气与不良天气状况下发生事故的严重程度，发现严重程度为轻微事故所占百分比相同，都为49%。虽然不良天气条件下道路的行驶条件较差，但是驾驶员对于道路的判断意识相对提高。而良好天气条件下道路条件相对较好，驾驶员驾驶环境较为舒适，警惕性下降，发生突然事故反应较为不及时，但是鉴于路面、车辆性能相对较好，能够及时止损。因此，在天气状况不同的情况下轻微事故所占比例趋势大体相同。天气状况对一般事故与重大事故的影响较大，不良天气条件下一般事故所占比例为13%，较良好天气大5个百分点。但是在重大事故发生的百分比看来，良好天气重大事故所占比例为43%，较不良天气多出6个百分点，在天气良好的条件下，机动车驾驶员警惕性较不良天气状况下低，行驶舒适性较高，速度相对较快，因此在突发事件的发生情况下，容易造成较为严重的事故。不良天气条件下，基于农村公路特性，弯多、路窄、坡大，缺乏安全防护设施、交通标志，驾驶环境和条件较差，路面性能下降，驾驶员无法准确判断道路情况，将大大增加驾驶员安全意识，车辆行驶速度将相对降低，车辆发生事故的严重程度也会相对较低，但是鉴于天气状况较差，道路湿滑（路面潮湿、结冰或泥泞积雪）等原因，及时采取相应操作也可能相对增加事故的严重程度，发生事故可能较一般情况下严重。因此一般事故在不良天气下所占比例多于良好天气的状况，在良好天气条件下重大事故所占的比例要高于不良天气下的比例。

天气是影响高速公路事故严重性的重要因素。相关论文表明，相比于道路干燥的路面状况，当道路湿滑（路面潮湿、结冰或泥泞积雪）时，驾驶员发生死亡或重伤的概率均略有降低，即湿滑的路面状况会降低事故中驾驶员受伤的严重性。

在天气良好时，道路事故的死亡概率却较高，这可能与道路交通管控措施以及驾驶员的心理有着重要关系。

(2)季节原因导致的交通事故严重程度分析

如图4-21～图4-24所示，根据统计分析可得，春季发生的交通事故中，主要集中为轻微事故，高达64%，其次为重大事故所占比例为27%，一般事故占比9%。春季道路车流量较大，事故的发生较多。在道路行驶的过程中，因车流量多，驾驶员驾驶心理相对较为谨慎。在突发事件来临的情况下，能够及时做出合理的反应，因此轻微事故所占比例较大，一般事故与重大事故所占比例则相对较小。夏季发生的事故数中轻微事故所占比例为45%，重大事故占比为45%，一般事故占少数，比例为9%，发生特大事故的概率极小。在道路环境几乎不变的情况下，环境温度较高，夏季道路行车容易造成驾驶员困乏，驾驶注意力不高，对于驾驶员的心理产生相应的变化。再者，夏季多风多雨，易造成道路环境和条件的变化，尤其农村公路，易造成路面泥泞，路面的滑度增大，行车视距、道路的安全系数、车辆的安全性能得不到保障，给驾驶员带来心理压力，驾驶超速、闯红灯等不安全行为发生概率也将会增大，因此发生事故的严重程度也相对较高。秋季天气舒适，交通事故发生次数最少，同样主要集中于轻微事故和重大事故。冬季温度较低，不良天气的出现对于道路行车事故的发生影响最为严重，事故发生次数较秋季有明显的增加。冬季不良天气的出现造成路面湿滑，车辆与地面之间的摩擦系数大大减少，车辆行驶的安全间距大大增加，车辆的安全车距不易保持，容易造成不安全事故。农村公路夜间照明能力下降，冬季白昼时间较短，驾驶员对道路环境的不熟悉及无法辨别，将会增大道路事故发生时的严重程度。因此车辆重大事故所占比重最大，高达45%，其次为轻微事故和一般事故，所占比例分别为36%和18%，有较小概率发生特大事故。季节温度的变化影响路面的性能、驾驶员的心理生理，导致不同季节发生的事故数不同，且相应的事故严重程度也会有变化。

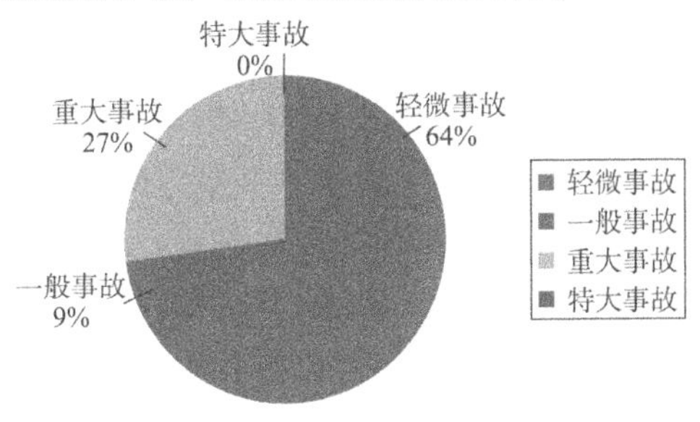

图4-21　春季事故严重程度占比

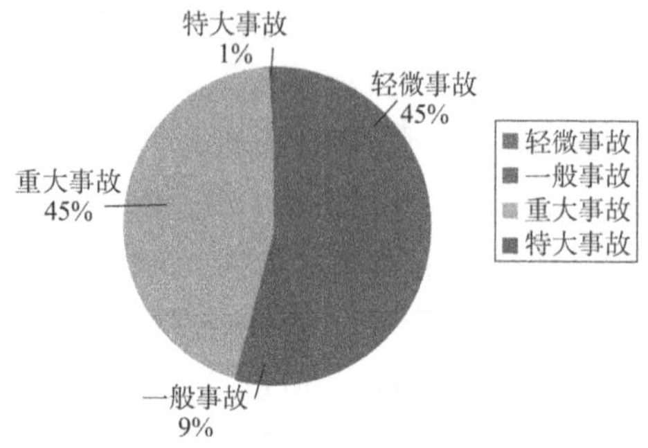

图 4-22　夏季事故严重程度占比

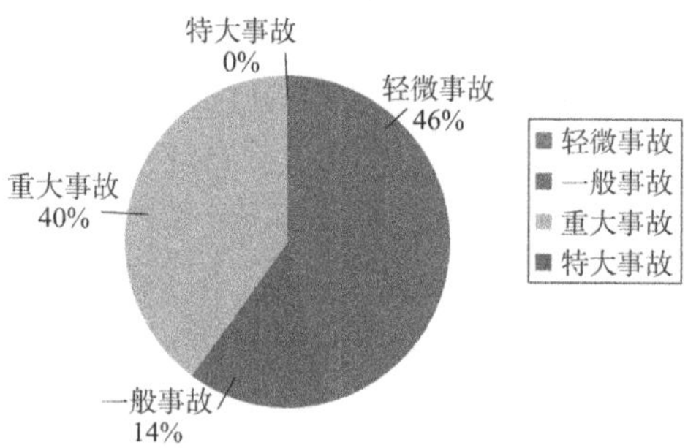

图 4-23　秋季事故严重程度占比

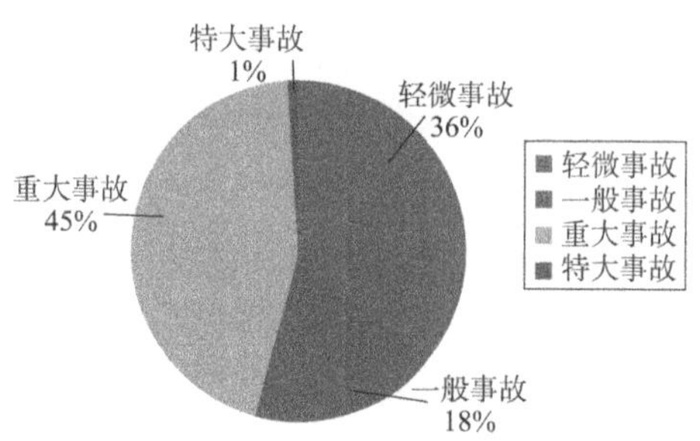

图 4-24　冬季事故严重程度占比

根据本研究事故统计数据发现，冬季相较于其他季节来说，事故发生的严重程度要明显高于其他季节，一般事故平均增加 8%，重大事故则平均增加 7.6%。

冬季温度较低，路面相对较硬，表面摩擦力相对较小，因为温度较低、车辆性能减弱。就车辆的制动性能来说，温度较低时车辆的制动性能减弱 20% 左右，车轮与地面的摩擦系数也相应地减小。加之冬季雨雪天气的影响，农村公路大多不会采取融雪、扬沙等措施，这样就会大大增加制动时间，增加事故发生时的制动距离，

轻微事故也会演化为更为严重的事故。

鉴于农村公路道路设施较为简陋、道路情况复杂，夜晚容易出现较严重的交通事故。相关数据表明，相比于“白天、黎明以及黄昏”的状况，当光线状况变为“夜晚有照明”时，驾驶员发生一般事故的概率分别增加3%和3.8%，遭遇重大事故和特大事故的概率分别增加2.2%和2.5%。而当光线状况变为“夜晚无照明”时，驾驶员发生一般事故的概率分别增加4.5%和3.8%，遭遇重大事故和特大事故的概率则均增加3.3%。这说明夜晚有照明和夜晚无照明比白天更易对驾驶员造成严重的影响。

4.4　拟合回归模型构建

4.4.1　事故数与运行速度模型

事故的发生数与运行速度的关系是最为明显可靠的，运行速度的波动影响着在各种道路环境、条件下事故数的发生概率多少，因此通过建立各类原因下的事故数与运行速度的关系，对其进行分析及判断是合理且必要的。本节主要对人、车、路、环境中的某些原因进行了相关分析，建立各类原因下的事故数与运行速度的关系。

1）驾驶员原因导致的事故数与运行速度的关系

驾驶员原因导致的事故数与运行速度拟合曲线如图4-25所示。

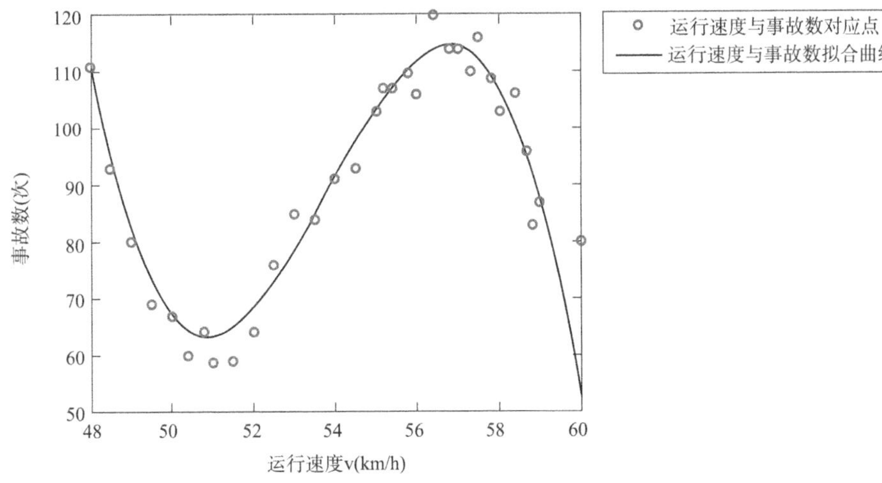

图4-25　由驾驶员原因导致的事故数与运行速度拟合曲线

利用多元回归拟合方法，得到驾驶员原因导致的事故数与运行速度拟合公式如下：

$$y = -0.4973x^3 + 80.295x^2 - 4308.5x + 76917$$

$$R^2 = 0.7241 \tag{4-1}$$

可以通过拟合曲线看到，随着速度的增大，事故数呈现减-增-减的趋势，在较低的速度下事故的发生次数较高，随着速度的增加，事故发生的次数呈下降趋势。运行速度达到低峰值 51km/h 时，事故发生数最少，这表明道路环境存在一定状况，有突发事件产生的可能，因此，此速度下驾驶员具有较高的警惕性，适度紧张，速度适当，发生事故时有反应时间，对于突发事件的发生有正确且快速的反应，因此造成的事故较少。在此速度下运行的车辆最为安全，速度超过低峰值 51km/h 后，速度的增加事故数也将不断增加。达到高峰值 57km/h 时，车辆发生的事故数目最多且事故数在高峰值速度范围内最为密集。速度超过最高峰 57km/h 时，事故发生数目又会逐渐下降，这种现象与驾驶员的心理变化密切相关。处于较低运行速度时，驾驶员往往处于放松状态，使得事故数较多。研究表明，速度位于适中时，事故发生次数最少，当速度到达临界值时，该速度与事故数达到峰值。道路环境良好，道路上车流量较少，可以提早判断事故的发生，驾驶员就会提高行车速度，心理警惕性较高。虽然速度较快，鉴于道路环境条件相对舒适、视野开阔等原因，因此行车是相对安全的，因此驾驶速度将会超过 57km/h。如曲线后端表明，交通事故数会随着速度的增高随之降低，呈现反比例的趋势。

2）道路条件导致的事故数与运行速度的关系

（1）线形良好与不良状态下事故数与运行速度的关系

①良好线形的事故数与运行速度的关系

线形良好条件下事故与运行速度拟合曲线如图 4-26 所示。

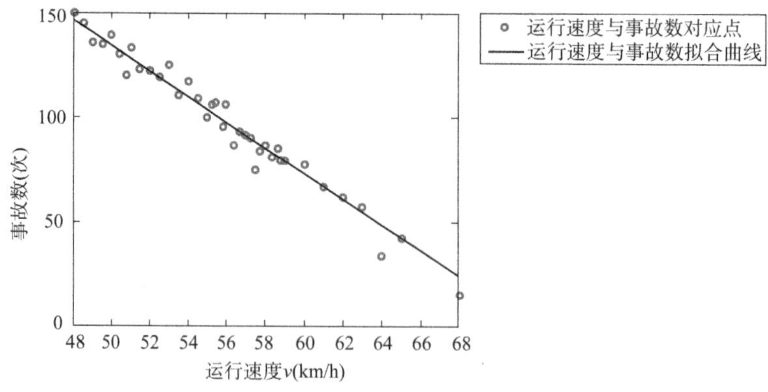

图 4-26　线形良好条件下事故数与运行速度拟合曲线

利用多元回归拟合方法得到线形良好条件下事故数与运行速度拟合公式如下：

$$y = 0.0929x^2 - 16.471x + 723.92$$
$$R^2 = 0.832 \tag{4-2}$$

在道路线形良好条件的前提下，根据拟合可知，事故数与运行速度呈线性关系，随着运行速度的增加，事故数呈递减的趋势。分析其原因，在线形条件良好的地段，即不考虑道路线形给车辆带来的负面影响，根据车流量的大小，一般会存在三种情况：第一，车流量较少，路侧的横向干扰少，车辆行驶流畅，行驶速度较高，大部分车辆的行驶速度会在限速值左右徘徊，即59～61km/h，在该速度下事故的发生次数往往较少，在农村道路常出现监管设施欠缺，驾驶员的交通规则意识不强，超速现象严重，所超范围较大，易引发交通事故，但因整体车流量较少，因超速导致的事故数并不多，但所造成的事故的严重程度较高，主要体现在速度为61～68km/h。第二，车流量处于中等，车辆与车辆之间存在较大的空隙，此时车辆的行驶速度相对较高，车辆频繁变道、超车现象严重，易引发碰撞运动车辆的交通事故，主要体现在速度为54～59km/h时，这也是事故发生较为集中的区域。第三，车流量密集，车辆与车辆之间的空隙较小，此时常出现跟驰现象，车队在外界环境不发生变化的情况下较为稳定，但常因为突发事件导致车队的稳定性遭到破坏，加上此时的速度较低，驾驶员易放松警惕，尤其在长直线路段，驾驶员反应速度变慢，当突发事件发生时，反应不及时，易发生追尾碰撞等交通事故，但事故的严重程度往往较低，体现在图中主要是48～54km/h的区域内。

②不良线形的事故数与速度的关系

利用多元回归拟合方法得到不良线形条件下事故数与运行速度拟合公式如下：

$$y = 0.0016x^3 - 0.6602x^2 + 56.365x - 1321.2$$
$$R^2 = 0.8733 \tag{4-3}$$

如图4-27所示，道路线形一直是道路条件中影响行车安全的一个重要因素，国内外诸多文献进行了不良线形与事故数之间的研究，为找到不良线形下，事故数与速度之间的关系，本书基于道路线形不良条件下，对速度与事故数的关系进行拟合，得到二者呈现开口向下的二次抛物线关系，事故数随着速度的增加呈现先增加后减少的趋势。对其原因进行剖析，在不良线形的大环境下，因农村道路多急弯、长大纵坡等不良线形，当车辆的速度维持在较低的水平时，即48～51km/h时，此时部分不良线形路段导致驾驶员视距受到限制，加上农村道路等级较低、道路较窄以及部分突发事件的发生，易发生碰撞形态下的交通事故，但因此时驾驶员降低行驶速度，警惕性提高，事故数得到有效控制，事故的严重程度得到抑制；随着速度的增加，事故数呈现上升的趋势，在不良线形尤其小半径曲线处，随着速度的增加，车辆的离心力增大，在离心力的作用下车辆常会发生横向倾覆或侧向滑移，导致单车事故的概率增加，且在遇到对向突然来车等突发事件时，车辆的制动距离增加，易导致交通事故；在综合不良线形导致的各类原因下，加上突发事件、不良天气、驾驶员的心理生理等的影响，当速度达到 54km/h 时，事故数达到最大值，即在此速度下更易发生交通事故；当速度大于 54km/h 时，事故数随着速度的增加呈现出递减的趋势，这可能与道路的具体实际情况有关，部分道路因地形限制，虽道路线形较差，视距不足，但是为保证行车安全，在路侧安装有凸透镜，能够及时观察到对向来车的情况，为保证夜间行车安全，部分等级较高的农村道路会设有视线诱导标志，这些辅助设施能弥补不良线形的缺陷，驾驶员的速度即使相对较高，也可有效避免部分交通事故的发生。除此之外，不良线形处高速、超速行驶的车辆较少，加上驾驶员的注意力集中，这也是车速增加导致事故数减少的原因。

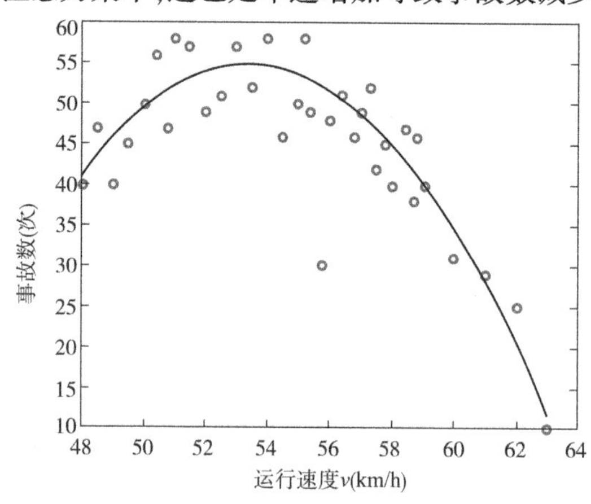

图 4-27　不良线形条件下事故数与运行速度拟合曲线

(2)交叉路口类型导致的事故数与运行速度的关系

交叉路口往往是事故的多发地点，国内外诸多文献对交叉路口类型与事故数之间的关系进行了研究。为研究不同的交叉路口类型下速度与事故数的关系，本书对交叉路口类型进行按照是否正交进行分类，分为非正交路口和正交路口，其中，X 形、Y 形、五路交叉等路口统称为非正交路口，T 形、十字路口为正交路口。

①正交路口的事故数与运行速度的关系。

利用多元回归拟合方法得到正交路口事故数与运行速度拟合公式如下：

$$y = 0.0166x^3 - 2.271x^2 + 96.71x - 1212.5$$

$$R^2 = 0.7646 \tag{4-4}$$

如图4-28所示,基于正交路口事故数与运行速度拟合曲线的趋势可知,运行速度与事故的发生数呈现反比例的趋势,速度越快,事故发生数越少。正交路口交叉角度良好,能够给予驾驶员良好的视距、宽阔的视野。在25 ~ 35km/h运行速度阶段时,此阶段道路车流量可能相对较多,正交路口大多范围较为宽阔,因此在农村公路环境下,农用机车、作业车辆可能较多,造成道路环境相对复杂,虽然车辆行驶速度较低,路口处行人穿插,不遵守交通规则的情况时有发生,事故的发生数量高居不下。随着道路条件逐渐上升,环境逐渐提升。正交路口大多会安装监控设备、道路警示标志,大大增加驾驶员行车警惕性,正交路口本身能够提供的视距较远,视野广阔,对前方道路环境的变化能够及时发现,由于存在相应的监控设施、警示标志等,驾驶员在保持警惕的同时,适当地提升速度,且驾驶员选择提升速度时,道路车流量通常相对较少,因此可以快速安全地通过交叉路口,而且事故的发生逐渐减少。

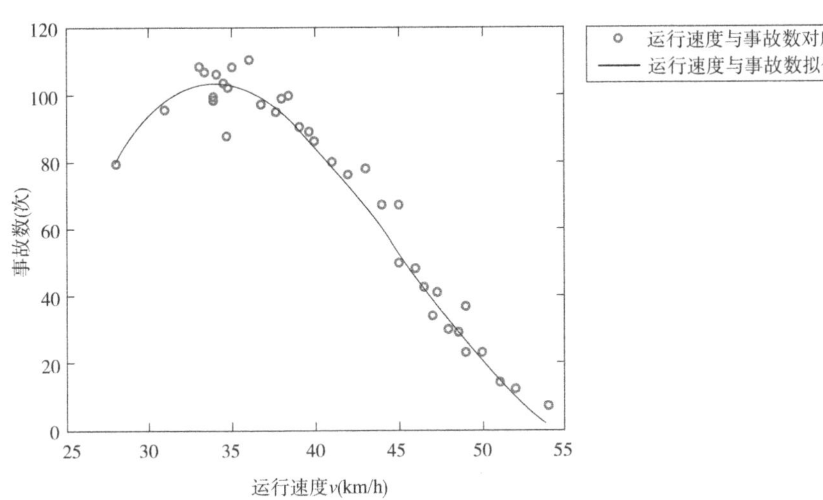

图4-28　正交路口事故数与运行速度拟合曲线

②非正交路口的事故数与运行速度的关系。

利用多元回归拟合方法得到非正交路口事故数与运行速度拟合公式如下:

$$y = -0.0392x^3 + 4.5319x^2 - 170.3x + 2154$$

$$R^2 = 0.8072 \tag{4-5}$$

如图4-29所示,首先基于非正交交叉路口下,对运行速度与事故数的关系进行研究,通过对数据进行拟合,得到在非正交路口的条件下,事故数随着运行速度的增加呈现先减少后增加再减少的趋势。考虑到农村道路的特点,在人口密集区,农村道路的平交路口多为村道等小支路与国省道的交叉,该类路口数量居多,其中绝大部分未安装有信号监控设备,路口形状不规则,多为非正交交叉路口。当速度处于 25 ~ 32km/h 的区间内,即较低的速度阶段时,对个体而言,速度较低,制动距离短,驾驶员处理紧急事件的能力强,对车流而言,过低的行车速度导致速度差过大,易发生追尾等事故,不利于整体的稳定。此外,分析其速度低可能与路口的实际行车条件较差有关,如行人过街流量较大,机非混行现象严重,导致交叉路口混行现象严重,引发交通事故。当速度处于 32km/h 时,事故数最少,分析其原因,在此速度下,即使非正交路口导致视线不足,但因为存在信号控制、监控设施以及其他因素的干扰较少的实际情况,加上此时速度适中,驾驶员对突发事件有及时的反应时间,制动距离较短,会减少交通事故的发生,降低事故的严重程度。当速度大于 32km/h 时,事故数随着速度的增加呈现上升的趋势,在 45km/h 处达到最大值,且在此区间内事故发生较为集中,分析其原因:第一,处于此速度区间内的车辆所占的比重最大。第二,随着速度的增加车辆的制动距离增加,加上在非正交路口处,农村道路常出现农用车辆在交叉路口处随意停放,导致视距不足,易发生“鬼探头”类的交通事故。第三,驾驶员的交通规则意识不强,常出现转弯的非机动车或机动车不让直行的车辆、行人优先通行,还常出现机动车、非机动车或行人闯红灯的现象,易引发交通事故。当速度大于 45km/h 时,事故数随着速度的增加又呈现出递减的趋势,虽然非正交交叉路口的隐患以及交叉路口处停车等现象依然存在,但是处于该速度区间的车辆数相对较少,超速车辆虽然存在,但数量相对较少,且超速现象主要出现在车流量较少的情况下,因此导致事故的数也相对较少;除此之外,考虑到速度较高的原因,驾驶员的制动距离较长,导致事故的严重程度较高。

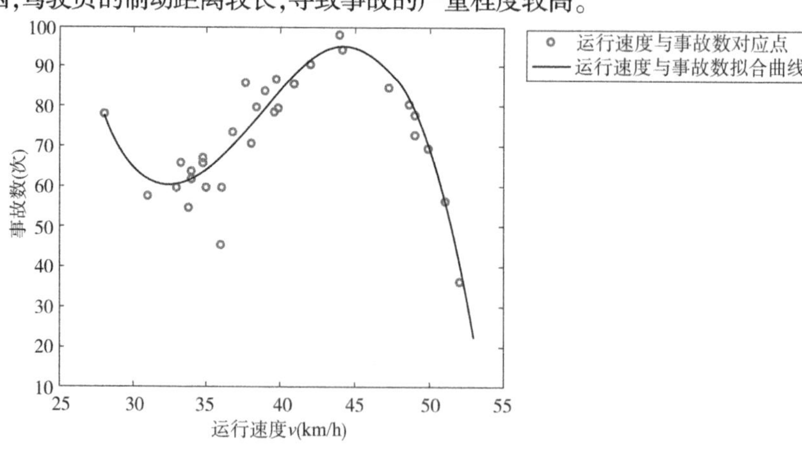

图 4-29 非正交路口事故数与运行速度拟合曲线

3) 道路环境原因导致的事故数与运行速度的关系

(1) 交叉路口有信号灯事故数与速度的关系。

如图 4-30 所示，利用多元回归拟合方法得到交叉路口有信号灯情况下事故数与运行速度拟合公式如下：

$$y = 0.0535x^2 - 4.3559x + 102.04$$
$$R^2 = 0.8583 \tag{4-6}$$

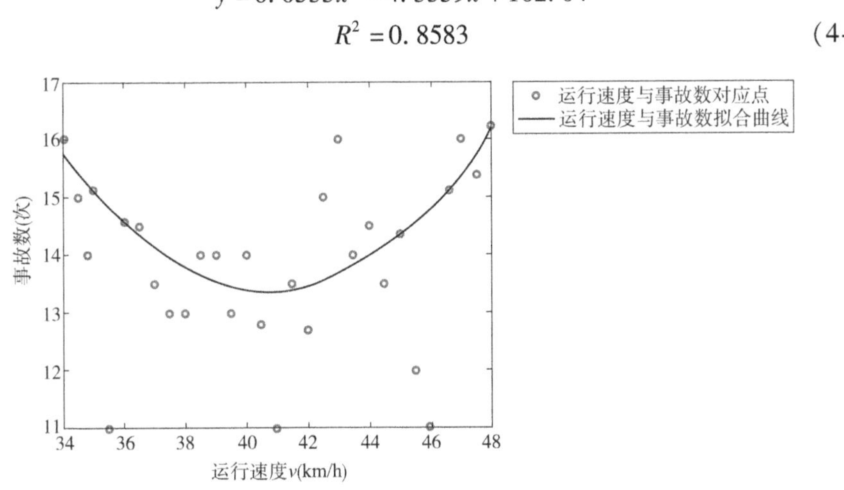

图 4-30　交叉路口有信号灯情况下事故数与运行速度拟合曲线

交叉路口存在信号灯时，信号设施道路标志标线等设施较为完善，大部分的车辆驾驶员遵守交通规则放慢行车速度，处于一个折中的速度 41km/h 行驶时，车辆的事故发生数最少，这与道路环境和驾驶员心理密切相关，道路标志标线的存在增加了驾驶员的警惕性，且在农村公路，存在信号灯的路口，路口较为规整，视距相对来说较良好，对道路情况可以及时发现，驾驶员适中地增加速度，在不影响道路行驶的情况下，这是最为安全的行驶速度。当车辆在此适中的情况下增加速度时，驾驶员的心理发生变化，可能由于道路忽然开阔，放松了行车的警惕性，农村公路小道居多，容易出现突发事件，驾驶员反应灵敏度降低，速度较快，反应操作时间缩短，就容易引发造成相应的行车事故，进而造成伤亡。因此速度超过临界阈值 41km/h 时，在速度逐渐升高时，车辆行驶的危险性也将逐渐增加。车辆行驶速度较低时，由于车辆速度较低，驾驶员对道路状况关注程度较少，虽然发生事故的严重程度较小，但是事故的发生次数会较多。因此在车辆行驶速度的变化中，事故数与速度的关系呈现出由反比例到正比例的变化趋势，农村公路上行驶的车辆速度较高、较低时都不能保证车辆所发生的事故数最少，一个适中的速度是道路最佳的行车速度。既能保证车辆通行的效率，又减少了事故的发生数。

(2)交叉路口无信号灯的事故数与运行速度的关系。

如图 4-31 所示,利用多元回归拟合方法得到交叉路口无信号灯情况下事故数与运行速度拟合公式如下:

$$y = -0.0855x^3 + 10.538x^2 - 428.5x + 5799.9$$
$$R^2 = 0.7678 \quad (4\text{-}7)$$

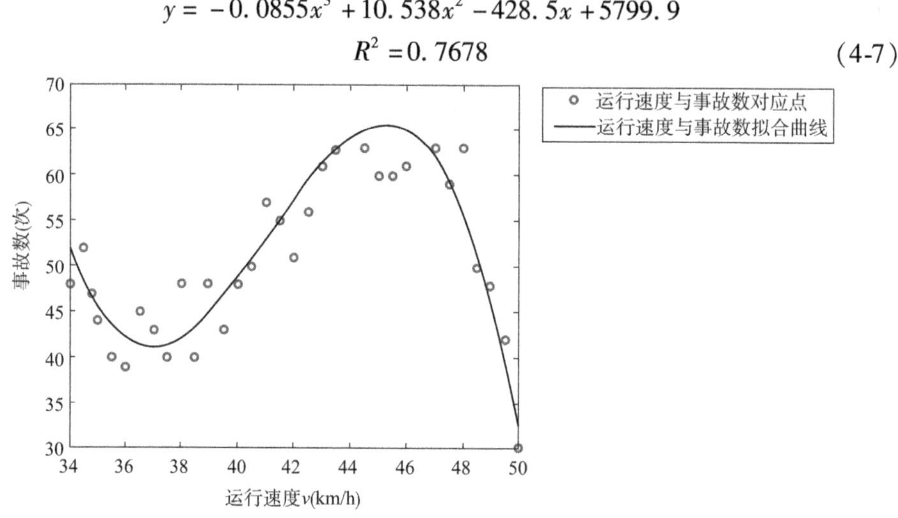

图 4-31　交叉路口无信号灯情况下事故数与运行速度拟合曲线

交叉路口不存在信号灯的情况下,整体呈现减-增-减趋势,曲线在速度为 36km/h 处产生拐点,这是由于在此速度下行驶的车辆,驾驶员会感到速度较低速时快,因此驾驶员会适当地提高警惕性。驾驶员在适当提高速度的同时,增加行车的警惕性,可以相应地提高通行效率,减少行车危险性。增加速度后,在速度为 36 ~ 44km/h 时,事故数逐渐增加,这可能与道路环境密切相关,在此阶段,公路行车的视距线形较好,但是道路突发事件时常发生,行人穿插、车辆横过马路,道路车辆较多,造成车辆速度无法提升,但是速度的增加仍然会造成事故增多。没有信号灯存在的情况下,道路行车较为混乱,此速度范围下行驶,反应时间减少,因此造成事故逐渐增多。当速度达到 44km/h 时,曲线到达最高点,事故数的发生最多,达到最高点时事故的发生数目较之曲线第一个拐点处事故数增加了近乎 1 倍。而后速度逐渐提升,鉴于公路上的行车数目减少,因此事故数逐渐减少,视野开阔,无信号灯的影响,行驶环境舒适,车辆可以较大幅度地增加速度,并且行驶过程相对安全,因此造成的事故数逐渐减少。

对比分析交叉路口有信号灯与无信号灯的情况下,可以看到在有信号灯存在的情况下,曲线总体呈现上升趋势,速度与事故的发生数呈现正比例。无信号灯存在的情况下时,曲线总体呈现下降趋势,速度与事故发生数呈现反比例。这与信号

灯存在对道路环境的影响息息相关。在有信号灯的交叉路口,大多处于道路环境较为复杂的地方,道路宽阔,车流量较多,车辆的行驶速度与事故的发生数目有直接关系。信号灯的设置对于驾驶员有警示作用,如果驾驶员不注意信号灯等道路设施,在错综复杂的路口就会容易出现突发事故而无法及时操作,造成事故的发生。根据相关文章数据统计,尽管不同的道路上的信号交叉路口与无信号交叉路口相比,事故率降低的程度不太一致,但是信号交叉路口的平均事故率要比无信号交叉路口低50%以上。设置信号灯明显会降低事故发生的数量,对于所有发生的事故中,无信号灯设置的交叉路口占事故数的70%。但是车辆在高速度行驶时,无信号灯控制的交叉路口所造成的事故数少,这与道路车流量以及驾驶员的行车心理有关。在车流量较少的情况下,心理因素是驾驶速度提升的关键因素,鉴于道路环境,驾驶员行车具有冒险行为,因此在速度较快情况下所发生的事故也会相对较少。

4)其他原因导致的事故数与运行速度的关系

(1)天气原因导致的事故数与运行速度的关系

①良好天气

如图4-32所示,利用多元回归拟合方法得到良好天气事故数与运行速度拟合公式如下:

$$y = -0.3051x^3 + 49.342x^2 - 2653.5x + 47554$$
$$R^2 = 0.4081 \tag{4-8}$$

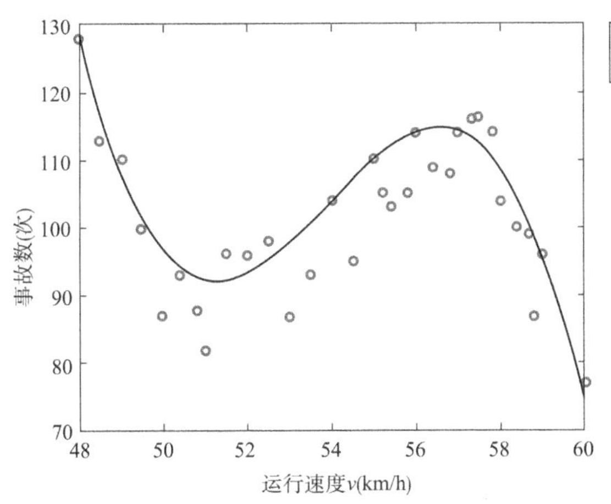

图4-32 良好天气事故数与运行速度拟合曲线

良好天气情况下,曲线呈现减-增-减趋势,总体呈现下降的趋势。良好天气下,在较低行车速度下,发生的事故数最多。在良好天气下,基于农村公路出行特性,大多数人出门进行劳作、工作,行驶车辆较多,因此在道路行车时车辆的速度较低,农村公路旁侧小道较多,小道驶出车辆相应增加,势必会影响道路行车的正常环境。主线驾驶员不注意路侧状况,就会造成相应的事故发生。道路环境逐渐变好,车流量适当减少后,车辆速度适当增加,道路的驾驶环境相对舒适,驾驶员警惕性下降,造成事故数上升。当速度提升至 57km/h 时,在 57 ~ 60km/h 阶段,速度继续提升,事故数与速度呈现反比例的关系。这与道路环境息息相关,此刻,道路车流量可能相应地减少,道路较为宽阔,因此驾驶员会适当地增加行车的速度,可能道路车流量较少,事故发生的比例也会减少,事故数相应减少。因此,当车辆的行驶速度达到 60km/h 时,事故发生数目也变为较低速度时的 1/2 左右。

②不良天气

如图 4-33 所示,利用多元回归拟合方法得到不良天气下事故数与运行速度拟合拟合公式如下:

$$y = 0.8x - 10.6$$
$$R^2 = 0.6882 \tag{4-9}$$

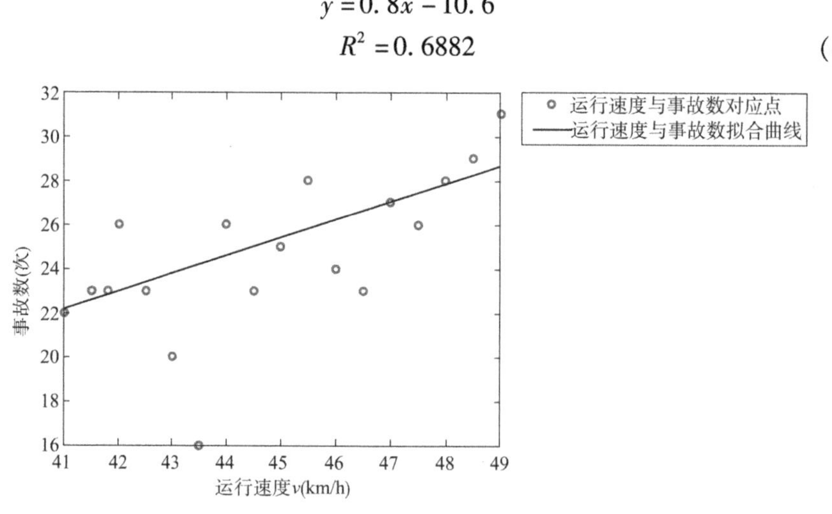

图 4-33　不良天气事故数与运行速度拟合曲线

不良天气状况下,曲线整体呈现总体上升的趋势,这与不良天气下对道路环境条件的影响有直接关联。在雨雪天,农村公路对于减少事故措施的处理上相对不足,如扬沙、装加防滑措施。速度快,对于车辆的行驶过程是极不安全的,在公路车流量减少的情况下,事故的发生数目也会逐渐增加。农村公路的路侧、路中防护措施不足,部分地方边沟设计不合理,路侧开口较多,部分路段较窄,情况较复杂。且

不良天气会造成驾驶员视距减少,无法及时发现前方路况。降低车辆与地面的摩擦系数,使制动距离增大。当车辆以较高速度行驶时,突发事件出现的情况下,无安全防护措施的农村公路极易发生车辆碰撞、侧翻等事故。因此速度越快的情况下,发生事故越多。

对比分析良好天气不良天气下速度与事故数关系曲线,良好天气下,曲线整体呈现下降趋势。而不良天气下,速度与事故数曲线为正比例关系,呈上升的趋势。良好天气下,驾驶员视野广阔,道路行车环境良好,外加能够及时发现前方路况,行车速度因此较快,但是农村道路的复杂程度以及行车道路环境变化性无法预测。英国研究表明,横向力系数每提高 0.1,雨天事故率就可降低 13%。美国的研究指出,路面抗滑值 SN40(车速为 64.36km/h)为 40 时,湿路面事故率为 25%,随着 SN40 的降低,湿路面事故率可增加到 60%。我国在“七五”攻关中对抗滑表层的研究表明,修建抗滑表层后可使雨天交通事故减少 80%。结果表明,有 70% ~ 75% 的事故原因为没有保持安全距离、超速追尾、滑入边沟及撞固定物。一般来说,路面有水、雪、冰时,驾驶员不可能盲目超速,很大原因应该是驾驶员不能有效控制制动距离,在干燥路面上行驶时判断的制动距离在潮湿或者有水、雪、冰的路面上不能起效;而雾天、雨雪天气道路能见度降低,驾驶员也不可能超速。反映在事故形态上,追尾说明雾天、雨雪天气道路能见度及抗滑性能降低,滑入边沟及与固定物相撞更加说明路面有水、雪、冰时,路面抗滑性能降低,轮胎发生侧滑而造成交通事故。因此车辆速度越快,不良天气下发生的事故率越高。而良好天气不存在道路环境改变的状况,视野宽阔,道路环境良好,速度越快,对于行车和环境的影响较小,发生事故的频率因此也越低。

(2)季节原因导致的事故数与运行速度的关系

季节原因对于道路环境条件的影响显著,温度的变化对于驾驶员心理、车辆的性能等有较大影响,天气的原因致使事故发生数相对不同,雨雪天、雾天等天气状况分别对车辆性能、驾驶员视觉、知觉等造成不同程度的变化,因此,季节原因是至关重要的一点。

①春季

春季道路行车事故数与运行速度拟合曲线如图 4-34 所示。

利用多元回归拟合方法得到春季道路行车事故数与运行速度拟合公式如下:

$$y = 0.0028x^2 - 2.4815x + 162.15$$
$$R^2 = 0.7648 \tag{4-10}$$

春季速度与事故数的发生曲线总体呈现下降趋势,根据曲线事故数分析,春季发生事故的数量最多,这与春季出行车辆相对较多有较大关系。在高速行驶时,车辆发生的事故数比低速时降低了 1/2。春季天气温和，气温较为舒适，驾驶员心理波动较小，道路环境、条件相对稳定，且相对简单。在驾驶员正常行驶的过程中，随着道路条件的转变，驾驶员速度也相对变化。在车流量较少、视距远、线形良好等易于行车的状况下，驾驶员相对提高速度，造成的事故也相对逐渐减少。因此驾驶员速度与事故的发生数呈现出反比例关系。

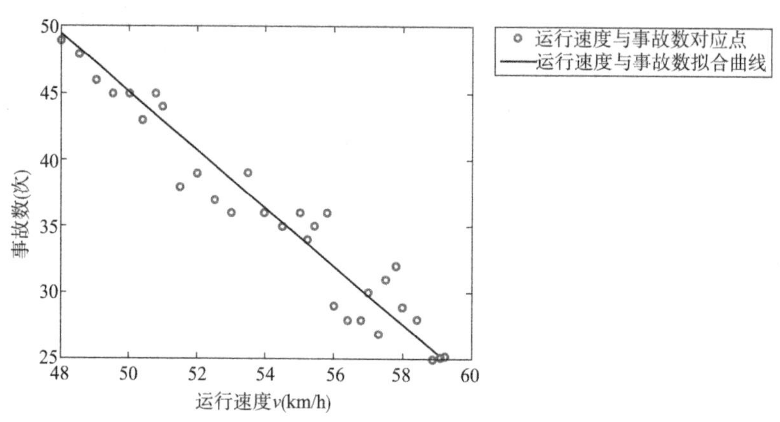

图 4-34　春季道路行车事故数与运行速度拟合曲线

②夏季

夏季道路行车事故数与运行速度拟合曲线如图 4-35 所示。

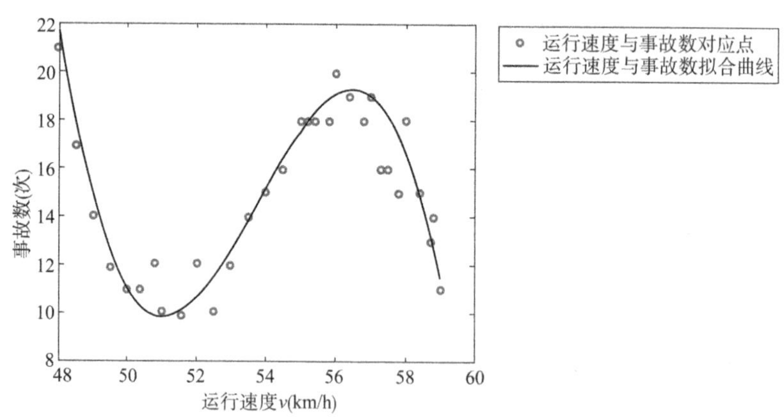

图 4-35　夏季道路行车事故数与运行速度拟合曲线

利用多元回归拟合方法得到夏季道路行车事故数与运行速度拟合公式如下：

$$y = -0.1171x^3 + 18.885x^2 - 1012.6x + 18066$$
$$R^2 = 0.7232 \tag{4-11}$$

夏季道路行车速度与事故数的关系呈现减-增-减的趋势。夏季多雨天气较多,对于道路行车安全性造成较大影响。在48~52km/h速度段,曲线呈现递减趋势,驾驶速度较慢,可能由于道路车辆较多,视距不良,因此驾驶员适当降低速度,且警惕性较高,因此发生事故数减少。在52~57km/h速度段,事故数逐渐上升,其中一个原因可能与天气相关。夏季雨日比无雨日容易导致事故,因为降水会造成路面附着系数降低,易导致车辆侧滑和控制失灵,且能见度降低,驾驶员视线模糊,导致事故增多。且在此段速度下行驶,在事故发生时不能够及时控制到安全速度,因此造成速度也逐渐增多。在57km/h以上速度段,可能由于道路车流量的减少,且天气环境相对良好,车辆的行驶速度增大,因此发生的事故数也较少。

③秋季

秋季道路行车事故数与运行速度拟合曲线如图4-36所示。利用多元回归拟合方法得到秋季道路行车事故数与运行速度拟合公式如下:

$$y = -0.1541x^3 + 24.948x^2 - 1341.9x + 23996$$
$$R^2 = 0.8631 \tag{4-12}$$

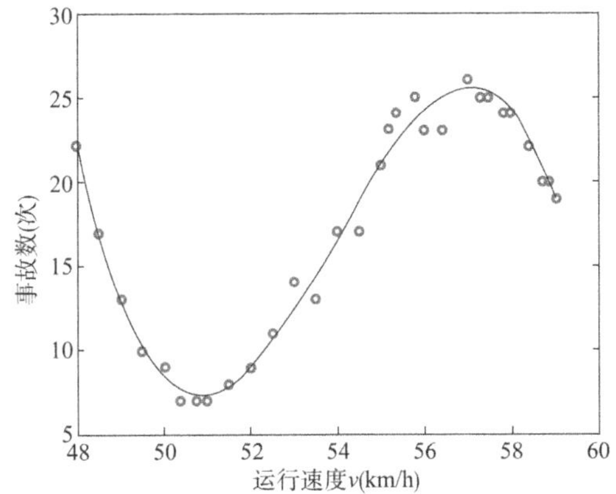

图4-36　秋季道路行车事故数与运行速度拟合曲线

就秋季速度与事故数曲线而言,秋季速度与事故数关系曲线同样呈现出减-增-减趋势,且发生的事故数相对适中。在48~52km/h速度段,驾驶员行驶速度相对较低,事故发生的概率相对降低,且在该速度段下,突发事件发生的概率相对较小,基于驾驶员的反应时间足够长,能够有效控制事故的发生。不良天气状况也是可能是影响驾驶速度降低的一个因素，在不良天气状况下，驾驶员警惕性较高，速度降低，造成的事故数也相对降低。当处于 52 ~ 57km/h 速度段时，车辆处于一个相对舒适的环境中，驾驶员会相对提高速度，但是在该速度下行驶相对不安全，若出现不良状况，给予驾驶员的时间过短，就会造成事故数相对增多。当公路出现道路车流量变少，路边作业车辆停放少，路况相对简单时，驾驶员就会相应地提高车速，达到安全且快速的阶段，如图所示，57km/h 以上速度段，就会出现事故发生数相对逐渐减少的情况。

④冬季

冬季道路行车事故数与运行速度拟合曲线如图 4-37 所示。

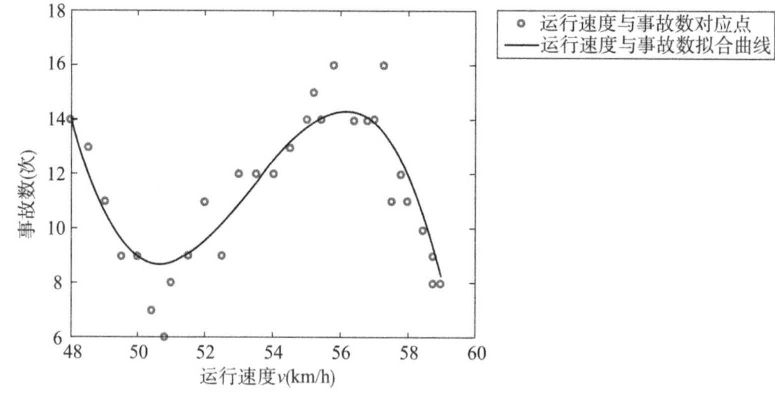

图 4-37　冬季道路行车事故数与运行速度拟合曲线

如图 4-37 所示，利用多元回归拟合方法得到春季道路行车事故数与运行速度拟合公式如下：

$$y = -0.0679x^3 + 10.88x^2 - 579.59x + 10276$$
$$R^2 = 0.6552 \tag{4-13}$$

对于冬季事故数曲线来说，在 48 ~ 52km/h 速度段，事故数随着速度的增加而逐渐减少。在 52 ~ 56km/h 速度段，道路环境复杂程度上升，造成事故数逐渐增多。因为道路环境舒适，驾驶员行驶速度自然而然的增大，造成行车警惕性下降，当速度达到最高点 56km/h 时，交通事故最多。当速度继续增大时，驾驶员能够明显感受到速度快，进而警惕性提升，道路上车辆可能相对较少，且天气状况良好，因此驾驶速度在 56km/h 以上时，事故数也逐渐减少。

就季节而言，若单纯研究不同季节发生的事故数存在较大的偶然性，且规律性不强，对其进一步探究，季节的变化引起的主要是对于天气、道路环境、车辆性能的变化，从而引起道路环境和道路状况的变化，进而影响道路行车安全性。在这里研

究的是季节的不同下的事故数与速度的关系，季节的变化对于驾驶员的心理会造成一定的影响，但速度才是影响事故发生的主要因素。总结来说，速度是影响事故发生的决定性因素。

4.4.2　事故数与交叉路口距离模型

在农村公路，交叉路口之间距离影响着各路段的长度，影响着路侧出入口的设置，以及路边车辆的停放、作业等现象发生的概率，事故的发生与距离交叉路口中心距离有较大关系，根据事故发生数的临界点区分交叉路口的范围大小，便于区分交叉路口事故与路段事故。

1）无信号交叉路口事故数与距离交叉路口中心距离拟合曲线

利用多元回归拟合方法得到无信号交叉路口事故数与距离交叉路口中心距离拟合公式如下：

$$y = -5.4e-06x^3 + 0.0049x^2 - 1.4x + 1.5e+02 \tag{4-14}$$

在无信号灯的情况下，事故数与距离交叉路口中心距离关系的事故图像如图4-38所示。从中可以看出：在距离交叉路口中心150～200m，事故数的发生有明显的分界点，说明距离交叉路口中心越近，发生的事故数越多；距离交叉路口中心200m的范围内，事故数的占比最高，占比率达到90%，因此事故大多发生在距离交叉路口中心较近的位置上。当距离交叉路口中心大于200m距离时，事故的发生数目逐渐减少。当距离交叉路口中心距离达到300m时，事故数有些许上升，可能是由于路段过长、路侧开口增多、路边停放农用作业车辆等原因，增加了道路环境的复杂程度，由于驾驶员行车判断失误等原因，造成了少许事故数的发生。

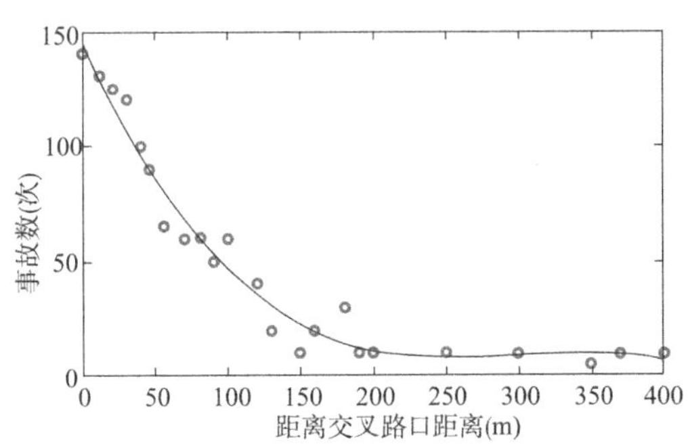

图4-38　无信号交叉路口事故数与距离交叉路口中心距离拟合曲线

2）有信号交叉路口事故数与距离交叉路口中心距离拟合曲线

利用多元回归拟合方法得到有信号交叉路口事故数与距离交叉路口中心距离

拟合公式如下：

$$y = -4.4e-0.6x^3 + 0.0032x^2 - 0.73x + 69 \tag{4-15}$$

如图4-39所示，在有信号交叉路口，随交叉路口距离增大，事故数呈下降趋势。以150~200m为分界线，在此之前事故发生的次数较高，在此之后事故发生的次数较低；当距离交叉路口中心达到300m时，事故数上升与道路环境息息相关。路段变长，则路边作业车辆、人数增多，没有了下一个交叉路口的长度限制，路侧周边环境变复杂，可能发生路边停车增多、路段基础设施缺失等情况。因此会导致事故的数量小幅增加。

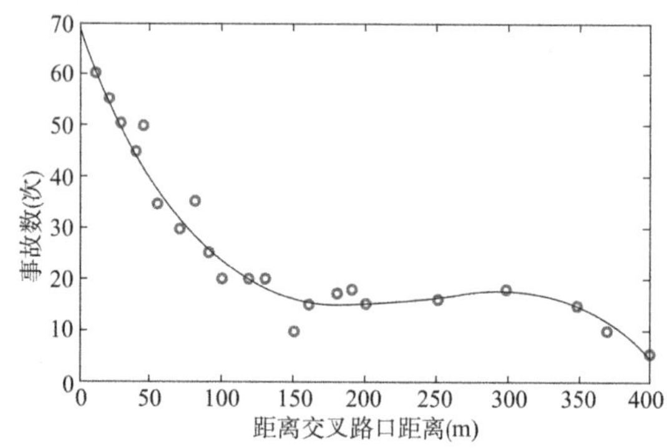

图4-39 有信号交叉路口事故数与距离交叉路口中心距离拟合曲线

根据事故数曲线拟合可知，无信号交叉路口与有信号交叉路口情况大体一致，事故数与距离交叉路口的位置成反比，当车辆距离交叉路口越远，事故数越少。农村公路交叉路口处有较少路口存在信号灯，大部分路口缺少相应的交通设施设备，在无警示标志的情况下，驾驶员驾驶车辆时的警惕性会降低，外加道路环境的改变，增加了行车的不安全性。由曲线统计可以看出，在交叉路口处发生的事故几乎占事故数的70%。

合理地设计路段长度对于交通安全来说具有极其重要的意义，路段越长，则行驶车辆在不属于交叉路口的范畴路段上行驶的时间越长，距离越远，则事故的发生概率将会降低。因此，在交通规划当中，在不影响交通流量、交通效率、出行方便度等情况下，尽可能地减少交叉路口的设置数量、增加路段的长度，对于交通事故的发生具有良好的防护和预防作用。

第5章　农村地区平交路口安全性评价

5.1　评价指标选取原则

农村公路路口交通安全是一个复杂而庞大的系统工程，与道路条件、道路环境、驾驶员与车辆等诸多因素密切相关，且各因素间又相互作用、相互影响、相互渗透。因此，为了对农村地区平交路口的安全性进行综合评价，必须要求平交路口安全评价指标的选取符合科学性、客观性、快捷性、实用性及完备性。所选取的指标应能够充分代表农村公路平交路口的特点，且其应符合具备数据易得的要求，以提高参评人员工作的效率与准确性，从而能够进一步简化安全评价系统分析，更加明确农村地区平交路口安全评价体系，并客观全面地反映实际安全问题。总体来说，结合本书研究研究目的，建立农村地区平交路口安全性综合评价体系时应遵循以下原则。

5.1.1　科学独立性

科学独立性是指评价体系能够真实地反映出农村地区平交路口安全性评价的本质且保证各指标间的相互独立性质，不得出现指标间相重复或矛盾的现象，能够体现出平交路口的交通安全性能，反映出与交叉路口安全向背离的主要矛盾，符合科学、合理、公正要求。

5.1.2　客观可行性

客观可行性是指要求寻求系统真实的价值状态，对于模糊和难以量化指标的处理，应对整体评价系统逻辑结构、层次及因果关系进行客观的梳理分析，且要求评价方法切实可行，易于实施，包括数据处理、数据评价，以便于参评人员认同与接受。

5.1.3　实用易得性

实用易得性是指评价体系能够密切联系实际农村地区平交路口，能够有效体现我国目前农村地区平交路口的交通安全状况，且所选取指标在实际运用中具备方便获取和易于量化的特点，以便能够提升评价的可操作性与评价效率，从而进一步强化评价体系的实用性。

5.1.4 完备可比性

完备可比性是指农村地区平交路口安全评价体系应能够反映整体要求，不得出现偏颇或缺失重要指标的现象，以防止评价结果失真，给参评工作带来人为损失，且应准确确定安全等级，合理确定临界阈值，要求符合农村地区平交路口安全性能等级的划分要求，以使评价结果对比明显，科学反映出各交叉路口的安全状态。

5.2 评价体系

5.2.1 体系提出

农村地区平交路口是事故发生的重点位置，占据总事故数的主要部分，需要合理有效地设计和改善农村地区平交路口安全性指标，提升农村地区交通安全性能与整体水平。我国农村公路主要是三、四级公路，农村公路中的平面交叉路口非常繁杂，既有低级公路的交叉路口，又与高级公路存在交叉的路口，其管理相对复杂。在农村的公路建设中，一条公路会涉及很多的小支路，会给人们的安全出行造成威胁，需要结合具体的问题采取对应的措施，防止安全事故的发生。因而，极其有必要针对农村地区平交路口进行科学准确的安全性综合评价，减少农村地区交叉路口安全事故发生次数，全面提升农村地区道路交通安全出行保障，构建人、车、路、环境和谐发展的交通出行环境。

首先，结合本书研究的交通事故统计数据，通过分析交叉路口处速度与事故数的分布状况，对农村地区平交路口进行了高低等级道路的划分。

如图 5-1 所示，根据本书研究事故统计数据得，相较速度为 60km/h 以下区域，事故数多集中分布于速度为 60km/h 以上的区域，且在速度为 60km/h 过渡时，事故数到达临界点且前后事故数目变化明显，由此不难说明车辆速度是影响道路安全的主要因素之一，侧面反映出不同车辆行驶速度区间的交叉路口的事故发生状况明显不同，所需要的交叉路口安全性能要求也不相同，非常有必要对农村地区平交路口进行不同行驶速度区间的划分，以定制化地提高平交路口安全性能水平。

因此,本书研究通过对农村地区不同车辆行驶速度的交叉路口进行了高低等级道路划分。

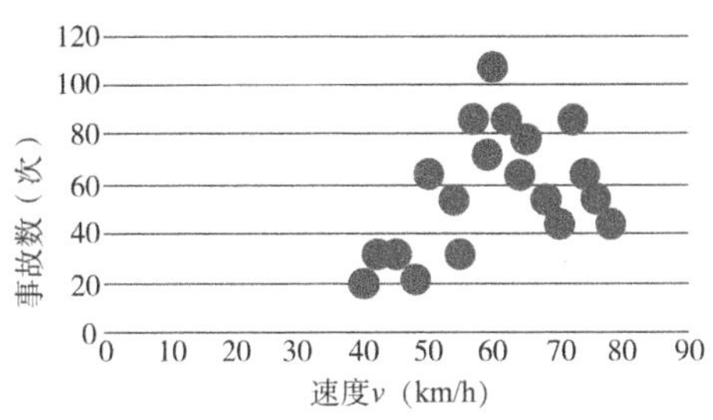

图5-1 交叉路口处速度与事故数分布特征

其次,考虑到农村地区平交路口存在信号控制或无信号控制现象,因此对其进行信号控制与无信号控制的划分,以更为针对性地对农村地区平交路口进行全面的安全性综合评价,提高评价的有效性与可靠性。

综上所述,并结合平交路口安全性指标分析与拟合模型,农村地区平交路口安全性影响因素众多,且其系统具有较强的复杂性,因此,提出一套科学、合理的评价系统,并应用于农村地区现状平交路口的安全性综合评价,从而指导实践,是解决农村地区交通安全现状问题的关键,也是本书研究的重点。而综合评价则是在单项评价的基础上进行的,从整体的角度对被评对象进行系统、科学的评价,从而使决策更加全面、有效。本书通过详细分析道路条件中路面性能、接入管理、横断面,道路环境中的交通渠化、隔离管理、路侧防护,驾驶员中视距,车辆中运行特征等因素对道路交通安全的影响,同时考虑到评价的可操作性,最终总结归纳筛选出了能够更明确反映农村地区平交路口安全性状况的指标,作为农村地区高等级与低等级道路、信号控制与非信号控制交叉路口的安全性综合评价重要依据。

5.2.2 权重计算方法概述

评价指标的权重对于构建合理、有效的农村地区平交路口安全性综合评价体系至关重要,各指标的权重不仅需要反映其在农村地区平面交叉路口的交通安全事故中的实际影响程度,而且需要充分考虑道路规划设计部门在实地问题中所希望达到的安全效果。农村地区平交路口安全性综合评价体系中各指标权重数值直接影响当前农村平交路口安全评价结果。

在多目标综合评价理论中,权重是表明各个评价指标重要性的权数,表示各个评价指标在总体中所起的作用大小。权重有不同的种类,各种类别的权重有着不同的数学含义。按照权重的表现形式的不同,可分为绝对数权重和相对数权重;按照权重的形成方式划分，可分为客观权重和主观权重；按权数的性质分，有估价权数、信息量权数、可靠性权数、系统效应权数等；按照权重与待评价的各个指标之间相关程度划分，可分为独立权重和相关权重。

1）权重系数计算的常用方法

（1）层次分析法

层次分析法（Analytic Hierarchy Process，AHP），又称 AHP 构权法，是美国 Saaty 教授于 20 世纪 70 年代初期提出的一种简便实用的多因素决策分析方法。它是将平交路口安全性指标中半定性、半定量问题转化未定量问题的一种行之有效的方法，其基本思想是将复杂的评价对象进行合理排序，并通过逐层分类对多种相关因素之间进行两两比较和判断，最终计算出各个评价指标的相对权重系数，即权重。此方法能够全面地反映评价目标且适用于多层次、多指标的复杂评价体系中，具有较高可靠性；但在确定各指标间的相对重要程度时，往往需要经过专家咨询来确定，因而其评价目标受制于主观因素较多。

（2）熵值法

熵值法（Entropy Method）是把信息熵概念引入信息论中，作为随机事件不确定的量度，而独立于热力学熵的概念，现已在工程技术、社会经济中得到十分广泛的应用。其基本思想为：当一个事件的不确定度越大，相对应的熵值越大；反之，若事件的不确定度越小，相对应的熵值则越小。根据熵的特性，可以通过计算熵值来判断一个事件的随机性及无序程度，也可以用熵值来判断某个指标的离散程度，指标的离散程度越大，该指标对综合评价的影响越大。

（3）因子分析法

因子分析法（Factor Analysis Method，FAM）是由心理学家 ChalesSpearman（1904）提出的，它的基本思想是运用多元统计法对众多的观测变量进行降维，从而达到以少数的几个随机变量（公因子）描述众多原始变量之间协方差关系的目的。

（4）德尔菲法

德尔菲法是依据多个专家的知识、经验和个人价值观对指标体系进行分析、判断并主观赋权值的一种多次调查方法。在对所要预测的问题征得专家的意见之后，进行整理、归纳、统计，再匿名反馈给各专家，再次征求意见，再集中，再反馈，直至得到一致的意见。该方法适用范围广，不受样本是否有数据的限制，缺点是受专家知识、经验等主观因素影响，过程较烦琐。

（5）CRTIC 法

CRTIC 法（Criteria Importance Though Intercrieria Correlation）是由 Diakoulaki 提出的另一种客观权重赋权方法。它的基本思路是确定指标的客观权数以两个基本

概念为基础。其基本思路为确定指标的客观权数以两个基本概念为基础。通过对比强度,它表示同一指标各个评价方案之间取值差距的大小,以标准差的形式来表现,即标准化差的大小表明了在同一指标各个方案取值差距的大小,标准差越大,各方案之间取值差距越大。

2)层次分析法基本思路

综合评价工作是主客观因素的结合,这就导致了评价指标体系的建立过程也必然是主观和客观的有机结合。鉴于农村地区平交路口安全性综合评价体系的复杂性,利用递阶层次结构能够更为方便地描述系统功能的依存关系,同时也可较为清晰地梳理评价系统,从而简化分解复杂系统。因此,采取层递结构的分析方法中层次分析的方法最为合适。

交通安全评价系统是一个复杂的系统,系统各因素间既相互独立,各自对上层指标产生不同程度影响,又相互关联,共同作用于上层指标。采用层次分析法对其进行评价时,可以降低评价指标权重数值的修正难度,提高评价工作的可操作性与适应性,更为全面地考察农村地区平交路口安全性指标,从而准确地反映出现状安全服务水平与问题。故本研究选择层次分析法作为构建农村地区平交路口安全性综合评价体系中权重计算的基本方法,层次分析方法具体运用步骤如图5-2所示。

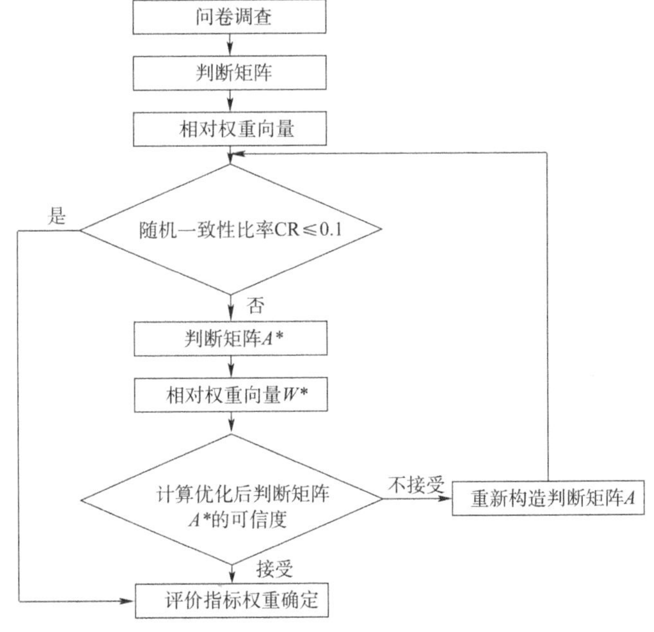

图5-2　层次分析法基本原理

(1)建立层次结构模型

首先,要建立层次结构模型,按层次分清模型结构,即把复杂问题简单化、系统问题层次化。其次,根据元素性质与种类,将分解后的若干元素进行合理分组,从而形成不同层次结构,同一层次上级元素对下级元素起主导作用,具体分为最高层、中间层及最底层,层次分析递阶展开结构如图5-3所示。

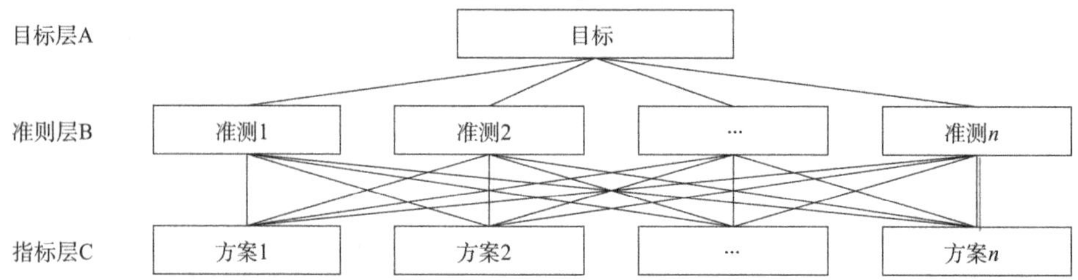

图5-3 多目标决策问题的阶梯层次结构图

(2)建立判断矩阵

建立判断矩阵就是要把各层次因素进行排序,即以上一层次因素为准则,对本层次因素的相对重要程度进行两两比较。假设某层有 m 个因素,将第 $i(i=1,2,3,\cdots,m)$ 个因素与 $j(j=1,2,3,\cdots,m-1)$ 个因素比较,记a_{ij}为第 i 个因素与第 j 个因素的相对重要程度,其比较结构用矩阵 $\boldsymbol{A}$ 表示,记为:

$$\boldsymbol{A}=(a_{ij})_{m\times m}=\begin{bmatrix} a_{11} & a_{12} & a_{13} & \cdots & a_{1m} \\ a_{21} & a_{22} & a_{23} & \cdots & a_{2m} \\ a_{31} & a_{32} & a_{33} & \cdots & a_{3\mathrm{m}} \\ \cdots & \cdots & \cdots & \cdots & \cdots \\ a_{m1} & a_{m2} & a_{m3} & \cdots & a_{mm} \end{bmatrix}_{m\times m} \tag{5-1}$$

上述所构造的矩阵 $\boldsymbol{A}$,即求解同层中各因素相对于上层指标重要程度的 m 阶判断矩阵。

其中,判断矩阵 $\boldsymbol{A}$ 满足以下性质:$a_{ij}=\dfrac{1}{a_{ji}}$;$a_{ii}=a_{jj}$且$a_{ij}>0(i、j=1,2,3,\cdots,m)$,其中$a_{ij}$越大,表明第 i 个元素比第 j 个元素越大。

将判读矩阵数量化的关键是选用一定标准来衡量任意两个元素相对重要程度。心理学家研究表明,人们划分信息重要性等级的极限能力是 7 ± 2,因此采用9级标度法作为衡量元素之间重要性的标度,该方法成功地将各元素之间的重要性量化,把重要性这一文字性语言量化并求得最终权重。9级标度法见表5-1。

重要程度标度法　　表5-1

相对重要程度a_{ij}	定　义	说　明
1	表征重要程度为“同样重要”	因素i与因素j相比，具有同样重要性
3	表征重要程度为“稍微重要”	因素i与因素j相比，一个比另一个稍微重要
5	表征重要程度为“比较重要”	因素i与因素j相比，一个比另一个比较重要
7	表征重要程度为“十分重要”	因素i与因素j相比，一个比另一个十分重要
9	表征重要程度为“绝对重要”	因素i与因素j相比，一个比另一个绝对重要
2、4、6、8	表征重要程度介于两者相邻的中间值	需要折中时采用
$\frac{1}{2},\cdots,\frac{1}{9}$	因素i与因素j比较得判断a_{ij}，因素j比与因素i比较得判断$\frac{1}{a_{ij}}$	

各指标相对重要程度，可采用专家问卷调查的方法获得，为了使调查结构更加可靠、准确，必须选择在本领域具有丰富经验的资深专家打分。

(3)层次单排序

层次单排序是指上一层次某个元素为准则，计算本层元素重要性次序的权值，它包括判断矩阵的计算和一致性检验两个部分。

①计算判断矩阵

计算判断矩阵首先要求出矩阵特征根和特征向量，以目标层与准则层之间判断矩阵为例，判断矩阵$\boldsymbol{A}=(b_{ij})_{n\times n}$，现要计算出满足$\boldsymbol{A}W=\lambda_{\max}W$的最大特征根$\boldsymbol{\lambda}_{\max}$及对应的特征向量$W$，$W$的分量$W_i$即对应元素单排序的权值。

计算判断矩阵单排序权值方法有特征根法、方根发、幂法、和法，本书研究以方根法为例，计算方法如下。

计算每行元素乘积：

$$M_i=\prod_{j=1}^{n}b_{ij} \tag{5-2}$$

计算n次方根：

$$\overline{W_{bi}}=\sqrt[n]{M_i} \tag{5-3}$$

对向量$\overline{W}=(\overline{W_{b1}},\overline{W_{b2}},\cdots,\overline{W_{bn}})^{\mathrm{T}}$，正交化得：

$$W_{bi}=\frac{\overline{W_{bi}}}{\sum_{j=1}^{n}\overline{W_{bj}}} \tag{5-4}$$

相对应的最大特征根为：

$$\lambda_{max} = \sum_{i=1}^{n} \frac{(\boldsymbol{AW})_i}{n W_i} \tag{5-5}$$

式中：$(\boldsymbol{AW})_i$——向量 $\boldsymbol{AW}$ 的第 i 个元素（$i = 1,2,\cdots,n$）。

则向量$W_{bi} = (W_{b1}, W_{b2}, \cdots, W_{bn})^T$为所求最大特征根对应特征向量，也即此判断矩阵单排序权重值。

②一致性检验

通常来说，判断矩阵不具有完全一致性，一致性检验是就是确定不一致的允许范围。对于 n 阶互反正矩阵 $\boldsymbol{A}$，完全一致时唯一的非零特征根 n，但是在大多数情况下，矩阵 $\boldsymbol{A}$ 最大特征根$\lambda_{max} \geqslant n$，其余特征根接近零。因特征根 λ 与b_{ij}相关，则 λ 比 n 大得越多，计算所得特征向量误差越大，因此，用 $\lambda - n$ 数值的大小来判断 $\boldsymbol{A}$ 的不一致程度。

定义：

$$\text{CI} = \frac{\lambda_{max} - n}{n - 1} \tag{5-6}$$

式中：λ_{max}、n——判断矩阵最大特征根和阶数。

根据一致性判定原理可知，一致性随着 CI 值减小而越来越良好，当 CI = 0，有完全一致性。

此外，判断矩阵一致性还与阶数相关，阶数 n 越大，则主观因素所占据的比例越大，从而导致偏差越大，反之亦然。若阶数 $n \leqslant 2$，则 CI = 0，判断矩阵具有完全一致性。对于阶数 $n > 2$ 情况，定义 $\text{CR} = \frac{\text{CI}}{\text{RI}}$，作为计算修正值。

规定 CR < 0.10 时，认为判断矩阵一致性良好；当 CR > 0.10 时，其一致性偏离程度较大，此时必须调整判断矩阵，直到一致性满足要求为止。式中 RI 的值与判断矩阵的阶数相关，具体取值如表 5-2 所示。

随机一致性指标 表 5-2

阶数 n	1	2	3	4	5	6	7	8	9
RI	0	0	0.58	0.90	1.12	1.24	1.32	1.41	1.45

（4）层次总排序

层次总排序是计算最底层所有指标相对总目标层的权值。准则层的层次单排序记为该层的总排序，然后由最高层逐层往下计算。假设目标层 A 包含 m 个准则层 B_1、B_2、B_3、…、B_n，相对于上层指标B_i的层次单排序分别为b_1、b_2、b_3、…、b_n；准则

层包含 n 个指标层C_1、C_2、C_3、…、C_n，相对于上层指标B_i的层次单排序分别为c_{1i}、c_{2i}、c_{3i}、…、c_{ni}。则 C 层相对于最高层的总排序权重可通过如下公式计算得到，计算过程见表 5-3。

$$C_j = \sum_{i=1}^{m} b_j c_{ij} \qquad (j = 1, 2, 3, \cdots, n) \tag{5-7}$$

C 层总排序权重值计算表　　表 5-3

层　次	B_1	B_2	…	B_m	C 层总排序权重值
	b_1	b_2	…	b_m	
C_1	c_{11}	c_{12}	…	c_{1m}	$\sum b_j c_{1j}$
C_2	c_{21}	c_{22}	…	c_{2m}	$\sum b_j c_{2j}$
…	…	…	…	…	…
C_n	c_{n1}	c_{n2}	…	c_{mm}	$\sum b_j c_{nj}$

层次总排序的一致性检验由最高层向最底层逐层进行，检验公式如下：

$$\mathrm{CR} = \frac{\sum_{i=1}^{n} W_{bi} \cdot \mathrm{CI}_i}{\sum_{i=1}^{n} W_{bi} \cdot \mathrm{RI}_i} \tag{5-8}$$

式中：W_{bi}——准则层相对目标层总排序权重值；

CI_i——指标层相对准则层 i 的层次单排序一致性指标；

RI_i——与CI_i对应的平均随机一致性指标。

当 CR < 0.10 时，认为层次总排序一致性良好，反之则认为一致性较差，需对判断矩阵进行调整，直到一致性满足为止。

5.2.3 指标权重计算

本书通过对交通安全与交通管理方面的多名专家学者进行采访调研，并综合考虑各专家意见与课题研究目标，采用判断矩阵标度法，最终科学而合理地构建出表征准则层与指标层中各因素间重要程度的判断矩阵，从而进一步计算确定各因素间的相对权重。在一定程度上，所得权重能够反映实际出高等级与低等级道路下农村地区信号控制与非信号控制平交路口安全状况，评价结果亦符合现实水平。但应注意的是，下文在各层中进行权重计算时，如若未明确标注高等级、低等级道路或信号控制、非信号控制交叉路口，均可认为其符合所述情景。

1)各判断矩阵的层次单排序与一致性检验

(1)准则层 B

①判断矩阵

目标层两两判断矩阵。通过对道路条件、道路环境、驾驶员、车辆各指标的两两对比,准则层 B1—B4 相对于目标层 A 的相对重要程度,可得判断矩阵如下:

$$A=\begin{bmatrix}1 & 1 & 3 & 2\\ 1 & 1 & 2 & 2\\ \frac{1}{3} & \frac{1}{2} & 1 & 2\\ \frac{1}{2} & \frac{1}{2} & \frac{1}{2} & 1\end{bmatrix}$$

②权重系数及一致性检验

根据 5.2.2 小节中式(5-5)和式(5-4),计算当前判断矩阵最大特征值及特征向量,结果如下:

$$\lambda_{\max}=4.2354$$

$$W=(0.3607,0.3131,0.2013,0.1249)^{\mathrm{T}}$$

根据式(5-6)计算随机一致性指标 CI,由于判断矩阵为 4×4 的方阵,故 n 应取 4,得:

$$\mathrm{CI}=\frac{\lambda_{\max}-n}{n-1}=\frac{4.2354-4}{4-1}=0.0785$$

根据表 5-2 可知 RI 应取 0.9,从而一致性比率指标 CR,计算得:

$$\mathrm{CR}=\frac{\mathrm{CI}}{\mathrm{RI}}=\frac{0.0785}{0.90}=0.0413$$

因此,当前判断矩阵一致性良好。见表 5-4 和图 5-4。

准则层 B1—B4 权重与一致性检验结果 表 5-4

准则层 B	权重系数	CI	CR
道路条件 B1	0.3607	0.0785	0.0413
道路环境 B2	0.3131		
驾驶员 B3	0.2013		
车辆 B4	0.1249		

(2)指标层 C1—C6

①判断矩阵

道路条件指标两两判断矩阵。通过对路面性能、接入管理、交通标志、横断面、平面、纵断面的各指标两两对比,指标层 C1—C6 相对于准则层 B1 的相对重要程

度，可得判断矩阵如下：

$$A=\begin{bmatrix}1 & 1 & 2 & 3 & 3 & 3\\ 1 & 1 & 2 & 2 & 2 & 2\\ \frac{1}{2} & \frac{1}{2} & 1 & 1 & 2 & 3\\ \frac{1}{3} & \frac{1}{2} & 1 & 1 & 2 & 2\\ \frac{1}{3} & \frac{1}{2} & \frac{1}{2} & \frac{1}{2} & 1 & 1\\ \frac{1}{3} & \frac{1}{2} & \frac{1}{3} & \frac{1}{2} & 1 & 1\end{bmatrix}$$

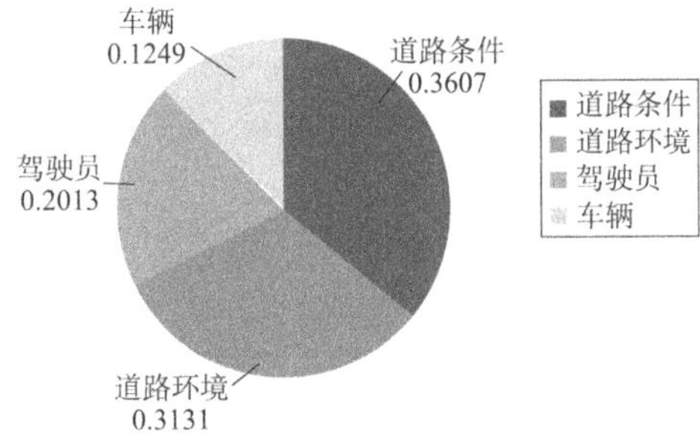

图5-4　准则层B1—B4指标权重分配

②权重系数与一致性检验

根据5.2.2小节中式(5-5)和式(5-4)，计算当前判断矩阵最大特征值及特征向量，结果如下：

$$\lambda_{\max}=6.1449$$

$$W=(0.2898,0.2394,0.1609,0.1395,0.0874,0.0830)^{\mathrm{T}}$$

根据式(5-6)计算随机一致性指标CI，由于判断矩阵为6×6的方阵，故n应取6，得：

$$\mathrm{CI}=\frac{\lambda_{\max}-n}{n-1}=\frac{6.1449-6}{6-1}=0.0290$$

据表5-2可知RI应取1.24，从而计算一致性比率指标CR，得：

$$\mathrm{CR}=\frac{\mathrm{CI}}{\mathrm{RI}}=\frac{0.0290}{1.24}=0.0234$$

因此，当前判断矩阵一致性良好。如表5-5、图5-5所示。

指标层 C1—C6 权重与一致性检验结果　　表 5-5

道路条件 B1	权重系数	CI	CR
路面性能 C1	0.2898	0.0290	0.0234
接入管理 C2	0.2394		
交通标志 C3	0.1609		
横断面 C4	0.1395		
平面 C5	0.0874		
纵断面 C6	0.0830		

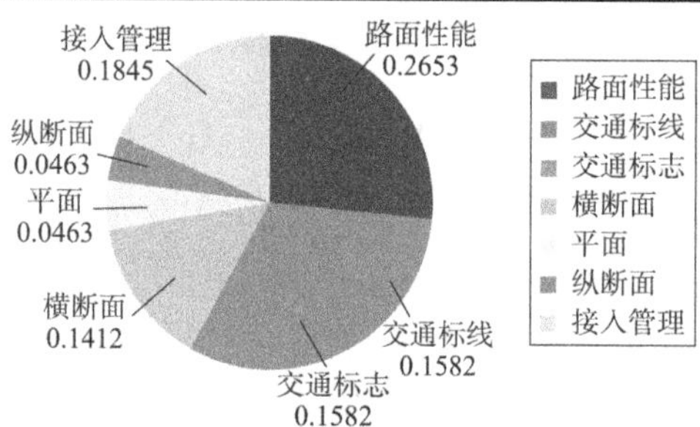

图 5-5　指标层 C1—C6 指标权重值分配

(3)指标层 C7—C14

①判断矩阵(信号控制)

道路环境指标两两判断矩阵。在信号控制交叉路口条件下,通过对交通渠化、隔离管理、路侧防护、监管设备、信控设备、视认特征、道路排水、路侧景观的各指标两两对比,指标层 C7—C14 相对于准则层 B2 的相对重要程度,可得判断矩阵如下:

$$A=\begin{bmatrix}1&1&2&2&2&2&2&3\\1&1&1&1&2&2&2&3\\\frac{1}{2}&1&1&1&2&2&2&2\\\frac{1}{2}&1&1&1&1&2&2&2\\\frac{1}{2}&\frac{1}{2}&\frac{1}{2}&1&1&1&2&2\\\frac{1}{2}&\frac{1}{2}&\frac{1}{2}&\frac{1}{2}&1&1&1&2\\\frac{1}{2}&\frac{1}{2}&\frac{1}{2}&\frac{1}{2}&\frac{1}{2}&1&1&1\\\frac{1}{3}&\frac{1}{3}&\frac{1}{2}&\frac{1}{2}&\frac{1}{2}&\frac{1}{2}&1&1\end{bmatrix}$$

②权重系数与一致性检验(信号控制)

根据5.2.2小节中式(5-5)和式(5-4),计算当前判断矩阵最大特征值及特征向量,结果如下:

$$\lambda_{\max}=8.1544$$

$$W=(0.2066,0.1712,0.1509,0.1378,0.1070,0.0894,0.0752,0.0620)^{T}$$

根据式(5-6)计算随机一致性指标CI,由于判断矩阵为8×8的方阵,故n应取8,得:

$$CI=\frac{\lambda_{\max}-n}{n-1}=\frac{8.1544-8}{8-1}=0.0221$$

据表5-2可知RI应取1.41,从而计算一致性比率指标CR,得:

$$CR=\frac{CI}{RI}=\frac{0.0221}{1.41}=0.0156$$

因此,当前判断矩阵一致性通过。如表5-6、图5-6所示。

指标层C7—C14权重与一致性检验结果(信号控制)　　表5-6

道路环境B2	权重系数	CI	CR
交通渠化C7	0.2066	0.0221	0.0156
隔离管理C8	0.1712		
路侧防护C9	0.1509		
监管设备C10	0.1378		
信控设备C11	0.1070		
视认特征C12	0.0894		
道路排水C13	0.0752		
路侧景观C14	0.0620		

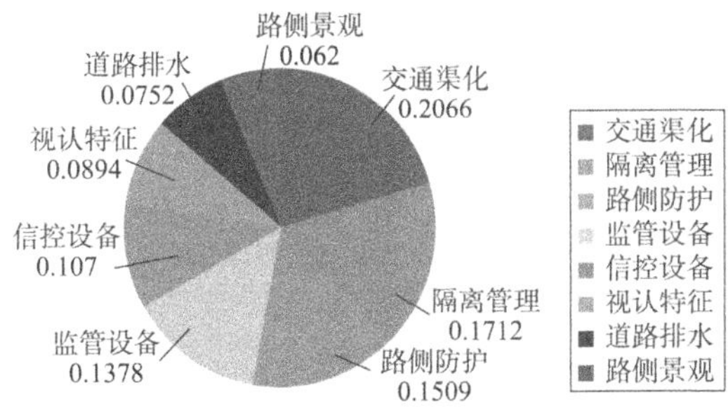

图5-6　指标层C7—C14指标权重值分配(信号控制)

③判断矩阵(非信号控制)

道路环境指标两两判断矩阵。在信号控制交叉路口条件下,通过对交通渠化、隔离管理、路侧防护、监管设备、视认特征、道路排水、路侧景观的各指标两两对比,指标层C7—C10、C12—C14相对于准则层B2的相对重要程度,可得判断矩阵如下:

$$A=\begin{bmatrix} 1 & 1 & 2 & 2 & 2 & 2 & 3 \\ 1 & 1 & 1 & 1 & 2 & 2 & 3 \\ \frac{1}{2} & 1 & 1 & 1 & 2 & 2 & 2 \\ \frac{1}{2} & 1 & 1 & 1 & 2 & 2 & 2 \\ \frac{1}{2} & \frac{1}{2} & \frac{1}{2} & \frac{1}{2} & 1 & 1 & 2 \\ \frac{1}{2} & \frac{1}{2} & \frac{1}{2} & \frac{1}{2} & 1 & 1 & 1 \\ \frac{1}{3} & \frac{1}{3} & \frac{1}{2} & \frac{1}{2} & \frac{1}{2} & 1 & 1 \end{bmatrix}$$

④权重系数与一致性检验(非信号控制)

根据5.2.2小节中式(5-5)和式(5-4),计算当前判断矩阵最大特征值及特征向量,结果如下:

$$\lambda_{max}=7.1093$$

$$W=(0.2324,0.1872,0.1607,0.1607,0.0986,0.0885,0.0718)^T$$

根据式(5-6)计算随机一致性指标CI,由于判断矩阵为7×7的方阵,故n应取7,得:

$$CI=\frac{\lambda_{max}-n}{n-1}=\frac{7.1093-7}{7-1}=0.0182$$

据表5-2可知RI应取1.32,从而计算一致性比率指标CR,得:

$$CR=\frac{CI}{RI}=\frac{0.0182}{1.32}=0.0138$$

因此,当前判断矩阵一致性良好。如表5-7、图5-7所示。

指标层C7—C14权重与一致性检验结果(非信号控制)　　表5-7

道路环境B2	权重系数	CI	CR
交通渠化C7	0.2324	0.0182	0.0138
隔离管理C8	0.1872		
路侧防护C9	0.1607		

续上表

道路环境 B2	权重系数	CI	CR
监管设备 C10	0.1607	0.0182	0.0138
视认特征 C12	0.0986		
道路排水 C13	0.0885		
路侧景观 C14	0.0718		

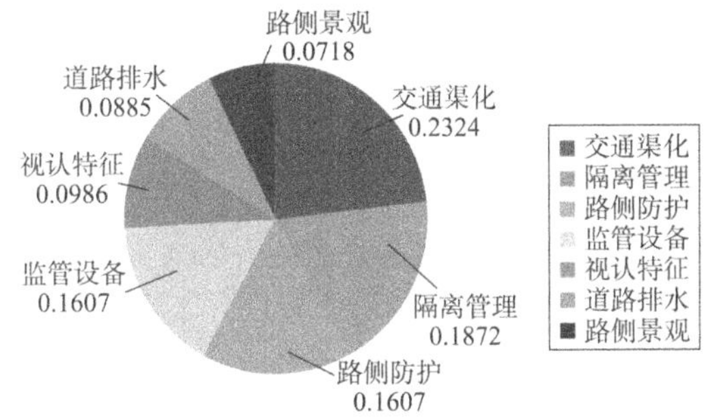

图5-7 指标层C7—C14指标权重值分配(非信号控制)

(4)指标层C15—C16

指标层B3与B4中分别仅有视距指标和运行特征指标,故无需进行判断矩阵构建与一致性检验,其权重系数均为1。见表5-8、表5-9。

准则层B3权重与一致性检验结果 表5-8

驾驶员 B3	权重系数	CI	CR
视距 C15	1	—	—

准则层B4权重与一致性检验结果 表5-9

车辆 B4	权重系数	CI	CR
运行特征 C16	1	—	—

(5)指标层D1—D2

①判断矩阵

路面性能指标判断矩阵。通过对路面完整度、路面摩擦性能的各指标两两对比,指标层D1—D2相对于准则层C1的相对重要程度,可得判断矩阵如下:

$$A=\begin{bmatrix}1 & 2\\ \frac{1}{2} & 1\end{bmatrix}$$

②权重系数与一致性检验

根据5.2.2小节中式(5-5)和式(5-4),计算当前判断矩阵最大特征值及特征向量,结果如下:

$$\lambda_{\max} = 2$$

$$W = (0.6667, 0.3333)^{\mathrm{T}}$$

根据式(5-6)计算随机一致性指标 CI,由于判断矩阵为 2×2 的方阵,故 n 应取 2,得:

$$\mathrm{CI} = \frac{\lambda_{\max} - n}{n - 1} = \frac{2 - 2}{2 - 1} = 0$$

据表 5-2 可知 RI 应取 0.58,从而计算一致性比率指标 CR,得:

$$\mathrm{CR} = \frac{\mathrm{CI}}{\mathrm{RI}} = \frac{0}{0.58} = 0$$

因此,当前判断矩阵一致性良好。如表 5-10、图 5-8 所示。

指标层 D1—D2 权重与一致性检验结果 表 5-10

路面性能 C1	权重系数	CI	CR
路面完整度 D1	0.6667	0	0
路面摩擦性能 D2	0.3333		

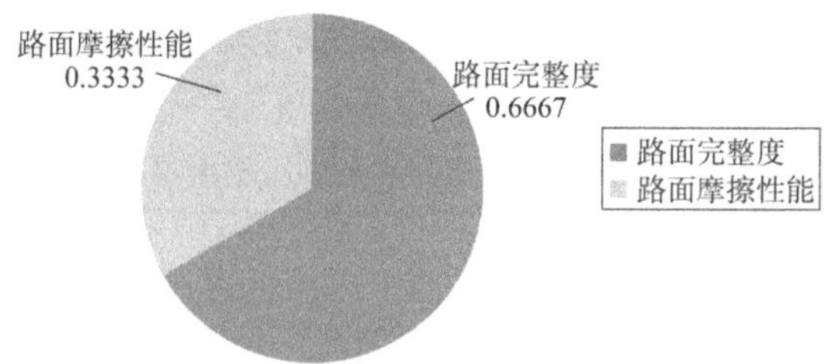

图 5-8 指标层 D1—D2 指标权重值分配

(6)指标层 D3—D5

①判断矩阵

接入管理指标判断矩阵。通过对交叉路口间距、交叉类型、交叉角度的各指标两两对比,指标层 D3—D5 相对于准则层 C2 的相对重要程度,可得判断矩阵如下:

$$A = \begin{bmatrix} 1 & 1 & 2 \\ 1 & 1 & 1 \\ \frac{1}{2} & 1 & 1 \end{bmatrix}$$

②权重系数与一致性检验

根据 5.2.2 小节中式(5-5)和式(5-4),计算当前判断矩阵最大特征值及特征

向量，结果如下：

$$\lambda_{max}=3.0536$$

$$W=(0.4126,0.3275,0.2599)^T$$

根据式(5-6)计算随机一致性指标CI，由于判断矩阵为3×3的方阵，故n应取3，得：

$$CI=\frac{\lambda_{max}-n}{n-1}=\frac{3.0536-3}{3-1}=0.0268$$

据表5-2可知RI应取0.58，从而计算一致性比率指标CR，得：

$$CR=\frac{CI}{RI}=\frac{0.0268}{0.58}=0.0462$$

因此，当前判断矩阵一致性良好。如表5-11、图5-9所示。

指标层D3—D5权重与一致性检验结果　　表5-11

接入管理C2	权重系数	CI	CR
交叉路口间距D3	0.4126	0.0268	0.0462
交叉角度D4	0.3275		
交叉路口类型D5	0.2599		

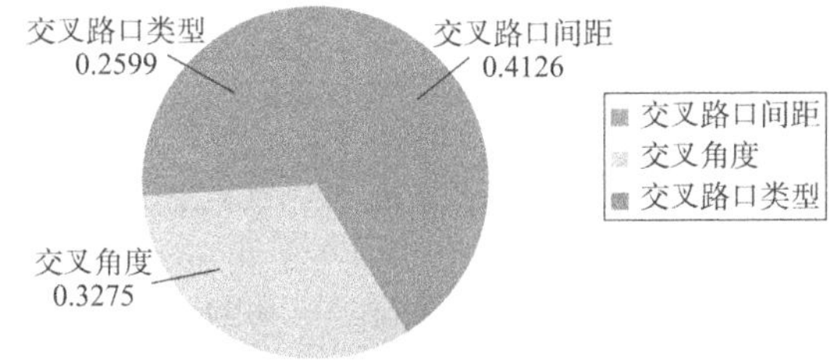

图5-9　指标层D3—D5指标权重值分配

(7)指标层D6—D8

①判断矩阵

交通标志指标判断矩阵。通过对标志视认距离、标志信息饱和度、标志倾斜角度的各指标两两对比，指标层D6—D8相对于准则层C3的相对重要程度，可得判断矩阵如下：

$$A=\begin{bmatrix}1 & 1 & 2\\ 1 & 1 & 1\\ \frac{1}{2} & 1 & 1\end{bmatrix}$$

②权重系数与一致性检验

根据5.2.2小节中式(5-5)和式(5-4),计算当前判断矩阵最大特征值及特征向量,结果如下：

$$\lambda_{max} = 3.0536$$

$$W = (0.4126, 0.3275, 0.2599)^T$$

根据式(5-6)计算随机一致性指标CI,由于判断矩阵为3×3的方阵,故n应取3,得：

$$CI = \frac{\lambda_{max} - n}{n - 1} = \frac{3.0536 - 3}{3 - 1} = 0.0268$$

据表5-2可知,RI应取0.58,从而计算一致性比率指标CR,得：

$$CR = \frac{CI}{RI} = \frac{0.0268}{0.58} = 0.0462$$

因此,当前判断矩阵一致性良好。如表5-12、图5-10所示。

指标层D6—D8权重与一致性检验结果 表5-12

交通标志C3	权重系数	CI	CR
标志视认距离D6	0.4126	0.0268	0.0462
标志信息饱和度D7	0.3275		
标志倾斜角度D8	0.2599		

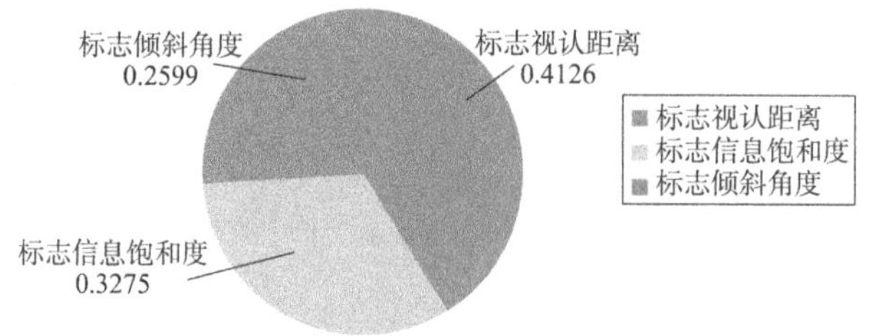

图5-10 指标层D6—D8指标权重值分配

(8)指标层D9—D11

①判断矩阵

横断面指标判断矩阵。通过对边坡、路肩、路侧环境的各指标两两对比,指标层D9—D11相对于准则层C4的相对重要程度,可得判断矩阵如下：

$$A=\begin{bmatrix}1 & \frac{1}{2} & \frac{1}{2}\\ 2 & 1 & \frac{1}{2}\\ 2 & 2 & 1\end{bmatrix}$$

②权重系数与一致性检验

根据5.2.2小节中式(5-5)和式(5-4)，计算当前判断矩阵最大特征值及特征向量，结果如下：

$$\lambda_{max}=3.0536$$

$$W=(0.4934,0.3108,0.1958)^{T}$$

根据式(5-6)计算随机一致性指标CI，由于判断矩阵为3×3的方阵，故n应取3，得：

$$CI=\frac{\lambda_{max}-n}{n-1}=\frac{3.0536-3}{3-1}=0.0268$$

据表5-2可知，RI应取0.58，从而计算一致性比率指标CR，得：

$$CR=\frac{CI}{RI}=\frac{0.0268}{0.58}=0.0462$$

因此，当前判断矩阵一致性良好。如表5-13、图5-11所示。

指标层D9—D11权重与一致性检验结果　　表5-13

横断面C4	权重系数	CI	CR
边坡D9	0.4934	0.0268	0.0462
路肩D10	0.3108		
路侧环境D11	0.1958		

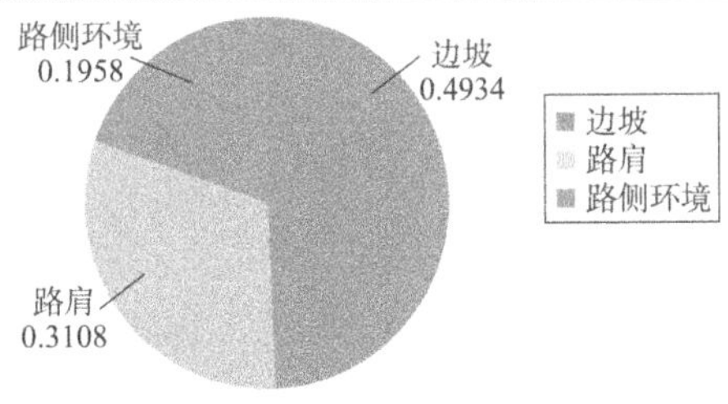

图5-11　指标层D9—D11指标权重值分配

(9)标层D12

指标层C5平面中仅有转弯半径指标，故无需进行判断矩阵构建与一致性检验，其权重系数为1。见表5-14。

指标层 D12 权重与一致性检验结果 表 5-14

平面 C5	权重系数	CI	CR
转弯半径 D12	1	—	—

(10)指标层 D13

指标层 C6 纵断面中仅有坡度指标,故无需进行判断矩阵构建与一致性检验,其权重系数为 1。见表 5-15。

指标层 D13 权重与一致性检验结果 表 5-15

纵断面 C6	权重系数	CI	CR
坡度 D13	1	—	—

(11)指标层 D14—D18

①判断矩阵

交通渠化指标判断矩阵。通过对进出口机动车道、转弯顺畅度、标线清晰度、标线完整度和慢行过街秩序的各指标两两对比,指标层 D14—D18 相对于准则层 C7 的相对重要程度,可得判断矩阵如下:

$$A=\begin{bmatrix}1 & 1 & 2 & 2 & 2\\ 1 & 1 & 1 & 2 & 2\\ \frac{1}{2} & 1 & 1 & 1 & 2\\ \frac{1}{2} & \frac{1}{2} & 1 & 1 & 1\\ \frac{1}{2} & \frac{1}{2} & \frac{1}{2} & 1 & 1\end{bmatrix}$$

②权重系数与一致性检验

根据 5.2.2 小节中式(5-5)和式(5-4),计算当前判断矩阵最大特征值及特征向量,结果如下:

$$\lambda_{\max}=5.0586$$

$$W=(0.2881,0.2546,0.1440,0.1440,0.1692)^{\mathrm{T}}$$

根据式(5-6)计算随机一致性指标 CI,由于判断矩阵为 5×5 的方阵,故 n 应取 5,得:

$$\mathrm{CI}=\frac{\lambda_{\max}-n}{n-1}=\frac{5.0586-5}{5-1}=0.0147$$

据表 5-2 可知,RI 应取 1.21,从而一致性比率指标 CR,计算得:

$$CR = \frac{CI}{RI} = \frac{0.0147}{1.21} = 0.0131$$

因此，当前判断矩阵一致性良好。如表5-16、图5-12所示。

指标层D14—D18权重与一致性检验结果　　表5-16

交通渠化 C7	权重系数	CI	CR
标线清晰度 D14	0.2881	0.0147	0.0131
标线完整度 D15	0.2546		
进出口机动车道 D16	0.1440		
转弯顺畅度 D17	0.1440		
慢行过街秩序 D18	0.1692		

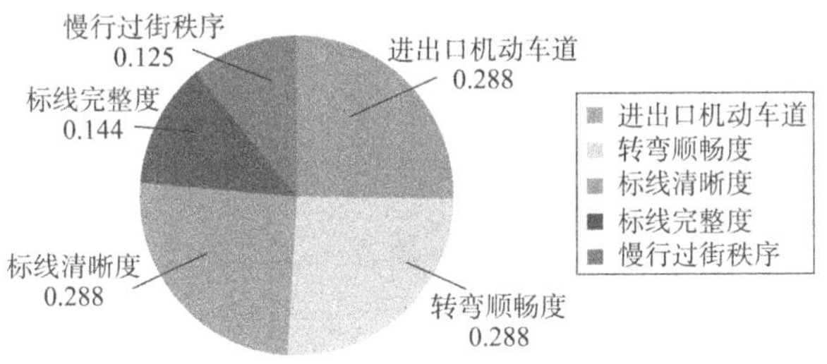

图5-12　指标层D14—D18指标权重值分配

(12)指标层D19

指标层C8隔离管理中仅有中央隔离指标，故无需进行判断矩阵构建与一致性检验，其权重系数为1。见表5-17。

指标层D19权重与一致性检验结果　　表5-17

隔离管理 C8	权重系数	CI	CR
中央隔离 D19	1	—	—

(13)指标层D20—D21

①判断矩阵

路侧防护指标两两判断矩阵。通过对防护种类、端头类型、防护完好性的各指标两两对比，指标层D20—D21相对于准则层C9的相对重要程度，可得判断矩阵如下：

$$A = \begin{bmatrix} 1 & 2 \\ \frac{1}{2} & 1 \end{bmatrix}$$

②权重系数与一致性检验

根据5.2.2小节中式(5-5)和式(5-4)，计算当前判断矩阵最大特征值及特征向量，结果如下：

$$\lambda_{max}=2$$

$$W=(0.6667,0.3333)^{T}$$

根据式(5-6)计算随机一致性指标CI，由于判断矩阵为2×2的方阵，n应取2，小于3，无需进行一致性检验。如表5-18、图5-13所示。

指标层D19权重与一致性检验结果 表5-18

路侧防护C9	权重系数	CI	CR
防护种类D20	0.6667	—	—
护栏端头D21	0.3333		

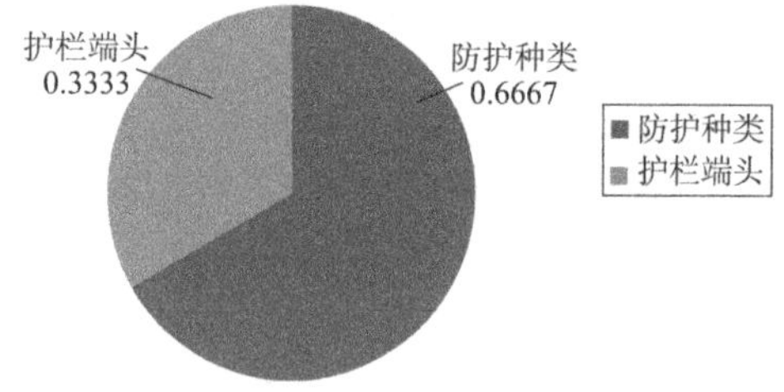

图5-13 指标层D20—D21指标权重值分配

(14)指标层D22

指标层C10监管设备中仅有交通信息监测设备指标，故无需进行判断矩阵构建与一致性检验，其权重系数为1。见表5-19。

指标层D22权重与一致性检验结果 表5-19

监管设备C10	权重系数	CI	CR
交通信息监测设备D22	1	—	—

(15)指标层D23—D24

①判断矩阵

信控设备指标两两判断矩阵。通过对信号相位、信号周期的各指标两两对比，指标层D23—D24相对于准则层C11的相对重要程度，可得判断矩阵如下：

$$A=\begin{bmatrix}1 & 2\\ \frac{1}{2} & 1\end{bmatrix}$$

②权重系数与一致性检验

根据5.2.2小节中式(5-5)和式(5-4)，计算当前判断矩阵最大特征值及特征

向量，结果如下：

$$\lambda_{max}=2$$

$$W=(0.6667,0.3333)^{T}$$

根据式(5-6)计算随机一致性指标 CI，由于判断矩阵为 2×2 的方阵，n 应取 2，小于 3，无需进行一致性检验。如表 5-20、图 5-14 所示。

指标层 D23—D24 权重与一致性检验结果　　表 5-20

信控设备 C11	权重系数	CI	CR
信号周期 D23	0.6667	—	—
信号相位 D24	0.3333		

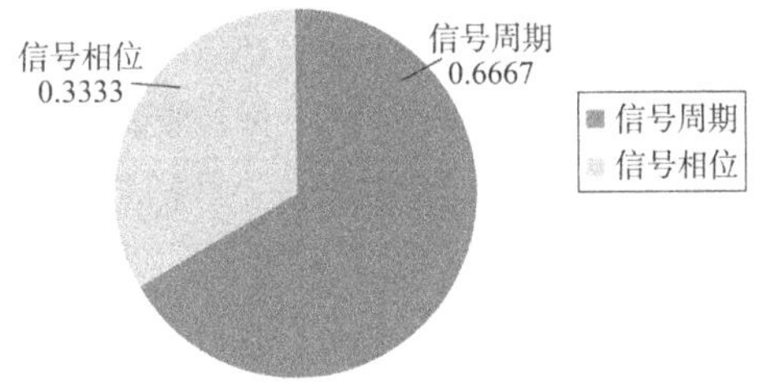

图 5-14　指标层 D23—D24 指标权重值分配

(16)指标层 D25

指标层 C12 视认特征中仅有夜间视认性指标，故无需进行判断矩阵构建与一致性检验，其权重系数为 1。见表 5-21。

指标层 D25 权重与一致性检验结果　　表 5-21

视认特征 C12	权重系数	CI	CR
夜间视认性 D25	1	—	—

(17)指标层 D26

指标层 C13 道路排水中仅有排水设施类型指标，故无需进行判断矩阵构建与一致性检验，其权重系数为 1。见表 5-22。

指标层 D26 权重与一致性检验结果　　表 5-22

道路排水 C13	权重系数	CI	CR
排水设施类型 D26	1	—	—

(18)指标层 D27—D28

①判断矩阵

路侧景观指标判断矩阵。通过对景观遮挡和景观变化的各指标两两对比，指标层 D27—D28 相对于准则层 C14 的相对重要程度，可得判断矩阵如下：

$$A=\begin{bmatrix}1 & 2\\ \frac{1}{2} & 1\end{bmatrix}$$

②权重系数与一致性检验

根据 5.2.2 小节中式(5-5)和式(5-4)，计算当前判断矩阵最大特征值及特征向量，结果如下：

$$\lambda_{max}=2$$

$$W=(0.6667,0.3333)^{T}$$

根据式(5-6)计算随机一致性指标 CI，由于判断矩阵为 2×2 的方阵，n 应取 2，小于 3，无需进行一致性检验。如表 5-23、图 5-15 所示。

指标层 D27—D28 权重与一致性检验结果 表 5-23

路侧景观 C14	权重系数	CI	CR
景观遮挡 D27	0.6667	—	—
景观变化 D28	0.3333		

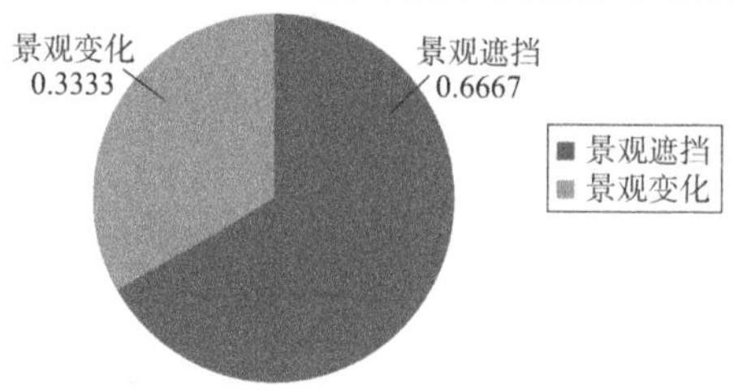

图 5-15 指标层 D27—D28 指标权重值分配

(19)指标层 D29

指标层 C15 平面中仅有转弯半径指标，故无需进行判断矩阵构建与一致性检验，其权重系数为 1。见表 5-24。

指标层 D29 权重与一致性检验结果 表 5-24

平面 C15	权重系数	CI	CR
三角视距 D29	1	—	—

(20)指标层 D30—D31

①判断矩阵

运行特征指标判断矩阵。通过对速度差和速度的各指标两两对比，指标层

D30—D31 相对于准则层 C16 的相对重要程度，可得判断矩阵如下：

$$A=\begin{bmatrix}1 & 2\\ \frac{1}{2} & 1\end{bmatrix}$$

②权重系数与一致性检验

根据 5.2.2 小节中式(5-5)和式(5-4)，计算当前判断矩阵最大特征值及特征向量，结果如下：

$$\lambda_{max}=2$$

$$W=(0.6667,0.3333)^{T}$$

根据式(5-6)计算随机一致性指标 CI，由于判断矩阵为 2×2 的方阵，n 应取 2，小于 3，无需进行一致性检验。如表 5-25、图 5-16 所示。

指标层 D30—D31 权重与一致性检验结果　　表 5-25

运行特征 C16	权重系数	CI	CR
速度差 D30	0.6667	—	—
速度 D31	0.3333		

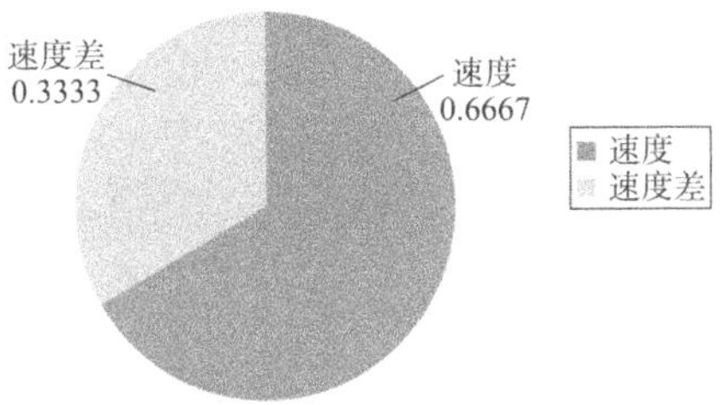

图 5-16　指标层 D30—D31 指标权重值分配

2)各层权重总排序与一致性检验

层次总排序是利用同层次中所有层次单排序的结果，计算针对上一层而言本层所有元素重要性的组合权值。层次总排序的目的就是为了最终确定各指标相对总目标的权重，计算过程应从上到下逐层顺序进行。利用式(5-7)和式(5-8)，计算一致性比率 CR，相关计算结果如表 5-26 ~ 表 5-30 所示。最后，经总排序一致性检验后，各层一致性比率 CR 均小于 0.1，认为当前层次总排序结果符合一致性要求。因此，上述通过专家打分法所得出的各指标权重值均符合层次分析法一致性检验的要求。

(1)信号控制交叉路口指标权重总排序

见表5-26～表5-28。

B层指标总排序与一致性检验 表5-26

层次	A	B层总排序权重值	CI	RI
	1			
B1	0.3607	0.3607	0.0785	0.9
B2	0.3131	0.3131		
B3	0.2013	0.2013		
B4	0.1249	0.1249		
CR＝0.0872222＜0.1，符合一致性要求				

C层指标总排序与一致性检验 表5-27

层次	B1	B2	B3	B4	C层总排序权重值	CI	RI
	0.3607	0.3131	0.2013	0.1249			
C1	0.2898				0.1045	0.029	1.24
C2	0.2394				0.0864		
C3	0.1609				0.0580		
C4	0.1395				0.0503		
C5	0.0874				0.0315		
C6	0.083				0.0299		

续上表

<table>
<tr><td rowspan="2">层次</td><td>B1</td><td>B2</td><td>B3</td><td>B4</td><td rowspan="2">C层总排序权重值</td><td rowspan="2">CI</td><td rowspan="2">RI</td></tr>
<tr><td>0.3607</td><td>0.3131</td><td>0.2013</td><td>0.1249</td></tr>
<tr><td>C7</td><td></td><td>0.2066</td><td></td><td></td><td>0.0647</td><td rowspan="8">0.0221</td><td rowspan="8">1.32</td></tr>
<tr><td>C8</td><td></td><td>0.1712</td><td></td><td></td><td>0.0536</td></tr>
<tr><td>C9</td><td></td><td>0.1509</td><td></td><td></td><td>0.0472</td></tr>
<tr><td>C10</td><td></td><td>0.1378</td><td></td><td></td><td>0.0431</td></tr>
<tr><td>C11</td><td></td><td>0.107</td><td></td><td></td><td>0.0335</td></tr>
<tr><td>C12</td><td></td><td>0.0894</td><td></td><td></td><td>0.0280</td></tr>
<tr><td>C13</td><td></td><td>0.0752</td><td></td><td></td><td>0.0235</td></tr>
<tr><td>C14</td><td></td><td>0.062</td><td></td><td></td><td>0.0194</td></tr>
<tr><td>C15</td><td></td><td></td><td>1</td><td></td><td>0.2013</td><td>0</td><td>0</td></tr>
<tr><td>C16</td><td></td><td></td><td></td><td>1</td><td>0.1249</td><td>0</td><td>0</td></tr>
<tr><td colspan="8">CR = 0.0201958 < 0.1，符合一致性要求</td></tr>
</table>

D 层指标总排序与一致性检验

表 5-28

层次	C1	C2	C3	C4	C5	C6	C7	C8	C9	C10	C11	C12	C13	C14	C15	C16	D 层指标总排序
	0.1045	0.0864	0.0580	0.0503	0.0315	0.0299	0.0647	0.0536	0.0472	0.0431	0.0335	0.0280	0.0235	0.0194	0.2013	0.1249	
D1	0.6667																0.0697
D2	0.3333																0.0348
D3		0.4126															0.0356
D4		0.3275															0.0283
D5		0.2599															0.0224
D6			0.4126														0.0239
D7			0.3275														0.0190
D8			0.2599														0.0151
D9				0.4934													0.0248
D10				0.3108													0.0156
D11				0.1958													0.0099
D12					1												0.0315
D13						1											0.0299
D14							0.2881										0.0186
D15							0.2546										0.0165
D16							0.144										0.0093
D17							0.144										0.0093
D18							0.1692										0.0109
D19								1									0.0536

续上表

层次	C1	C2	C3	C4	C5	C6	C7	C8	C9	C10	C11	C12	C13	C14	C15	C16	D层指标总排序
	0.1045	0.0864	0.0580	0.0503	0.0315	0.0299	0.0647	0.0536	0.0472	0.0431	0.0335	0.0280	0.0235	0.0194	0.2013	0.1249	
D20									0.6667								0.0315
D21									0.3333								0.0157
D22										1							0.0431
D23											0.6667						0.0223
D24											0.3333						0.0112
D25												1					0.0280
D26													1				0.0235
D27														0.6667			0.0129
D28														0.3333			0.0065
D29															1		0.2013
D30																0.6667	0.0833
D31																0.3333	0.0416
CR = 0.0322655 < 0.1，符合一致性要求																	

(2)无信号控制交叉路口指标权重总排序

见表5-29～表5-31。

B层指标总排序与一致性检验 表5-29

层次	A	B层总排序权重值	CI	RI
	1			
B1	0.3607	0.3607	0.0785	0.9
B2	0.3131	0.3131		
B3	0.2013	0.2013		
B4	0.1249	0.1249		
CR = 0.0872222 < 0.1,符合一致性要求				

C层指标总排序与一致性检验 表5-30

层次	B1	B2	B3	B4	C层总排序权重值	CI	RI
	0.3607	0.3131	0.2013	0.1249			
C1	0.2898				0.104531	0.029	1.24
C2	0.2394				0.086352		
C3	0.1609				0.058037		
C4	0.1395				0.050318		
C5	0.0874				0.031525		
C6	0.083				0.029938		
C7		0.2066			0.064686	0.0182	1.32
C8		0.1712			0.053603		
C9		0.1509			0.047247		
C10		0.1378			0.043145		
C12		0.0894			0.027991		
C13		0.0752			0.023545		
C14		0.062			0.019412		
C15			1		0.2013	0	0
C16				1	0.1249	0	0
CR = 0.019046983 < 0.1,符合一致性要求							

表 5-31

D 层指标总排序与一致性检验

层次	C1	C2	C3	C4	C5	C6	C7	C8	C9	C10	C12	C13	C14	C15	C16	D 层指标总排序	CI	RI
	0.1045	0.0864	0.0580	0.0503	0.0315	0.0299	0.0647	0.0536	0.0472	0.0431	0.0280	0.0235	0.0194	0.2013	0.1249			
D1	0.6667															0.0697	0	0
D2	0.3333															0.0348		
D3		0.4126														0.0356	0.0268	0.58
D4		0.3275														0.0283		
D5		0.2599														0.0224		
D6			0.4126													0.0239	0.0268	0.58
D7			0.3275													0.0190		
D8			0.2599													0.0151		
D9				0.4934												0.0248	0.0268	0.58
D10				0.3108												0.0156		
D11				0.1958												0.0099		
D12					1											0.0315	0	0
D13						1										0.0299	0	0
D14							0.2881									0.0186	0.0147	1.21
D15							0.2546									0.0165		
D16							0.144									0.0093		
D17							0.144									0.0093		
D18							0.1692									0.0109		
D19								1								0.0536	0	0

续上表

层次	C1	C2	C3	C4	C5	C6	C7	C8	C9	C10	C12	C13	C14	C15	C16	D层指标总排序	CI	RI
	0.1045	0.0864	0.0580	0.0503	0.0315	0.0299	0.0647	0.0536	0.0472	0.0431	0.0280	0.0235	0.0194	0.2013	0.1249			
D20									0.6667							0.0315	0	0
D21									0.3333							0.0157		
D22										1						0.0431	0	0
D25											1					0.0280	0	0
D26												1				0.0235	0	0
D27													0.6667			0.0129	0	0
D28													0.3333			0.0065		
D29														1		0.2013	0	0
D30															0.6667	0.0833	0	0
D31															0.3333	0.0416		
CR = 0.0322655 < 0.1，符合一致性要求																		

5.2.4　平交路口安全性综合评价体系确立

通过充分考虑农村地区平交路口的多因素复杂性特征与研究目标，本书选择模糊层次分析法（FAHP）建立农村地区平交路口安全性综合评价体系。

农村地区平交路口安全性综合评价体系是描述、综合评价农村地区平交路口安全性状态的重要参考，能够通过合理的评价手段，寻找其安全问题的症结所在，并以此提出相对应的安全方案提升对策，进而引导农村地区平交路口交通安全的可持续发展。

根据对农村地区平交路口安全性影响因素的分析，从评价系统整体出发，并整理归纳各类影响因素，进而进行针对性的体系搭建且对不同层级进行区分，划分为目标层A、准则层B、指标层C、指标层D，以更好地开展农村地区安全性评价的研究工作。

农村地区平交路口安全性综合评价体系主要分为四大方面，分别是道路环境、道路条件、驾驶员、车辆，组成准则层B。其中，道路环境方面主要包括交通渠化、隔离管理、路侧防护、监管设备、信控设备、视认特征、道路排水、路侧景观；道路条件方面主要包括路面性能、接入管理、交通标志、横断面、平面、纵断面；驾驶员方面主要包括视距；车辆方面主要包括运行特征，共同组成指标层C。为进一步提高评价体系的可操作性与针对性，又针对指标层C进一步划分，其中，路面性能主要包括路面完整度、路面摩擦性能；交通标志主要包括标志视认距离、标志信息饱和度、标志倾斜角度；接入管理主要包括交叉路口间距、交叉类型、交叉角度；横断面主要包括边坡、路肩、路侧环境；平面主要包括线形半径；纵断面主要包括坡度；交通渠化主要包括进出口机动车道、转弯顺畅度、标线清晰度、标线完整度、慢行过街秩序；隔离管理主要包括中央隔离指标；路侧防护主要包括防护种类、护栏端头类型；监管设备主要包括交通信息监测设备；信号设备主要包括信号周期、信号相位；视认特征主要包括夜间视认性；道路排水主要包括排水设施；路侧景观主要包括景观遮挡、路侧变化；视距主要包括三角区视距；运行特征主要包括速度、速度差。

同时考虑到农村地区交叉路口存在有信号控制与无信号控制的现象，对本评价体系进行了有无信号控制区分，而且在此不对高等级与低等级道路作出评价体系的区分，二者均采用一致的评价指标，其具体如图5-17和图5-18所示。

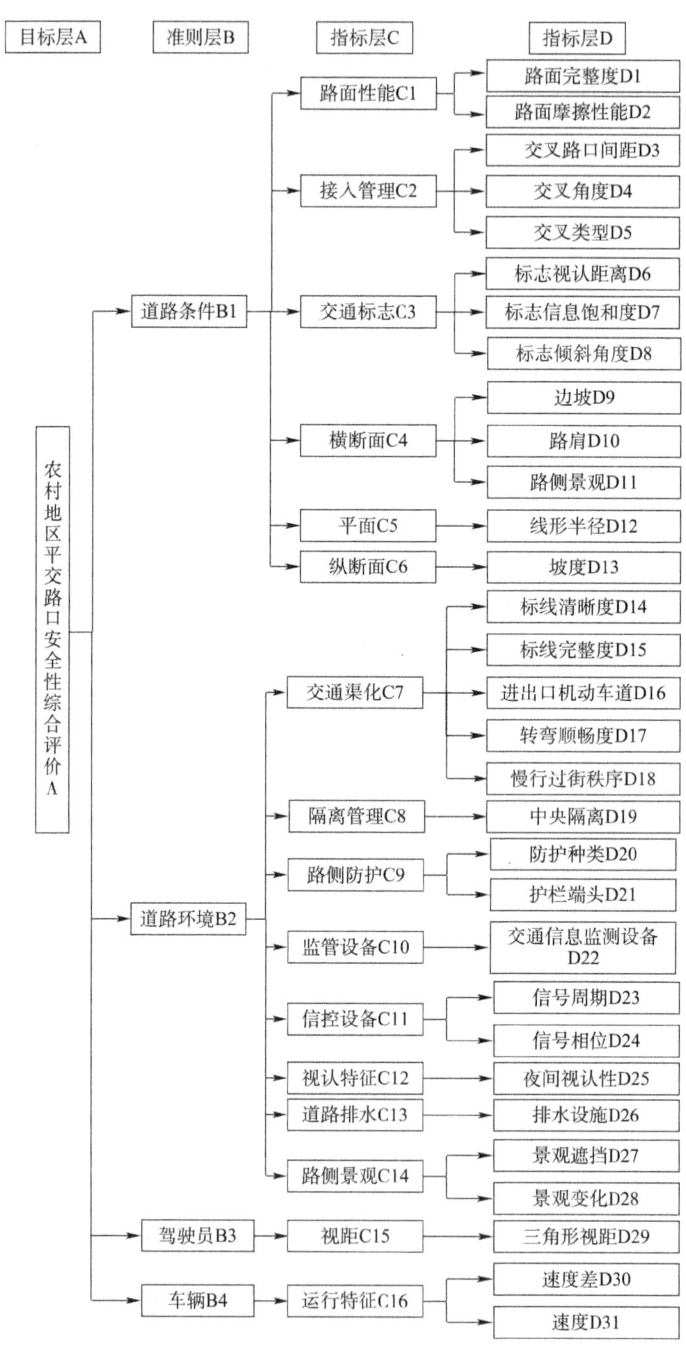

图 5-17　农村地区信号控制平交路口安全性综合评价体系

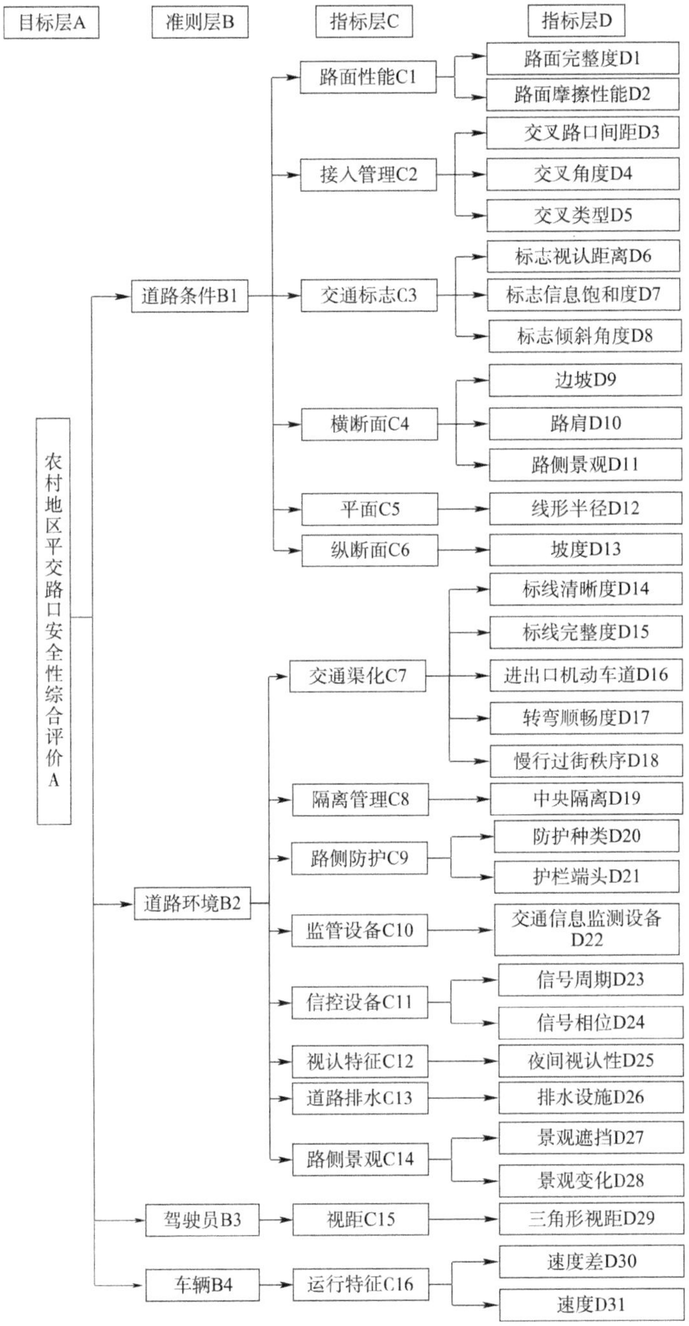

目标层A	准则层B	指标层C	指标层D
农村地区平交路口安全性综合评价A	道路条件B1	路面性能C1	路面完整度D1
			路面摩擦性能D2
		接入管理C2	交叉路口间距D3
			交叉角度D4
			交叉类型D5
		交通标志C3	标志视认距离D6
			标志信息饱和度D7
			标志倾斜角度D8
		横断面C4	边坡D9
			路肩D10
			路侧景观D11
		平面C5	线形半径D12
		纵断面C6	坡度D13
	道路环境B2	交通渠化C7	标线清晰度D14
			标线完整度D15
			进出口机动车道D16
			转弯顺畅度D17
			慢行过街秩序D18
		隔离管理C8	中央隔离D19
		路侧防护C9	防护种类D20
			护栏端头D21
		监管设备C10	交通信息监测设备D22
		信控设备C11	信号周期D23
			信号相位D24
		视认特征C12	夜间视认性D25
		道路排水C13	排水设施D26
		路侧景观C14	景观遮挡D27
			景观变化D28
	驾驶员B3	视距C15	三角形视距D29
	车辆B4	运行特征C16	速度差D30
			速度D31

图 5-18　农村地区无信号控制平交路口安全性综合评价体系

5.3 评分细则

交叉路口安全等级划分是衡量交叉路口提供的安全程度以及交叉路口安全设施功用效能的一种质量标准。不同的交叉路口表现的交通安全程度是不同的。因此为表征交叉路口不同的交通安全程度,需要对交叉路口安全等级进行划分。农村道路区别于城市道路,在本书中的农村道路是指经过农村的公路,因此不仅局限于低等级的农村道路,在农村道路的交叉路口中同样存在信号控制设备。经过对农村道路特性进行分析,将分别从高等级路中有无信控设备和低等级路中有无信控设备方面对其分析评价、等级划分。通过查找具体指标的规范标准,得到具体的等级划分。

针对评分等级划分,现制定具体的评分标准细则,具体如下:

将各个指标的标准设置为三个等级,分别为 A、B、C 等级。A 等级为安全等级,B 等级为较安全等级,C 等级为不安全等级。在等级分数评定时,规定 A 等级的分值区间为 85 ~ 100;B 等级的分值区间为 70 ~ 85;C 等级的分值区间为 0 ~ 70。在以下论述中,高、低等级路若没有加以区分,则看作高等级路与低等级路同时适应对应等级划分。

5.3.1 道路条件指标评分准则

道路因素是引发交通事故的重要因素之一,而道路条件是影响驾驶安全的直接因素,在道路交通事故中大多是由于不安全的道路条件所直接造成的。道路的几何线形、路面状况和交通安全设施等都会对交通事故发生的频率和事故严重程度产生影响。本书从路面性能、接入管理、交通标志、横断面、平面、纵断面六个角度对道路条件因素进行分析。

1)路面性能

路面性能是指路面在自然环境条件下为行车提供的服务能力,包括路面的表面构造特性、平整度、损坏状况和结构承载能力等。道路的路面性能是在车辆行驶过程中最直接的影响因素,直接对驾驶员的行车安全、舒适程度起到重要作用。从路面自身角度出发,在路面完整度和路面摩擦性能两个方面进行等级分析。

(1)路面完整度

路面完整度指的是路面表面相对于理想平面的竖向偏差和路面破坏的严重程度,这种偏差反映了路面的起伏变形,路面结构的破损状况反映了路面结构保持完好的程度。路面完整度是影响道路交通安全的重要因素，将直接影响道路的服务水平，路面完整度较好能够保证路面行驶质量、车辆通行安全和驾驶的舒适；路面完整度较差，不仅会导致路面结构寿命的快速衰减、平整性的急剧恶化，还会对行车安全构成巨大威胁。

根据交叉路口整体路面完整状况，进行等级划分。具体等级判定见表5-32。

路面完整度指标等级评定　　表5-32

安全服务水平	等级判定依据	描　述
A	交叉路口处路面未呈现波峰波谷的波浪形态，无裂缝、坑槽，且未出现裂块破碎或坑深等现象，对驾驶员正常行驶的舒适性影响较小，路面完整状况较好	安全
B	交叉路口处路面存在部分弯曲现象，呈现一定波峰波谷的波浪形态，即发生较小部分变形，或路面存在少部分裂缝、坑槽，整体几乎没有坑深，网裂、坑洞等现象，驾驶员在行驶过程中能够感觉到一定的颠簸，驾驶舒适性一般，路面完整状况一般	较安全
C	交叉路口路面存在较多部分弯曲现象，呈现较明显波峰波谷的波浪形态，路面有大量裂缝、坑槽，出现裂块破碎或大量坑深，网裂、辙槽、坑洞、唧浆等现象，驾驶员在行驶过程中能够明显感受到颠簸，驾驶舒适性较差，路面完整状况较差	不安全

(2)路面摩擦性能

路面的摩擦性能即路面的抗滑性能，路面摩擦性能不高，会大大降低汽车的制动性能、操作稳定性能、抗侧滑性能，导致在制动时发生侧滑或在预定距离内不能有效减速停车，从而诱发交通事故。由此可见，路面具有良好的抗滑性能，对交通安全起着重要的保障作用。

根据交叉路口处整体路面的摩擦性能和路面颗粒的粗糙性，进行等级划分。具体等级判定见表5-33。

路面摩擦性能指标等级评定　　表5-33

安全服务水平	等级判定依据	描　述
A	交叉路口处路面摩擦性能好，路面颗粒明显且粗糙性高	安全
B	交叉路口处路面摩擦性能一般，路面颗粒较明显且粗糙性较高，但呈现一定光滑镜面现象	较安全
C	交叉路口处路面颗粒较少、粗糙性较差，整体明显呈现光滑镜面现象	不安全

2)接入管理

接入管理是从交叉路口形状、角度等方面出发，对道路接入点处的一种控制管理，它能够很好地解决对主干道通行能力以及安全的影响，在道路管制和引导交通中起到重要的作用。不科学的接入管理会使车辆行驶秩序混乱，错误的接入管理极易引发交通事故。从交叉路口的接入方式分析，接入管理指标从交叉路口间距、交叉角度及交叉类型三个方面，对其进行等级分析。

(1)交叉路口间距

交叉路口间距是指相邻两个交叉路口之间的实际距离。平面交叉路口是公路网的节点和枢纽，是发挥公路交通流转换功能的关键。平交路口数量多、间距小，将对主线运行速度和安全的影响越大，很容易引发交通事故，无法充分发挥公路的运输效益。因此，合理改善交叉路口之间的距离可以有效地提高道路通行能力和运行效率，减少事故的发生。

高等级公路交叉路口间距的最小标准值为1000m，低等级公路交叉路口间距的最小标准值为500m。

根据不同公路等级的交叉路口间距与规范值的符合程度进行等级划分。具体等级判定见表5-34。

交叉路口间距指标等级评定 表5-34

安全服务水平	等级判定依据	描　述
A	交叉路口间距大于最小标准值	安全
C	交叉路口间距小于最小标准值	不安全

(2)交叉角度

交叉角度是指交叉路口相交的夹角度数，范围在0°~90°之间。在直角相交的交叉路口，车辆能够以最短的距离穿越被交路，同时驾驶员行车视距和视野能够得到保证，所以直角相交比斜交更安全。合理的交叉路口相交角度可以改善通过交通流的视野，保证转向车辆在分、合流点顺利转向，提高交叉路口行车安全。

平面交叉的交角宜为直角，斜交时，其锐角不应小于70°；受地形条件或其他特殊情况限制时，不应小于60°。必须斜交时，交角应大于45°。

根据交叉路口相交的夹角度数，进行等级划分。具体等级判定见表5-35。

交叉角度指标等级评定 表5-35

安全服务水平	等级判定依据	描　述
A	交叉路口斜交角度在规定范围，即70°~90°之间	安全
C	交叉路口斜交角度不在规定范围内，最小交叉角度小于70°	不安全

(3)交叉类型

道路在同一个平面上相交形成的类型，通常有T形、Y形、十字形、X形、错位、

环形等形式。本研究定义十字形为规则型交叉路口,其他形状为不规则型交叉路口。不同类型交叉路口的交通流组织方式各不相同,对机动车出行路径选择乃至道路交通网络的整体运行具有重要的影响。规则型交叉路口不仅视距良好,而且可以更好地规划交通组织流向,提高交叉路口通行效率。不规则型交叉路口交通冲突点增多,视距变差,不利于驾驶员正常行驶,容易造成交通拥堵、降低通行效率,从而引发交通事故。

根据不同类型交叉路口对行车安全性的影响程度进行等级划分,具体等级判定见表 5-36。

交叉类型指标等级评定　　表 5-36

安全服务水平	等级判定依据	描　述
A	规则交叉路口,如十字形交叉路口	安全
C	不规则交叉路口,如 T 形、Y 形、X 形、错位交叉路口和多路交叉路口等	不安全

3)交通标志

交通标志是用文字或符号传递引导、限制、警告或指示信息的道路设施,是道路中不可或缺的安全设施。交通标志的放置位置、放置角度、放置内容都直接影响到驾驶员在驾驶过程中对道路的判断,交通标志一般设置在路旁或道路的上方,使交通参与者获得确切的道路交通情报,从而达到交通的安全、畅通、迅速、低公害和节约能源的目的。交通标志选取标志视认距离、标志信息饱和度及标志倾斜角度三个方面进行等级的判定。

(1)标志视认距离

标志视认距离是指驾驶员从远处到近处然后离开交通标志的过程中在视觉上有一个发现、辨认、反应做出操作等过程的距离。随着设计速度的增加,标志视认距离也要随之增加。合适的标志视认距离可以使驾驶员在充足的时间内对交通标志所表达的信息作出正确反应,提高交通安全。

标志视认距离会随着设计速度的增加而增加,具体标志视认距离规范见表 5-37。

标志视认距离设置　　表 5-37

设计速度(km/h)	50km/h 以下	60	80	100
标志视认距离(m)	主观判定视认性	110	120	140

根据不同设计速度下的标志视认距离,进行等级划分。具体等级判定见表 5-38。

标志视认距离指标等级评定 表 5-38

安全服务水平	等级判定依据	描　述
A	设计速度小于 50km/h 时，通过主观进行判定，各方向视认性良好。设计速度大于 50km/h 时，交叉路口各方向符合设计速度对应下视认距离	安全
B	设计速度小于 50km/h 时，通过主观进行判定，部分方向视认性良好。设计速度大于 50km/h 时，交叉路口部分方向符合设计速度下视认距离	较安全
C	设计速度小于 50km/h 时，通过主观进行判定，各方向视认性不好。设计速度大于 50km/h 时，不符合设计速度对应下视认距离	不安全

(2)标志信息饱和度

标志信息饱和度是指在同一地点所设置的交通标志所表达出的信息量的饱和程度。一般情况下，同一地点所设置的交通标志牌不宜超过 4 个，当信息量过饱和时，驾驶员在行驶过程中不能及时识别准确信息，极易引发交通事故，造成人员伤亡。

根据交叉路口各方向区域内标志牌数目，进行等级划分。具体等级判定见表 5-39。

标志信息饱和度指标等级评定 表 5-39

安全服务水平	等级判定依据	描　述
A	满足规定范围的饱和度，同一地点所设置的交通标志牌未超过 4 个，信息量适中	安全
B	部分方向满足规定范围饱和度，有部分方向同一地点所设置的交通标志牌超过 4 个，信息较饱和	较安全
C	超出规定范围的饱和度，同一地点所设置的交通标志牌均超过 4 个，信息严重饱和	不安全

(3)标志倾斜角度

标志角度是交通标志相对于道路行驶方向能够使驾驶员最大限度认清识别标志内容的角度。它的作用是使驾驶员能够快速、高效地辨识交通标志所表达的交通信息。通过标志适当的倾斜角度提高驾驶员对交通标志的可视性，使交通标志充分达到安全警示的作用，提高道路的通行效率与安全程度。

在路侧禁令标志与指示标志沿道路纵向夹角为 0 ~ 45°，路侧指路与警告标志沿道路纵向夹角为 0 ~ 10°。

根据规范中的路侧标志倾斜角度值,进行等级划分。具体等级判定见表5-40。

标志角度指标等级评定　　表5-40

安全服务水平	等级判定依据	描　述
A	符合规定范围的标志角度,路侧禁令标志与指示标志沿道路纵向夹角在0°~45°范围之内,路侧指路与警告标志沿道路纵向夹角在0°~10°范围之内	安全
B	部分方向符合规定范围的标志角度,路侧禁令标志与指示标志沿道路纵向夹角部分方向超出0°~45°的范围,路侧指路与警告标志沿道路纵向夹角部分方向超出0°~10°的范围	较安全
C	不满足规定范围的标志角度,路侧禁令标志与指示标志沿道路纵向夹角均超出0°~45°的范围,路侧指路与警告标志沿道路纵向夹角均超出0°~10°的范围	不安全

4)横断面

道路横断面是指中线上任意一点的法向切面,由横断面设计线和地面线组成。其中,设计线包括行车道、路肩、分隔带、边沟、边坡、截水沟、护坡道以及取土坑、弃土堆、环境保护设施等。道路横断面的选择与组合主要取决于道路的性质、等级和功能要求,要满足道路上通行的各类交通的交通流量及其发展的要求。根据横断面的特性与实际可操作性,从设计线中选取边坡、路肩、路侧环境三个方面对道路横断面进行安全等级判定。

(1)边坡

边坡指的是为保证路基稳定、防止岩块的滑落,在路基两侧做成的具有一定坡度的坡面。边坡对交通安全的影响主要从边坡的病变、边坡设置的合理性表现出来,其病变主要是边坡破坏和崩塌。病变的防治措施主要有三种:一是采取工程防护与生态植被防护相结合的方法,二是采取生态植被防护,三是采取工程防护。工程防护主要针对刚刚建成的路基,随着时间的推移,路基的强度和工程防护的防护效果都会降低,而植物防护就很好地解决了这一点,植物经过较长时间的生长,植物的根部能够很好地防治边坡病变,植物防护在短时间内无法达到边坡防护的预期,因此工程防护与植物防护相结合,既能在短期防护中起到保护边坡的作用,也能在长久地达到防护效果,从而保证边坡的稳固。另外,边坡的坡度也会对行车安全造成威胁,当车辆发生意外情况驶出道路,平缓的边坡可以使车辆进行适当的缓冲,避免二次受伤的概率。

根据对边坡自身稳定性、边坡坡度及防护的防护效果进行等级划分。具体等级判定见表5-41。

边坡指标等级评定 表 5-41

安全服务水平	等级判定依据	描　述
A	边坡坡度较缓且较稳固,能够使车辆进行适当的缓冲，能在长远中达到防护效果	安全
B	边坡坡度较缓且较松散、坡度较陡且较为稳固,能够使车辆进行适当的缓冲，或者能在长远中达到防护效果	较安全
C	边坡坡度较陡且较松散,无法使车辆进行适当的缓冲，且只能在短期内达到防护效果	不安全

(2)路肩

路肩是指位于车行道外缘至路基边缘,具有一定宽度的带状部分,为保持车行道的功能和临时停车使用,并作为路面的横向支承。路肩一般根据是否硬化分为硬路肩和土路肩。其中,硬路肩是与行车道相邻并铺以具有一定强度路面结构的路肩部分(包括路缘带);土路肩是行车道外缘至路基边缘,具有一定宽度的带状部分。其作用主要是保持行车道的功能和临时停车使用,并作为路面的横向支承,改善水平视野。

根据路肩的硬化程度与路面的横向支承和临时停车使用的情况,进行等级划分。具体等级判定见表 5-42。

路肩指标等级评定 表 5-42

安全服务水平	等级判定依据	描　述
A	交叉路口各方向行车道右侧硬化较好,为硬路肩,能够保证路面的横向支承和临时停车使用	安全
B	交叉路口部分方向行车道右侧硬化较好,为硬路肩和土路肩,能够保持部分行车道的功能和临时停车使用	较安全
C	交叉路口各方向行车道右侧硬化较差,为土路肩,且不能保证路面的横向支承和临时停车使用	不安全

(3)路侧环境

路侧环境是指在道路两侧可视范围内的自然因素或人工设施。本书研究中路侧环境具体是指由于受到路侧不利地形或人工设施造成的路侧事故。行驶在公路上的车辆,因发生意外驶离行车道,侵入路肩或路肩以外的区域与车辆、行人、行道树、护栏、标志设施杆柱或其他坚硬危险物发生碰撞的事故,也包括翻车、坠入悬崖,深谷或水体以及穿过对向车道驶向路肩及以外区域的事故。因此,空旷平坦的路侧环境对驾驶安全问题的改善、提高路侧安全具有重要意义。

根据交叉路口附近路侧环境空旷和障碍物的状况,进行等级划分。具体等级判定见表 5-43。

路侧环境指标等级评定　　表5-43

安全服务水平	等级判定依据	描　述
A	附近环境非常空旷且无障碍物,路侧环境较好,不会使意外驶出道路的车辆驾驶员二次受伤	安全
B	附近环境有障碍物,路侧环境一般,会使意外驶出道路的车辆驾驶员二次受伤	较安全
C	附近环境为沟壑、河流等地势低洼区域,路侧环境较差,会使意外驶出道路的车辆驾驶员有生命危险	不安全

5)平面

道路平面是指道路中心线和边线等在地表面上的垂直投影。它由直线、曲线、缓和曲线、加宽等组成。道路的平面线形力求平顺,转折不要过多过急,设计合理的平面线形,能够起到满足汽车行驶安全与迅速、人的感觉变换舒适,以及运输和工程合乎经济等作用。道路平面反映了道路在地面上所呈现的形状和沿线两侧地形、地物的位置。在平面线形中线形半径是影响交通事故的重要因素。

最小曲线半径是指保证汽车在设置超高的曲线部分行驶时所产生的离心力不超过轮胎和路面的摩阻力所允许的界限,并须考虑使乘车人感觉良好和驾驶员操纵方便。本研究所提到的线形半径是规范中规定的最佳转弯半径,并非最小曲线半径。其作用主要是方向明确、布设方便、视野开阔,能够使车辆平顺地改变方向,降低交通事故率。

不同设计速度下,平面线形半径不同,平面线形半径与设计速度的对应关系参考值如表5-44所示。

平面曲线半径设置　　表5-44

设计速度(km/h)	20	30	40	60	80	100
半径(m)	30	65	100	200	400	700

根据设计速度下对应的线形半径,进行等级划分。具体等级判定见表5-45。

线形半径指标等级评定　　表5-45

安全服务水平	等级判定依据	描　述
A	满足设计速度下的一般最小曲线半径,在设计速度100km/h、80km/h、60km/h、40km/h、30km/h、20km/h下,线形半径分别符合700m、400m、200m、100m、65m、30m的一般最小半径要求	安全

续上表

安全服务水平	等级判定依据	描　述
B	满足设计速度下的极限最小曲线半径，在设计速度 100km/h、80km/h、60km/h、40km/h、30km/h、20km/h 下，线形半径分别符合 700m、400m、200m、100m、65m、30m 的极限最小半径要求	较安全
C	低于设计速度下的极限最小曲线半径要求	不安全

6）纵断面

纵断面是指沿道路中心线纵向垂直剖切的一个立面。它表达了道路沿线起伏变化的状况。设计合理的纵断面的作用，能够正确引导视线，使驾驶员操作减少失误，降低事故率。

本研究选取纵坡作为纵断面的评判指标。纵坡是指路线纵断面上同一坡段两点间的高差与其水平距离之比，以百分率表示。坡度过长过陡是引起事故多发的原因之一，长距离的陡坡对车辆行驶不利，低挡长时间爬坡会引起发动机过热、功率下降；下坡经常使用制动器，制动鼓温度升高，制动效能降低，影响安全。此项指标，只是针对在交叉路口进口道处的纵坡坡度，不考虑道路在车辆行进方向的整体坡度。

根据主要道路进口道纵坡坡度的规定值，对纵坡坡度超出 0.15% ~3% 的程度，进行等级划分。具体等级判定见表 5-46。

坡度指标等级评定　　　　表 5-46

安全服务水平	等级判定依据	描　述
A	主要道路进口车道坡度较小，符合规范纵坡坡度要求	安全
B	主要道路进口车道坡度一般，较超出规定纵坡坡度要求	较安全
C	主要道路进口车道坡度较大，远远超出规定纵坡坡度要求	不安全

5.3.2　道路环境指标评分准则

道路周围环境能够影响道路安全状况，道路交通事故中有较大比重是直接由道路环境造成的，道路行车环境对行车安全有着密切联系。在相近的道路条件下，道路环境较差的路段，交通事故明显高于道路环境良好路段，并且好的道路环境能使驾乘人员保持轻松、舒适、愉悦的状态，从而有利于交通安全。本书从交通渠化、隔离管理、路侧防护、监管设备、信控设备、视认特征、道路排水、路侧景观八个方面对道路环境进行分析。

1)交通渠化

交通渠化是指对道路交通实行空间分离,使各类交通像渠道内的水流一样各行其道、顺序行驶。它是交通系统管理的常用措施。其基本内容是:在道路路段或平面交叉路口用交通标线、交通岛、绿化带等设施分隔车道,使不同类型、不同方向、不同速度的车辆顺着一定的方向互不干扰地顺畅通过。缩小交通流的交叉面积,避免交通行为人的注意力分散而引起的交通事故。用导流设施限制车辆向禁止驶入方向转弯,提高交叉路口使用效率。设置行人安全岛,缩短行人过街时间等。科学合理的交通渠化设计可以有效避免车辆之间以及车辆与行人之间的相互干扰,从而减少车辆之间以及车辆与行人之间碰撞的可能,提高交通安全性和通行能力,降低交通事故发生的可能。针对道路交通的空间分离和车辆的运行状态,交通渠化指标从进出口机动车道、转弯顺畅度、标线清晰度、标线完整度和慢性过街秩序五个方面进行等级评价。

(1)进出口机动车道

进出口机动车道是指交叉路口的进口车道数要与出口车道数相匹配。进口道断面的通行能力具有交通需求的性质,出口道的通行能力具有交通供给的性质,交叉路口进、出口车道的平衡性即供需平衡。平面交叉路口在一定的道路、交通条件下,平面交叉路口的某信号相位状态下,进口道断面与出口道断面车道数应相互匹配,保证每相位状态下交叉路口范围内车流的畅通。交叉路口进、出口车道平衡,可以减少交叉路口内部的交通冲突,提高车辆运行效率,充分利用时空资源,确保交叉路口内部通行安全。

根据出口车道数与进口车道数的对应情况,进行等级划分。具体等级判定见表5-47。

进出口机动车道指标等级评定 表5-47

安全服务水平	等级判定依据	描　述
A	出口车道数均大于等于进口车道数,不存在进出口车道冲突	安全
B	部分方向出口车道数大于等于进口车道数,部分方向存在进出口车道冲突	较安全
C	出口车道数均小于进口车道数,均存在进出口车道冲突	不安全

(2)转弯顺畅度

转弯顺畅度是指车辆在交叉路口处转向行驶时的顺畅程度,转弯顺畅度与道路转弯半径、交叉路口内部面积相关。在有较大面积的交叉路口内部,车辆转弯具有广阔的空间距离,能够保证车辆在转弯行驶时不会有明显的速度变化和曲折的行车轨迹，确保车辆顺畅通过，在有较小面积的交叉路口内部，转弯半径减小，车辆在转弯行驶时会有明显的速度变化和曲折的行车轨迹，车辆无法顺畅通过，如果车辆不能有效地降低车速，在转弯行驶过程中将会产生较大的离心力，造成车辆侧翻，从而引发交通事故。因此，转弯顺畅度是衡量交叉路口内部安全性能的重要指标。

根据在交叉路口内部车辆转弯行驶时的顺畅程度，进行等级划分。具体等级判定见表5-48。

进出口机动车道指标等级评定 表5-48

安全服务水平	等级判定依据	描　述
A	转弯顺畅良好，在转弯行驶时速度变化较小、行车轨迹顺畅	安全
B	转弯顺畅度一般，在转弯行驶时速度变化程度适中，行车轨迹较为曲折	较安全
C	转弯顺畅度较差，在转弯行驶时速度变化较大，行车轨迹十分曲折	不安全

(3)标线清晰度

标线清晰度是指在行车环境中道路交叉路口处施画标线的车内驾驶员视认程度。交通标线有利于调节交通流量、疏导交通，提高道路通行能力，预示道路状况，减少交通事故。清晰的标线能够使驾驶员清晰准确地辨认出标线表达的交通信息，起到交通行驶准确引导、减少交通事故的作用，标线发生模糊，将会使驾驶员辨认困难，延长辨认时间，增大安全隐患。因此，交通标线施划清晰，是在驾驶过程中交通规范的一个重要依据。

根据交叉路口处交通标线的清晰程度进行等级划分。具体等级判定见表5-49。

标线清晰度指标等级评定 表5-49

安全服务水平	等级判定依据	描　述
A	交叉路口处标线清晰，行驶环境下车内驾驶员能够清晰快速地辨认出全部标线	安全
B	交叉路口处标线部分清晰，行驶环境下车内驾驶员能够较清晰且较快速地辨认出标线	较安全
C	交叉路口处标线不清晰，行驶环境下车内驾驶员无法辨认出标线	不安全

(4)标线完整度

标线完整度是指在当前道路交叉路口处规定施划标线类型的完整程度。完整的交通标线能够更好地起到诱导交通行驶方向、指引车辆在汇合和分流前驶入合适的车道、加强行驶纪律和秩序、减少交通事故的作用。

在交叉路口处,标线施划种类主要为人行横道线、网状线、路口导流线、中央隔离线、左转弯专用道、右转弯专用道、人行横道预告标识线、减速丘标线、出入口导向车道线及导向箭头、停止线。因此,鉴于交叉路口处的特殊性,交通标线应当尽可能地施划完整,更好地确保交叉路口的安全性。见表5-50。

交叉路口标线类型设置　　表5-50

标线类型	标线作用
人行横道线	供行人穿越马路之用,保证行人过街安全
网状线	严格禁止一切车辆长时或临时停车,防止交通阻塞
路口导流线	按规定的路线绕过导流线行驶,辅助车辆行驶和转向,保证行车畅通
中央隔离线	隔离对向车流,有效分离车流,防止车辆驶入对向车道
左转弯专用道	专门用于左转弯的车道,为了不影响正常直线行驶的车辆
右转弯专用道	专门用于右转弯的车道,为了不影响正常直线行驶的车辆
人行横道预告标识线	用来提示驾驶员前方已接近人行横道,应减速慢行并须注意行人横过马路
减速丘标线	用来提示驾驶员,前方已接近减速丘,应减速慢行
出入口导向车道线及导向箭头	引导车辆按规定的导向箭头转向,保证行车畅通
停止线	在有交通信号控制的交叉路口,等候放行信号

结合上述建议施划标线类型,根据当前交叉路口施划标线类型的完整程度,进行等级划分。具体等级判定见表5-51。

标线完整度指标等级评定　　表5-51

安全服务水平	等级判定依据	描　述
A	标线施划完整,包含上述85%及以上的建议标线	安全
B	标线施划较完整,包含上述60% ~85%的建议标线	较安全
C	标线施划不完整,包含上述60%及以下的建议标线	不安全

(5)慢行过街秩序

慢行过街秩序是指行人和非机动车在过街距离和过街行为等方面的安全评价。慢行交通的通勤主体是交通参与者中的弱势群体,慢行过街时行人暴露在机动车道内,时刻受到机动车的冲撞等威胁,尤其是在行人过街情况下,在交通设施与管理落后等条件下,行人过街安全存在更大隐患,良好的慢行过街秩序能够保障行人和非机动车驾驶员的安全。因此,评价慢行过街秩序具有重要意义。

根据慢行交通在交叉路口过街的秩序和慢行通行距离,进行等级划分。具体判定等级见表5-52。

慢行过街秩序指标等级评定　　表5-52

安全服务水平	等级判定依据	描　述
A	交叉路口过街秩序良好,无闯灯等不良过街行为,过街距离较短,安全水平较高	安全
B	交叉路口过街秩序一般,部分方向存在闯灯等不良过街行为,过街距离适中,安全水平一般	较安全
C	交叉路口过街秩序差,存在闯灯等不良过街行为,过街距离较长,安全水平较低	不安全

2)隔离管理

隔离管理是指能够隔离对向车流,有效分离车流,防止车辆驶入对向车道的设施。本书研究中提到的隔离管理具体是指中央隔离栏。在道路中央应当设置中央隔离栏,它能够提高路段的安全性,有效减少交通事故的发生。

根据道路中央隔离栏和中央分隔线的设置情况进行等级划分。具体等级判定见表5-53。

中央隔离指标等级评定　　表5-53

安全服务水平	等级判定依据	描　述
A	设置中央隔离栏	安全
B	设有中央隔离栏和中央分隔线	较安全
C	未设置中央隔离栏,只设有中央隔离黄线	不安全

3)路侧防护

护栏是道路交通安全设施的重要组成部分,对防治行车事故起着重要作用。路侧防护是指在道路右侧设置的防护设施,即为了防止失控车辆越出路外或碰撞路侧构造物和其他设施而设置于公路路侧建筑限界以外的护栏。针对路侧防护栏的具体性能与可操作性,从防护种类和护栏端头两个方面进行等级评价。

(1)防护种类

防护栏的种类根据撞击等级可分为A、B、Am、SB、SBm。不同道路等级所适用的防护种类是由道路设计通行速度决定的,在行驶速度较高的路段,防护栏所受到的撞击强度会相应增大,速度越高,冲击强度越大,对护栏防撞等级要求越高。在道路中,设置等级恰当的防护栏,可以有效地避免行车事故,保证驾驶安全,增强道路安全;如果防护栏设置出现错误,不仅不能起到防护的作用,甚至可能会引起二次伤害。

在不同道路等级下,设计速度的不同,防撞等级护栏标准也有所不同,护栏级别与设计速度的对应关系如表5-54所示。

护栏等级设置 表5-54

设计速度(km/h)	20、30、40	60、80、100
护栏级别	A、B	A、Am、SB、SBm

根据不同设计速度下的护栏级别,进行等级划分。具体等级判定见表5-55。

护栏种类指标等级评定 表5-55

安全服务水平	等级判定依据	描 述
A	符合设计速度下的护栏,在20km/h、30km/h、40km/h的设计速度下,护栏级别符合A、B;60km/h、80km/h、100km/h的设计速度下,护栏级别符合A、Am、SB、SBm	安全
C	不符合设计速度下的护栏,在20km/h、30km/h、40km/h的设计速度下,护栏级别不符合A、B;在60km/h、80km/h、100km/h的设计速度下,护栏级别不符合A、Am、SB、SBm	不安全

(2)护栏端头

护栏端头是在护栏的分段处所设置的安全过渡装置。护栏端头能够起到当失控车辆正面碰撞时,沿斜置波形梁上而吸能的作用,当侧面碰撞时同样也有较好的导向功能。它能够通过碰撞吸收车辆的能量从而降低交通事故严重程度。护栏端头的防护等级同样是根据车辆行驶的速度而逐渐增加要求。

根据不同设计速度下的端头类型和端头处理情况,进行等级划分。具体等级判定见表5-56。

高等级道路端头类型指标等级评定 表5-56

安全服务水平	等级判定依据	描 述
A	护栏端部设置符合设计速度下对应的端头类型,或处理合理	安全
B	部分方向护栏端部设置符合设计速度下对应的端头类型或部分方向护栏端头处理合理	较安全
C	未设置端头或护栏端头均处理不合理	不安全

4)监管设备

在交叉路口进出口位置处需要配置交通信息监测设备。交通信息监控设备是利用安装在道路上的交通信息收集系统(传感器、摄像头等)进行交通流量、行车速度、管制信息、道路状况等动态信息收集、处理和发布。交通信息监测设备包括交通事件视频检测器、交通安全违法行为视频取证设备、违反禁行规定自动记录设备等。安装监管设备的交叉路口相对于无监管设备的交叉路口,事故率明显降低。配置交通信息监测设备有利于规范驾驶员行为,对驾驶员起到警示作用,降低交通事故的发生。

根据安装的交通信息检测设备的齐全程度,进行等级划分。具体等级判定见表5-57。

交通信息监测设备指标等级评定 表5-57

安全服务水平	等级判定依据	描　述
A	配置交通信息检测设备	安全
C	未配置交通信息监测设备	不安全

5)信控设备

信控设备是采用交通信号控制设施,随交通变化特性来指挥车辆及行人的通行的设备。设有信控设备的交叉路口,能够将运行中的车辆进行准确的组织、调控,使其能够安全畅通地运行,有效减少交通事故的发生。交叉路口信号设备的完备程度以及合理程度是判定信控设备这项指标的重要依据。针对信控设备的具体性能与作用,将信号控制周期、信号相位及行人过街通行安全三个方面进行等级评价。

(1)信号周期

信号周期是指所有交通信号相位显示一周所需的时间之和,合适的信号周期能够保证车辆安全畅通地运行,减少车辆延误。信号周期过长会影响通过路口车辆的平均延误;过短则车辆启动和减速停车延误时间占周期时间的比例增高,也会增加交通延误。

非饱和交通时段是在当前交叉路口信号周期时长30~150s范围内;饱和交通时段是在当前交叉路口信号周期时长30~180s范围内。

根据非饱和交通时段和饱和交通时段确定的信号周期时长范围,进行等级划分。具体判定等级见表5-58。

信号周期指标等级评定 表5-58

安全服务水平	等级判定依据	描　述
A	周期时长在规定范围之间,非饱和交通时段是在当前交叉路口信号周期时长30~150s范围内;饱和交通时段是当前交叉路口信号周期时长30~180s范围内	安全

续上表

安全服务水平	等级判定依据	描　述
C	周期时长超出规定范围，非饱和交通时段未在当前交叉路口信号周期时长30~150s范围内；饱和交通时段未在当前交叉路口信号周期时长30~180s范围内	不安全

(2)信号相位

交叉路口的方向的直行或左转完成后所用的时间和过程称之为相位。相位是根据各个路口的车流量经过计算后来定的，所以每个交叉路口应该设有各自的安全合理的信号相位，包括相位数量和相位时间。信号相位的作用是把相互冲突或干扰严重的交通流适当分离，减少交叉路口交通冲突和干扰，科学合理的信号相位能够有效保证道路交叉路口的交通安全和畅通。

根据相位放行时交叉路口处的冲突点数量，进行等级划分。具体判定等级见表5-59。

信号相位指标等级评定 表5-59

安全服务水平	等级判定依据	描　述
A	相位放行时交叉路口处未存在冲突点	安全
B	相位放行时交叉路口处存在1~2处冲突点	较安全
C	相位放行时交叉路口处存在3处及以上冲突点	不安全

6)视认特征

视认特征是指驾驶员在驾驶过程中能够有完备清晰的视认性。在本书研究中具体体现在夜间行车视认性。在道路中一般指导夜间行车的设施有两种：一种是路灯照明；另一种是视线诱导，由反光材料构成。道路行驶者在夜间行驶需要良好的视认性，视认良好能够让驾驶员清晰地辨别道路的不良情况，及时做出反应，减少交通事故的发生。

根据夜间行车的视认良好性进行等级划分。具体等级判定见表5-60。

夜间视认性指标等级评定 表5-60

安全服务水平	等级判定依据	描　述
A	照明设备和视线诱导设施齐全，视认性好，能够使驾驶员在夜间清晰地辨别道路情况	安全

续上表

安全服务水平	等级判定依据	描　　述
B	照明设备和视线诱导设施较齐全，视认性较好，能够使驾驶员在夜间较为清晰地辨别道路情况	较安全
C	照明设备和视线诱导设施缺失，视认性差，不能够使驾驶员在夜间清晰地辨别道路情况	不安全

7）道路排水

道路排水设施是指为了保护路基免受侵袭、积水被及时排除的设施。道路排水设施包括路面排水部和路边排水部。危害道路的水有地表水和地下水，道路排水设施可以快速地排除地表水，防止对道路的侵害，有利于驾驶安全。路侧排水设施根据边沟防护形式可以分为开放式边沟和暗埋式边沟。表面无覆盖物的边沟称为开放式边沟；表面被石板覆盖或被掩埋在地下的边沟的称为暗埋式边沟。开放式边沟虽然能够快速高效地进行路面排水，但是因为表面没有遮盖物，车辆容易跌落，沟内杂物容易淤积。

根据排水设施的齐全程度进行等级划分。具体等级判定见表5-61。

排水设施类型指标等级评定　　表5-61

安全服务水平	等级判定依据	描　　述
A	排水设施齐全，排水设施为暗埋式	安全
B	排水设施一般，排水设施为暗埋式且开放式	较安全
C	排水设施较差，排水设施为开放式	不安全

8）路侧景观

路侧景观是指在道路两旁及分隔带内栽植树木、花草以及护路林等。路侧景观的作用是达到隔绝噪声、净化空气、美化环境。本书研究从路侧景观遮挡和路侧景观的单调性两个角度对路侧景观进行分析。

（1）景观遮挡

景观遮挡是指路侧的景观对交通信息、交通设施的遮挡。路侧景观的设置主要是用来缓解驾驶员驾车疲劳和改善路侧环境，但是当景观设置不合理时会造成对交通信息、交通设施的遮挡与阻碍。当发生景观遮挡时，会使驾驶员行车视距受到影响，错过重要交通信息，从而导致驾驶员做出错误的预判，造成违规操纵，引发交通事故。

根据路侧交通设施是否发生遮挡进行等级判定。具体等级判定见表5-62。

景观遮挡指标等级评定　　表5-62

安全服务水平	等级判定依据	描　述
A	正常行车时路侧交通设施未发生遮挡,视认明显	安全
B	正常行车时路侧部分方向交通设施发生遮挡,视认一般	较安全
C	正常行车时路侧交通设施发生遮挡,视认性差	不安全

(2)景观变化

路侧单调性是指在某一距离内路侧景观的单调程度。在路侧适当的变换景观样式,改善驾驶员的驾驶环境,能够有效缓解驾驶员疲劳,集中驾驶员的注意力。在不同等级道路中,不同设计速度下,对应的景观变化距离不同。景观距离与设计速度对应情况见表5-63。

景观变化距离设置　　表5-63

设计速度(km/h)	20	30	40	60	80	100
景观距离(km)	1.7	2.5	3.3	5.0	6.7	8.3

根据设计速度下对应的景观距离进行等级判定。具体等级判定见表5-64。

路侧单调性指标等级评定　　表5-64

安全服务水平	等级判定依据	描　述
A	符合在设计速度下对应的指标,设计速度在20km/h、30km/h、40km/h、60km/h、80km/h、100km/h时,对应的景观变化距离为1.7km、2.5km、3.3km、5.0km、6.7km、8.3km。景观变化明显	安全
B	部分方向符合在设计速度下对应的指标,设计速度在20km/h、30km/h、40km/h、60km/h、80km/h、100km/h时,对应的景观变化距离为1.7km、2.5km、3.3km、5.0km、6.7km、8.3km。景观变化较小	较安全
C	不符合在设计速度下对应的指标,设计速度在20km/h、30km/h、40km/h、60km/h、80km/h、100km/h时,对应的景观变化距离为1.7km、2.5km、3.3km、5.0km、6.7km、8.3km。景观基本不变	不安全

5.3.3 驾驶员指标评分准则

从驾驶员自身角度出发,驾驶员的行为是与事故相关的重要因素,在交通安全中,研究人的因素主要是研究驾驶员的行为,而驾驶员的行为是由其生理因素和心理因素所决定的,其影响行车安全的因素众多,但考虑到实际情况中可操作性不强或评测过程繁复,只选取影响驾驶员行车时的三角视距指标进行评测。

三角视距是由停车视距中引申出的,是指在平面交叉路口处,由一条道路进入路口行驶方向的最外侧的车道中线与相交道路最内侧的车道中线的交点为顶点,两条车道中线各按其规定车速停车视距的长度为两边,所组成的三角形区域。在视距三角形内不允许有阻碍驾驶员视线高度的物体和道路设施存在。视线良好的三角视距视野开阔,便于驾驶员准确地判断路面与来车情况,减少事故的发生。视线不良的视距三角会直接阻碍驾驶员视线,不能及时对未知道路的突发事件做出合理有效的预判,极易引发交通事故。

不同设计速度下,所对应的停车视距数值不同,即构成三角视距区域的边长也不相同,停车视距参考值如表 5-65 所示。

停车视距设置 表 5-65

设计速度(km/h)	20	30	40	60	80	100
停车视距(m)	20	30	40	75	110	160

根据停车视距计算出三角视距,依据三角形视距区域内视线良好情况进行等级划分。具体等级判定见表 5-66。

三角视距指标等级评定 表 5-66

安全服务水平	等级判定依据	描　述
A	依据当前设计速度选取不同停车视距数值,并确定各方向三角视距区域,在驾驶员视线高度以上各三角区域内均不存在视线遮挡障碍物,视距条件良好	安全
B	依据当前设计速度选取不同停车视距数值,并确定各方向三角视距区域,在驾驶员视线高度以上各三角区域内存在视线遮挡障碍物,视距条件一般	较安全
C	依据当前设计速度选取不同停车视距数值,并确定各方向三角视距区域,在驾驶员视线高度以上各三角区域内均存在视线遮挡障碍物,视距条件差	不安全

5.3.4 车辆指标评分准则

机动车是一种快速性、能量大的交通工具。机动车在交通事故的发生与汽车本身性能及安全性的关系上是十分明显的。但考虑到实际情况中可操作性不强或评测过程繁复,因此在安全评价中,本书不研究车辆的所有特性及机构,只研究机动车运行速度的特征。

从车辆行驶角度出发,导致交通事故的最主要因素是速度。一是超速行

驶,二是在行驶过程中速度变化差值增大,从这两个角度对车辆因素进行等级判定。

1)速度

超速是指驾驶员在驾车行驶中,汽车的行驶速度超过法律、法规规定的速度。本书研究以交叉路口设计通行速度为准,对车辆超速行为进行判定。超速行驶存在众多危害,超速行驶使驾驶员的视力严重下降,视线范围变窄。车速越高,视力下降得越严重,视线范围越窄,使得驾驶员不能准确判定周围事物;超速行驶使汽车的制动距离增长,在遇到紧急状况时,不能及时制动;超速行驶增加驾驶员疲劳程度,反应能力下降,因而极易发生事故。

按照各方向来车的瞬时速度与交叉路口设计通行速度数值对照结果,进行等级划分。具体等级判定见表5-67。

速度指标等级评定 表5-67

安全服务水平	等级判定依据	描　述
A	对某时刻各方向来车的瞬时速度进行抽样,均未超过该交叉路口设计通行速度	安全
C	对某时刻各方向来车的瞬时速度进行抽样,存在超过该交叉路口设计通行速度现象	不安全

2)速度差

速度差指的是某一车辆在调查交叉路口上游路段与上一交叉路口上游路段的多次瞬时速度的平均值$v_{前}$、$v_{后}$的差值绝对值。速度差值应当控制在一定合理范围内,当速度差值绝对值偏差过大时,会导致车辆在道路中的行驶偏离正常行驶轨迹,造成车头时距大幅度的波动,极易发生追尾、碰撞等交通事故,造成人员伤亡。因此,速度差值控制在科学合理的范围内,可以有效控制车辆的安全性,保证驾驶员的行车安全。

根据得到同一车辆在前一路段与后一路段的速度差值的安全等级,进行等级划分。具体等级判定见表5-68。

速度差指标等级评定 表5-68

安全服务水平	等级判定依据	描　述
A	抽样跟踪获取某一车辆在调查交叉路口上游路段与上一交叉路口上游路段的多次瞬时速度的平均值$v_{前}$、$v_{后}$,二者差值绝对值小于10km/h	安全

续上表

安全服务水平	等级判定依据	描　述
B	抽样跟踪获取某一车辆在调查交叉路口上游路段与上一交叉路口上游路段的多次瞬时速度的平均值$v_{前}$、$v_{后}$，二者差值绝对值介于10～20km/h之间	较安全
C	抽样跟踪获取某一车辆在调查交叉路口上游路段与上一交叉路口上游路段的多次瞬时速度的平均值$v_{前}$、$v_{后}$，二者差值绝对值高于20km/h	不安全

5.4 评价方法

5.4.1 评价方法的选定

1)评价方法概述

道路安全评价是从多个影响到道路交通安全的方面进行整体的、客观的评价，对道路安全的侧重点与致因理论的不同，可以选取适合的评价方法。针对国内外对道路安全的研究，提出了较为体系化的道路安全的致因。现对国内外几种常用的道路安全评价方法进行分析。

(1)绝对数法

用绝对数进行评价采用四项指标，即事故次数、死亡人数、受伤人数、直接经济损失来表示道路上的安全性能。虽然这种评价方法较为直观易懂，但同时存在较多的问题。绝对数法只是将各项指标的数值进行简单比较，作为评价的标准，并没有考虑其他因素，并且忽略了各自道路上的特有因素，导致变量因素差异较大，不存在可比性。绝对数法只能在数据统计准确翔实的情况下进行，不具有普及性。

(2)事故率法

事故率法可以分为地点事故率法、路段事故率法、运行事故率法及事故密度法等。事故率法是用一种相对指标来表达道路交通安全水平，具有较强的可比性。但有时单独使用某种事故率来评价交通安全，又具有片面性，不能反映多种因素综合作用的真实结果。而综合事故率法所涉及的当量或换算系数往往受主观因素的影响，其合理性颇受争议。

(3)模型法

模型法是通过分析交通事故与影响因素的关系建立事故与各种主要因素之间的定量函数关系模型，主要有统计分析模型(如斯密德模型、意大利特里波罗斯多元回归模式等)和经验模型。这种方法需要大量的统计数据且受地域交通条件制约,可比性差。

(4)事故强度分析法

事故强度分析法是在一些事故指标的基础上结合道路交通的其他因素,得出一个综合评判指标,以此作为评判的依据进行道路安全性能的评价与研究。常用的指标是万车死亡数、10万人死亡数、亿车千米事故数等。由于这些指标加入了相对参照数据,使不同道路的指标间的比较更加科学合理,特别是其中的万车死亡数和亿车千米事故数两项指标。由于不同地区、道路之间的其他因素差异比较小,因而具有较好的可比性。但同时这种方法运用较少的变量甚至单一变量,作为指标评判值值,可信度较低。

(5)灰色评价法

灰色评价法认为通常在确认道路交通安全水平时,是不可能知道全部信息指标的。运用灰色理论的“非唯一性”原理,通过对少量已掌握的部分信息的筛选、加工、延伸和扩展等,将道路交通安全水平确定在某一灰域内,以实现对道路交通安全整体水平的评价。当在评价时,已掌握的信息较少时,通常选用灰色评价法。如果能够掌握较为全面的数据,灰色评价法便会有其局限性。灰色评价方法虽然能够对道路安全进行整体评价,且算法清晰,但评价方法过于复杂,不利于具体实施。

(6)加权要素分析法

加权要素分析法又叫作择优矩阵法,是一种对系统的多项评价指标进行综合评价的系统评价方法。首先要选出能够对于安全评价中有各种影响的评价因素,接着对比各个评价因素对于道路安全和安全隐患点段的影响效果或权重值;然后就上述每一个评价因素进行单独的评分,综合各评价因素的分值和各自所占的权重后得出综合评价值。综合评价值会规定最低得分,大于最低得分才会被选择,综合分值最高即最好的方案。这种方法能够很好地将多项评价因素进行系统综合的评价,而且操作简便。但是在评价过程中权重确立时,主观因素较强,如果仅凭人为加权评价,严谨性不高,不具有说服性。

2)综合评价方法

综合评价包括层次分析法和模糊数学评价方法。为多因素和多层次分析方法,在解决多因素指标综合为一个或若干个指标的评价过程中有其不可比拟的优越性。因此,考虑到农村地区平交路口评价体系较庞大且全面的特点和评价实施的便捷性与可操作性,本书研究选用综合评价方法对农村地区平交路口进行安全性综合评价,首先利用该方法对农村地区平交路口交通事故主要影响因素进行权重计算,从而获得各层指标的权重矩阵;其次利用模糊数学评价原理,确定评语集,从而得到各层指标的模糊评价矩阵。最终,确定各层指标的安全性能,以提高对农村地区平交路口安全性综合评价指标提升地有效性与科学性。

(1)层次分析法

层次分析法是将平交路口安全性指标中半定性、半定量问题转化未定量问题的一种行之有效的方法,其基本思想是将复杂的评价对象进行合理排序,并通过逐层分类对多种相关因素之间进行两两比较和判断,最终计算出各个评价指标的相对权重系数,即权重。这种方法的主要优点是各项指标逻辑明确、层次清晰,并且操作简便,可实施性高。能够将各项指标的权重计算清楚,有利于将道路安全评价中的影响因素进行比较。

(2)模糊数学评价法

模糊评价是利用模糊数学的基本理论——隶属度来将模糊信息定量化,同时合理地选择因素域值,再利用传统数学方法对多因素进行定量评价,从而科学地得出评价结论的一种方法。在评价过程中,影响道路交通事故安全评价的评价因素较多每个评价因素可进一步分为许多子因素。模糊数学评价方法能够使得各个等级之间的评分阈值更具有说服力与科学性。

5.4.2 评价等级的建立

安全评价作为一个多系统、多层次的复杂问题,常有许多定性因素穿插交融在复杂的评价问题之中,既含有确定性因素,又包含不确定性因素,要求人们凭借经验、知识和智慧参与评判。根据农村道路特有的情况、农村道路安全评价的可操作性和对道路中对事故发生时较多影响因素的分析,得出交通事故与速度之间的关系和导致交通事故相关的道路条件因素、道路环境因素、驾驶员因素与车辆因素。考虑到以上诸多因素,选择适合本书研究的层次分析法和模糊数学评价法进行评价说明。

1)层次分析法的构建步骤

层次分析法的基本思想是将复杂的评价对象进行合理排序,并通过逐层分类对多种相关因素之间进行两两比较和判断,最终计算出各个评价指标的相对权重系数,即权重。首先要建立层次结构模型,建立判断矩阵就是要把各层次因素进行排序,然后将层次因素的相对重要程度进行两两比较,之后将层次单排序,计算本层元素重要性次序的权值,它包括判断矩阵的计算和一致性检验两个部分。最后进行层次总排序,计算最底层所有指标相对总目标层的权值。

2)模糊数学评价

在采用模糊评判时,一般采用二级综合评判模型。模糊综合评价的主要内容是在确定评价对象的基础上，建立评价因素集和评价集，在此基础上通过确定隶属函数，得到模糊关系矩阵，然后通过评价向量确定评价路段的安全等级。

(1)模糊综合评判的构建过程

模糊评价最重要的三个要素是要构建指标的因素集、确定评判集和确定评判矩阵。在道路安全性指标评价细则的基础上，根据评价目标可构建相对应的因素集，划分指标的等级区间，确定评判集。在因素集中的每一个因素做一个评判，则可以得到因素集对评判集的一个模糊映射，然后由模糊映射诱导出模糊关系，得到模糊矩阵。通过各项指标的权重，得到指标的权重矩阵。最终由权重构成的权重矩阵与模糊矩阵，二者相乘得到最终的评判矩阵，采用最大隶属度判别准则，安全等级隶属于评判矩阵中的最大值。

(2)等级的区分

在本书研究中，所有评级等级的判定都分为三个等级，即A、B、C，分别对应描述的安全服务水平为安全等级、较安全等级和不安全等级。受到主观因素判定较强的评价指标，只保留两个等级，为最优级和最差级，分别对应的是安全等级和不安全等级。比如隔离管理评价、防护种类和监管设备等多项指标。这样设定的目的主要是针对评价指标对道路安全最终所造成的影响结果，在道路条件或者是道路环境中大多数存在的设施为硬性设施，因此在评价此类指标时，忽略中间的过渡因素，但在评价集的构建和确定隶属函数时，均按照三个等级进行计算。当评价指标本身即三个等级时，则按照公式进行计算。具体等级边界值见表5-69。

农村地区安全性综合评价等级　　表5-69

安全服务水平	A	B	C
评分范围	85~100	70~85	0~70

5.4.3 指标评价隶属函数

1)构建评价集

根据农村道路安全性指标评价细则的基础上，根据评价目标可构建相对应的评价因素集 $U=\{u_1,u_2,\cdots u_m\}$，$m=1,2,\cdots,n$。

又根据评价标准，令评价集 $V=\{v_1,v_2,v_3\}$。

其中，v_1为安全等级，v_2为较安全等级，v_3不安全等级，且令70、85为各等级临界值。

构建全向量A，根据评级指标的绝对权重可确定全向量A。

$$A=(a_1,a_2,\cdots,a_m)\qquad(m=1,2,\cdots,n)\tag{5-9}$$

依据确定的隶属函数和指标评分值，可得到模糊矩阵 R，通过全向量 A 和模糊矩阵关系 R，确定模糊矩阵 $R=(r_{ij})_{n\times m}$。首先，对每一个因素 u_i 做一个评判 $f(u_i)$ $(i=1,2,\cdots,n)$，则可以得 U 到 V 的一个模糊映射 f，即

$$f:U\rightarrow F(V),u_i\rightarrow f(u_i)=(r_{i1},r_{i2},\cdots,r_{im})\in F(V)$$

然后由模糊映射 f 可以诱导出模糊关系 $R_f\in F(U\times V)$，即

$$R_f=(u_i,v_i)=f(u_i)(v_i)=r_{ij}\qquad(i=1,2,\cdots,n;j=1,2,\cdots,m)\tag{5-10}$$

因此可以确定出模糊矩阵 $R=(r_{ij})_{n\times m}$。

依据模糊评价的相关理论，有评价向量 B：

$$B=A\cdot R=(a_1,a_2,\cdots,a_m)\begin{bmatrix}r_{11}&r_{12}&\cdots&r_{1n}\\r_{21}&r_{22}&\cdots&r_{2n}\\\vdots&\vdots&\vdots&\vdots\\r_{m1}&r_{m2}&\cdots&r_{mn}\end{bmatrix}=(b_1,b_2,\cdots,b_n)\tag{5-11}$$

式中：n——评级等级，$n=1$、2、3，分别对应安全等级、较安全等级、不安全等级。

最后则可确定评价对象的得分 B'：

$$B'=\sum_{j=1}^{n}(B_J\cdot V_i)\tag{5-12}$$

采用最大隶属度判别准则，安全等级隶属于 $r_{i\max}(i=1,2,3,\cdots,m)$。

2）等级隶属函数的确立

（1）确定 A 等级隶属函数 $e_{v_1}(x)$

显然，x 越大，对 v_1 的隶属度也就越大，因此可选取半梯形分布：

$$e_{v_1}=\begin{cases}0 & x\leqslant c-a\\ \dfrac{1}{2a}[x-(c-a)] & c-a<x\leqslant c+a(a>0)\\ 1 & x>c+a\end{cases}\tag{5-13}$$

设定评分值模糊度为 5，则有 $a=5$，为使函数有较好的隶属度评分值，x 为 85 时，则对 v_1 的隶属度为 $e_{v_1}(85)=0.5$，有 $c=85$，则有：

$$e_{v_1}=\begin{cases}0 & x\leqslant 80\\ \dfrac{1}{10}(x-80) & 80<x\leqslant 90\\ 1 & x>90\end{cases}\tag{5-14}$$

（2）确定 B 等级隶属函数 $e_{v_2}(x)$

选择梯形分布：

$$e_{v_2}=\begin{cases}0 & 0\leqslant x\leqslant c-a\\ \dfrac{1}{2a}[x-(c-a)] & c-a<x\leqslant c+a\\ 1 & c+a<x\leqslant d-a(a>0)\\ \dfrac{1}{2a}(d+a-x) & d-a<x\leqslant d+a\\ 0 & x>d+a\end{cases} \tag{5-15}$$

设定评分模糊度为5，则有 $a=5$，则对v_2的隶属度为$e_{v_2}(70)=0.5$，有 $c=70$，$d=85$，则有：

$$e_{v_2}=\begin{cases}0 & 0\leqslant x\leqslant 65\\ \dfrac{1}{10}(x-65) & 65<x\leqslant 75\\ 1 & 75<x\leqslant 80(a>0)\\ \dfrac{1}{10}(90-x) & 80<x\leqslant 90\\ 0 & x>90\end{cases} \tag{5-16}$$

(3)确定 C 等级隶属函数$e_{v_3}(x)$

显然，x 越大，则对v_3的隶属度越小，因此可选择降半梯形分布。

$$e_{v_3}=\begin{cases}0 & x\leqslant c-a\\ \dfrac{1}{2\mathrm{a}}[x-(c-a)] & c-a<x\leqslant c+a(a>0)\\ 1 & x>c+a\end{cases} \tag{5-17}$$

设定评分模糊度为5，则有 $a=5$，则对v_3的隶属度为$e_{v_3}(70)=0.5$，有 $c=70$，则有：

$$e_{v_3}=\begin{cases}0 & x\leqslant 65\\ \dfrac{1}{10}(x-65) & 65<x\leqslant 75\\ 1 & x>75\end{cases} \tag{5-18}$$

5.4.4 安全性综合评价矩阵建立

由上述章节，可得农村地区平交路口安全性综合评价体系中指标因素较多，递阶层次结构较为复杂，因此，在这里仅进行整体举例说明，不对各层级中各指标分别叙述，同时在采用模糊综合评价时采取三级综合评判的方式进行安全性综合评价矩阵的建立，能够分别反映出当前交叉路口在不同层级中各方面指标的安全性能，从而更为有效且针对性地诊断出农村地区平交路口的病症所在，为后续合理科学地进行平交路口安全提升对策制定提供一定指导借鉴思路。

1)指标层C安全性综合评判

由上面章节,可得指标层C1～C16中各指标的权重矩阵,由于指标数目较多且赘述方式相同,在这里仅进行举例说明。

其中,指标层C的权重矩阵$A_{Ci}=(a_{D1},a_{D2},a_{D2},\cdots,a_{Dk})$。同时将对指标层D中各指标的评价分值分别代入各等级所对应的隶属函数,从而求得指标层C_i的基础模糊矩阵R_{Ci},相关矩阵如下式所示:

$$R_{Ci}=\begin{bmatrix} r_{11} & r_{12} & \cdots & r_{1n} \\ r_{21} & r_{22} & \cdots & r_{2n} \\ \vdots & \vdots & \vdots & \vdots \\ r_{m1} & r_{m2} & \cdots & r_{mn} \end{bmatrix}$$

对指标层C中每一指标进行安全性综合评定,得到评价向量B_{Ci}:

$$B_{Ci}=A_{Ci}\cdot R_{Ci}=(a_{D1},a_{D2},a_{D3},\cdots,a_{Dk})\cdot\begin{bmatrix} r_{11} & r_{12} & \cdots & r_{1n} \\ r_{21} & r_{22} & \cdots & r_{2n} \\ \vdots & \vdots & \vdots & \vdots \\ r_{m1} & r_{m2} & \cdots & r_{mn} \end{bmatrix}=(b_1,b_2,\cdots,b_k)$$

采用最大隶属度判别准则,安全等级属于$b_{\max}$所对应等级,进而评价得到当前农村地区平交路口的指标层C中各指标的安全性能状况。

2)准则层B安全性综合评判

其中,指标层B的权重矩阵$A_{Bi}=(a_{C1},a_{C2},a_{C3},\cdots,a_{Ck})$。同时将对指标层C中各指标的安全性综合评判矩阵进行组合,从而构成指标层B_i的基础模糊矩阵R_{Bi},相关矩阵如下式所示:

$$R_{Bi}=\begin{bmatrix} r_{11} & r_{12} & \cdots & r_{1n} \\ r_{21} & r_{22} & \cdots & r_{2n} \\ \vdots & \vdots & \vdots & \vdots \\ r_{m1} & r_{m2} & \cdots & r_{mn} \end{bmatrix}$$

对指标层B中每一指标进行安全性综合评定,得到评价向量:

$$B_{Bi}=A_{Bi}\cdot R_{Bi}=(a_{B1},a_{B2},a_{B3},\cdots,a_{Bk})\cdot\begin{bmatrix} r_{11} & r_{12} & \cdots & r_{1n} \\ r_{21} & r_{22} & \cdots & r_{2n} \\ \vdots & \vdots & \vdots & \vdots \\ r_{m1} & r_{m2} & \cdots & r_{mn} \end{bmatrix}=(b_1,b_2,\cdots,b_k)$$

采用最大隶属度判别准则，安全等级属于b_{max}所对应等级，进而评价得到当前农村地区平交路口的指标层B中各指标的安全性能状况。

3）目标层A安全性综合评判

其中，指标层A的权重矩阵$A_{Ai}=(a_{B1},a_{B2},a_{B3},\cdots,a_{Bk})$。同时将对指标层B中各指标的安全性综合评判矩阵进行组合，从而构成指标层A_i的基础模糊矩阵R_{Ai}，相关矩阵如下式所示：

$$R_{Ai}=\begin{bmatrix} r_{11} & r_{12} & \cdots & r_{1n} \\ r_{21} & r_{22} & \cdots & r_{2n} \\ \vdots & \vdots & \vdots & \vdots \\ r_{m1} & r_{m2} & \cdots & r_{mn} \end{bmatrix}$$

最终，对指标层A中每一指标进行安全性综合评定，得到评价向量：

$$B_{Ai}=A_{Ai}\cdot R_{Ai}=(a_{A1},a_{A2},a_{A3},\cdots,a_{Ak})\cdot\begin{bmatrix} r_{11} & r_{12} & \cdots & r_{1n} \\ r_{21} & r_{22} & \cdots & r_{2n} \\ \vdots & \vdots & \vdots & \vdots \\ r_{m1} & r_{m2} & \cdots & r_{mn} \end{bmatrix}=(b_1,b_2,\cdots,b_k)$$

采用最大隶属度判别准则，安全等级属于b_{max}所对应等级，进而整体上评价得到当前农村地区平交路口综合安全性能，为全面提升平交路口安全通行水平提供强有力的支撑。

5.5 评价实施说明

在上述所构建的农村地区平交路口安全性综合评价体系的基础上，为便于安全评价人员能够更为明确且快速地对农村地区平交路口进行安全评价，以有效合理地组织安全评价工作，并简化评价工作后期复杂的计算过程。因此，本书研究从评价准备、评价流程、评价工具对农村地区安全性综合评价工作进行指导，提高评价人员的工作效率与工作质量，从而提升农村地区平交路口评价的准确性。

5.5.1 评价准备

1）评价工具

依据本书研究所提出农村地区平交路口安全性综合评价体系中的评价指标，主要评价工具为测距望远镜、轮式测距仪、坡度测量仪、计时器、雷达测速仪、角度测量仪、直尺。评价工具准备清单见表5-70。

评价工具准备清单

表 5-70

序　　号	评 价 指 标	测 量 仪 器
1	交叉间距、路侧单调性、标志视认距离	测距望远镜、激光测距仪等
2	车道宽度	轮式测距仪、米尺等
3	进口道坡度	坡度测量仪等
4	信号周期	计时器等
5	速度、速度差	雷达测速仪、激光测速枪等
6	转弯半径	直尺等
7	标志角度	角度测量仪等

2)评价内容

在上文所提出的农村地区平交路口安全性综合评价体系的基础上,在此进一步提炼梳理出了各指标的评价内容,以便评价人员学习评价方法,提高评价效率。具体评价清单见表 5-71。

指标评价内容清单

表 5-71

序　　号	评 价 指 标	评 价 内 容
1	路面完整度	交叉路口路面完好与平整状况
2	路面摩擦性能	交叉路口路面光滑程度
3	交叉路口间距	相邻交叉路口距离
4	交叉类型	交叉路口形式
5	交叉角度	交叉路口相交角度值
6	标志视认距离	视认距离
7	标志信息饱和度	一定区域内标志牌数目
8	标志倾斜角度	倾斜角度值
9	边坡	防护水平状况
10	路肩	路肩铺设类型
11	路侧环境	附近环境开阔状况
12	转弯半径	交叉路口处平面线形状况
13	坡度	进口道纵坡坡度值
14	标线清晰度	交叉路口标线模糊状况
15	标线完整度	标线施划类型完备状况

续上表

序 号	评价指标	评价内容
16	慢行过街秩序	行人或非机动车通行秩序及过街距离
17	进出口机动车道	进出口车道数目匹配状况
18	转弯顺畅度	车辆行车轨迹
19	中央隔离	中央对向车流分隔状况
20	防护种类	护栏防撞等级
21	护栏端头	端头处理状况
22	交通信息监测设备	交通信息监测设备布设状况
23	信号周期	交叉路口信号总周期时长
24	信号相位	交叉路口放行冲突点数目
25	夜间视认性	交叉路口视觉辨认设施布设状况
26	排水设施类型	排水设施开放程度
27	景观遮挡	交通设施遮挡状况
28	景观变化	路侧景观变化间距
29	三角区视距	三角区区域视认状况
30	速度	车辆超速状况
31	速度差	不同路段间车辆速度差值

5.5.2 评价流程

1)前期工作

调查评价人员抵达评价地点前,应首先确定评价地点所属道路的设计速度指标值,正确选择高等级与低等级、有信号与无信号控制交叉路口的相应评分细则表与打分表,印制完备的评价材料,以便评价工作进展顺利。同时,评价人员应仔细研读评分细则表与评价打分表,明确各指标打分规则与打分方法,以提高现场调查时评价人员评价的合理性与准确性,进而提升平交路口安全性综合评价的科学性。

2)人员安排

提前到达调查地点,评价过程中应至少以两人一组的形式开展工作,一人记录,另一人借助仪器进行相关指标测量。若实施难度较大,可适当增加人数。并以多组人员多次打分的形式开展,权衡多组分值,以提高平交路口安全性评价精度。

3)实地调查

农村地区平交路口调查过程中,评价人员应选取交叉路口处安全、视野开阔且能够准确进行相应指标评价的地点,以便于调查人员能够快速观察交叉路口各进口道,并进行交叉路口安全性综合评价;同时,应首先记录好调查时间、地点、道路设计速度等基础数据,其次,评价人员应秉承严谨、负责、认真的工作态度,准确地遵循评价打分细则与打分内容,科学合理地进行各指标打分。

4)数据整理与录入

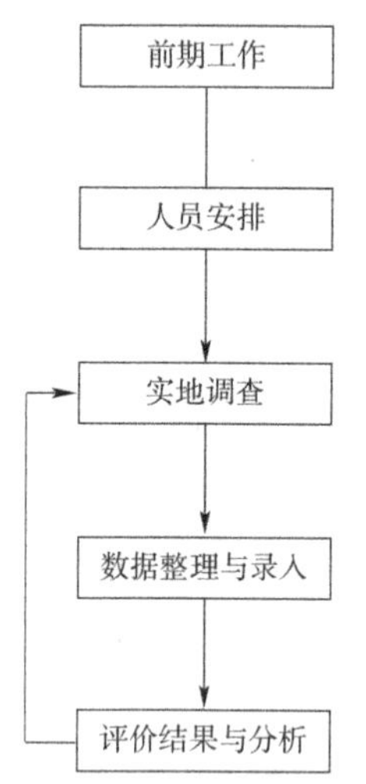

图 5-19 平交路口安全性评价基本流程

通过前期实地调查,应将同一平交路口的多组评价分值进行汇总,录入 Excel 软件当中,并计算其各评价指标的平均分值;记录平均分值并将其录入平交路口安全性综合评价计算工具,以利用评价工具对各层指标进行安全等级评定。

5)评价结果与分析

利用平交路口安全性综合评价计算工具,求解得到目标层 A、准则层 B 及指标层 C 中各指标的安全评定等级——安全、较安全、不安全;由此,参照安全评定结果,结合现状平交路口运行状况,深入分析并对调查平交路口进行专项整治提升,以达到该平交路口在人、车、路、环境相互作用的影响下实现和谐统一且可持续的安全通行环境。

平交路口安全性评价基本流程如图 5-19 所示。

5.5.3 评价工具设计

1)设计目标

本工具设计的目的是为评价人员提供一种能够快速利用模糊层次评价方法进行农村地区平交路口安全性综合评价的辅助计算方法,实现各指标评分数据的输入,各指标层 C、准则层 B、目标层 A 的安全性综合评价的功能。依托 Excel 内嵌函数计算功能,本工具以交叉路口安全性指标评价分值为基础,以安全性综合评价体系及方法为核心,以实现农村地区平交路口安全性指标信息采集与评价,为道路交通安全管理和改善提供支持。

2)总体功能设计

评价系统中各模块间承上启下、相互关联,通过各指标权重值、评价分值、模糊矩阵等数据来实现安全评价信息的更新与传递。总体上评价工具设计功能主要围绕设计目标展开，总共划分为五大功能模块，主要为评价指标模块、基础模糊矩阵建立模块、C 层指标安全等级评定模块、B 层指标安全等级评定模块和 A 层指标安全等级评定模块，总体结构如图 5-20 所示。但需要注意的是，本书研究还对农村地区有信号与无信号控制交叉路口、高等级与低等级道路下进行了应用工具上的区分。

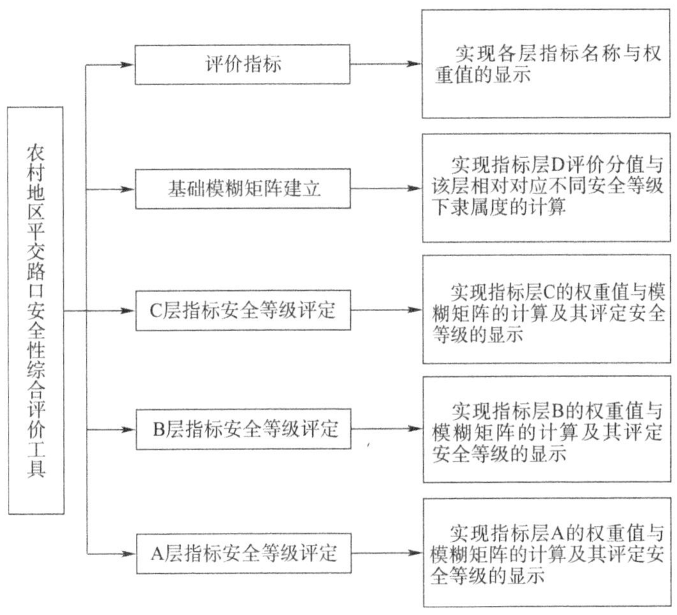

图 5-20　农村地区平交路口安全性综合评价工具总体结构

3）模块内容设计

（1）评价指标模块

评价指标模块主要是进行工具计算框架的搭建，层次分明地显示目标层 A、准则层 B、指标层 C、指标层 D 中所包含的指标内容及各指标所对应的权重值，以便后续矩阵计算的参考及修改。

（2）基础模糊矩阵建立模块

基础模糊矩阵建立模块主要是针对评价人员对指标层 D 中各指标评价分值的输入，并利用 EXCEL 输入各等级的隶属函数，求解各等级所对应的隶属度数值，从而建立基于指标层 D 的模糊矩阵，以作为下一层的安全等级评定的基础。

（3）C 层指标安全等级评定模块

C 层指标安全等级评定模块主要是利用上一模块所构建的模糊矩阵与指标层 D 中各指标权值所组成的权重矩阵，进行二者间的矩阵运算，从而得到 C 层安全等级评定矩阵，按隶属度最大原则，最终对该层各指标进行安全等级评定。

(4)B 层指标安全等级评定模块

B 层指标安全等级评定模块主要是利用 C 层指标所构建的模糊矩阵(各指标对应的安全等级评判矩阵)与指标层 C 中各指标权值所组成的权重矩阵，进行二者间的矩阵运算，从而得 B 层安全等级评定矩阵，按隶属度最大原则，最终对该层各指标进行安全等级评定。

(5)A 层指标安全等级评定模块

A 层指标安全等级评定模块主要是利用 B 层指标所构建的模糊矩阵(各指标对应的安全等级评判矩阵)与指标层 B 中各指标权值所组成的权重矩阵，进行二者间的矩阵运算，从而得到 A 层安全等级评定矩阵，按隶属度最大原则，最终对该层各指标进行安全等级评定，进而确定该农村地区平交路口的综合安全性能。

第6章　安全性评价案例分析

6.1　研究思路

6.1.1　分类评价必要性

平交路口是交通事故的高发地点，是交通流集中、实现转向的地方，其混合交通现象相对较明显，情况更为复杂。针对农村公路交叉路口有无信控设备主要分为两大类：一类是无信号交叉路口，农村公路的交叉路口中以支路与国省道的交叉居多，此类交叉路口距离较近，交叉路口尺寸较小，多为无信号交叉路口；另一类为有信号交叉路口，农村公路的交叉路口中还存在国省道与国省道的交叉，此类交叉路口距离相对较远，交叉路口尺寸较大，多为有信号交叉路口。

无信号交叉路口又可以分为全无控制交叉路口和主路优先控制交叉路口。主路优先控制交叉路口又分为停车控制交叉路口和减速让行控制交叉路口。目前在农村公路上全无控制的交叉路口较为常见，对于部分农村地区的支路与国省道的交叉路口中，当国省道的交通量较大、在不设置信号灯的情况下通常采用停车控制、减速让行。无信号交叉路口，当其流量较小时，可以有效减少延误，提高通行效率；当出现支路与国省道流量相交，主路流量相对较大、支路流量较小时，可采取让主路车辆优先通行，即设置主路优先控制交叉路口，包括停车让行控制型交叉路口、减速让行控制型交叉路口，能够充分保证主路的通行效率，同时也保证了支路的通行效率，使得交叉路口的总延误较小；无信号交叉路口可以减少信号设备的投资和维修费用。但是对于无信号交叉路口，普遍存在很多的问题：第一，驾驶员不遵守交通规则，不减速、停车让行，易引发交通事故的发生；第二，无信号交叉路口仅适用于流量较小的情况，当流量较大时，无信号交叉路口会产生较大的延误；第三，当交叉路口较大时，行人过街时间较长，没有安全保证。

信号控制交叉路口指的是使用信号机控制交通流的交叉路口，是整个交通系统中一个最为复杂的环节。农村公路中数量较少，常出现在国省道与国省道的交叉中,且常在流量较大的交叉路口使用。交通信号控制的目的是在与交通量相适应的基础上,用时间比分配给相互交错的交通流通行权,以形成畅通且有秩序的交通流。优点在于在时间上将相互冲突的交通流进行分离,使之能安全、迅速地通过交叉路口。缺点是增加了延误和停车的次数;增加了信号设备的投资和维修费用。

因此,在农村地区平交路口安全性综合评价中对信号控制交叉路口与无信号控制交叉路口进行了区分,分别选取信号控制与无信号控制交叉路口进行安全性综合评价,从而提升农村地区平交路口安全性综合评价的有效性与科学性,以更好地为道路交通管理者提供精准的安全性指导。

6.1.2 基本思路

根据前述提出的农村地区平交路口安全性综合评价方法,分别选取农村地区无信号控制平交路口与信号控制平交路口作为评价对象,采用以案例为主、以仿真为辅作为基本原则,利用平交路口改造前后对比的方式对该评价方法进行合理性与准确性验证。

1)交叉路口现状分析

在进行农村公路平交路口安全性评价方法验证前,应通过实地现场调查的方式,充分了解并广泛获取交叉路口的已有现状情况,如相交道路基本属性情况、几何设计情况、交通环境情况、道路条件情况等,从而有助于加快后续评价所需数据采集的效率与准确性。

2)现场打分评价

在安全评价期间,现场打分评价阶段是评价人员抵达实地信号控制或无信号控制平交路口,合理选择并利用农村地区平交路口打分表与评价细则表,对实地平交路口进行安全性综合评价。

该阶段主要分为两部分。一是进行平交路口改造前的安全性综合评价,即针对现状农村地区平交路口进行有效且全方位地对各安全性指标分值划定,并针对相应的安全性指标,提出合理的安全改善实施建议;二是进行平交路口改造后的安全性综合评价,即针对提出的安全改善提升建议,前期所评价的交叉路口采取实施改造提升计划后,对其进行二次安全性综合评价,并对各安全性指标分值重新划定。通过改造前与改造后的平交路口安全性综合评价结果的对比分析,能够精准捕捉安全隐患之所在,从而更为准确地验证了本书研究所提出的农村地区平交路口安全性综合评价的合理性与有效性。

3)仿真模拟评价

在安全评价期间,仿真模拟评价阶段是借助 VISSIM 交通仿真软件来实现所评价信号控制或无信号控制平交路口的模拟场景,并通过观测平交路口仿真场景下的交通流基本评价指标,从而达到能够反映出平交路口在改造前后的行车环境安全提升变化的方法验证目的。

该阶段主要分为两部分。一是进行平交路口改造前的模拟仿真,采集仿真场景中的各方向出口车辆平均速度作为评价指标,并利用方差分析来反映评价水平;二是进行平交路口改造后的模拟仿真,对仿真场景下的所需交通流基本评价指标进行二次采集,并利用方差分析来反映评价水平。通过改造前后平交路口仿真场景模拟中各交通流基本评价指标的对比分析,能够清晰地体现出改造前后车辆行驶环境中的安全度与顺畅度程度,从而进一步验证本书研究所提出的农村地区平交路口安全性综合评价的合理性与有效性。

6.2 无信号控制平交路口案例分析

6.2.1 案例概况

该交叉路口大致位于山东省青岛市黄岛区老城区边界区域,周边以河流、村庄楼房为主,是由风河北路与琅玡台路所形成的无信号控制平交路口,南北进口为琅玡台路,且为交通型道路,车速较高,交通量较大,东西进口为风河北路,车流量较小,慢行交通所造成的横向干扰较大。琅玡台路主要为双向四车道,其中北进口有两条直行车道,南进口无施划标线;风河北路为沿河道路,均未施划标线,其中东进口车辆能够通行,西进口由于布设隔离柱,行驶车辆无法驶入。该交叉路口是交通出行者主要的通勤途经道路,时间规律特性较为明显,且非机动车辆和行人流量较大,横向干扰较大,对道路的正常通行造成了影响。其地理区位状况如图6-1所示,基本情况如图6-2所示。

图6-1 无信号控制交叉路口区位图

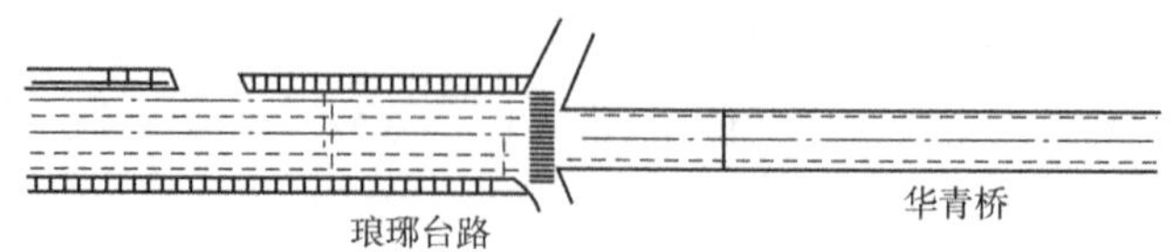

图 6-2 无信号控制交叉路口现状图

6.2.2 现场评价

1)改造前安全性评价

通过对该无信号控制交叉路口现场调查,结合本书研究所提出的农村地区平交路口安全性综合评价方法,该交叉路口的各安全性指标概况及评价分值如表 6-1 所示。

无信号控制交叉路口改造前安全性指标概况及评价分值 表 6-1

序号	安全性指标	基本概述	平均分值
1	路面完整度	路面较为完好,存在少部分裂缝,平整度一般,安全等级中等	83
2	路面摩擦性能	路面平滑,摩擦性能较差,安全等级中等	71.33
3	交叉路口间距	主路为交通型高等级道路,相邻交叉路口的间距小于 1000m,不符合要求,安全等级较低	44.33
4	交叉角度	为非正交型规则交叉路口,安全等级较低	64
5	交叉类型	交叉路口角度超出规定范围,安全等级中等	62.33
6	标志视认距离	视认距离符合条件,安全等级较高	85.66
7	标志信息饱和度	信息量少,能够完全识别,安全性较高	87.66
8	标志倾斜角度	标志角度适中,安全性较高	87.66
9	边坡	边坡坡度较陡但稳固性强,安全等级中等	71.33
10	路肩	各方向路面均设有硬路肩,安全等级较高	86.66
11	路侧环境	路侧有河流和地势低洼区域,安全等级较低	53
12	线形半径	平面线形符合要求设计半径值适宜,安全等级较高	89.66
13	坡度	进口道纵坡较小,符合标准,安全等级较高	86.66
14	标线清晰度	各方向标线清晰度较差,安全等级低	32

续上表

序号	安全性指标	基本概述	平均分值
15	标线完整度	标线施划种类不齐全,存在大量缺失,安全等级较低	27.66
16	进出口机动车道	南北方向进出口车道数目不一致,存在拥堵现象,安全等级较低	56
17	转弯顺畅度	交叉路口处南进口右转车辆转弯顺畅度较差,转弯难度较大,安全等级较低	49
18	慢行过街秩序	慢行过街秩序较混乱,过街距离适中,安全等级中等	73
19	中央隔离	道路仅施划中央分隔线,安全等级较低	66
20	防护种类	护栏防撞水平较低,安全等级较低	40
21	防护端头	护栏端头均处理不当,安全等级较低	32
22	交通信息监测设备	存在信息监控设备,安全等级较高	86
23	夜间视认性	桥面缺乏照明设施,而北出口布设有较为少量的照明设施,相应设施缺失,视认性较差,安全等级较低	35
24	排水设施	排水设施缺失,安全等级较低	42
25	景观遮挡	路侧交通设施视认明显,无遮挡现象,安全等级较高	90
26	景观变化	路侧景观变化明显,变化频率小于5km,符合条件,安全等级较高	91.33
27	三角区视距	部分方向三角视距较差,安全等级中等	71.66
28	速度	交叉路口处不存在超速现象,安全等级较高	64.33
29	速度差	路段速度差值较小,安全等级较高	55.33

针对上述安全性指标基本状况,利用本书研究所提出的农村地区平交路口安全性综合评价工具,对该交叉路口进行各层级间各指标的安全等级评价。具体评价结果如表6-2所示。

无信号控制交叉路口改造前安全性指标评价结果 表 6-2

<table>
<tr><th>目标层 A</th><th>准则层 B</th><th>指标层 C</th><th>指标层 D</th><th>安全等级（C）</th><th>安全等级（B）</th><th>安全等级（A）</th></tr>
<tr><td rowspan="29">无信号控制交叉路口安全性综合评价</td><td rowspan="13">道路条件</td><td rowspan="2">路面性能</td><td>路面完整度</td><td rowspan="2">较安全</td><td rowspan="13">安全</td><td rowspan="29">不安全</td></tr>
<tr><td>路面摩擦性能</td></tr>
<tr><td rowspan="3">接入管理</td><td>交叉路口间距</td><td rowspan="3">不安全</td></tr>
<tr><td>交叉角度</td></tr>
<tr><td>交叉类型</td></tr>
<tr><td rowspan="3">交通标志</td><td>标志视认距离</td><td rowspan="3">安全</td></tr>
<tr><td>标志信息饱和度</td></tr>
<tr><td>标志倾斜角度</td></tr>
<tr><td rowspan="3">横断面</td><td>边坡</td><td rowspan="3">较安全</td></tr>
<tr><td>路肩</td></tr>
<tr><td>路侧环境</td></tr>
<tr><td>平面</td><td>线形半径</td><td>安全</td></tr>
<tr><td>纵断面</td><td>坡度</td><td>安全</td></tr>
<tr><td rowspan="13">道路环境</td><td rowspan="5">交通渠化</td><td>标志清晰度</td><td rowspan="5">不安全</td><td rowspan="13">不安全</td></tr>
<tr><td>标志完整度</td></tr>
<tr><td>进出口机动车道</td></tr>
<tr><td>转弯顺畅度</td></tr>
<tr><td>慢行过街秩序</td></tr>
<tr><td>隔离管理</td><td>中央隔离</td><td>不安全</td></tr>
<tr><td rowspan="2">路侧防护</td><td>防护种类</td><td rowspan="2">不安全</td></tr>
<tr><td>防护端头</td></tr>
<tr><td>监管设备</td><td>交通信息监测设备</td><td>安全</td></tr>
<tr><td>视认特征</td><td>夜间视认性</td><td>不安全</td></tr>
<tr><td>道路排水</td><td>排水设施</td><td>不安全</td></tr>
<tr><td rowspan="2">路侧景观</td><td>景观遮挡</td><td rowspan="2">安全</td></tr>
<tr><td>路侧变化</td></tr>
<tr><td>驾驶员</td><td>视距</td><td>三角区视距</td><td>较安全</td><td>不安全</td></tr>
<tr><td rowspan="2">车辆</td><td rowspan="2">运行特征</td><td>速度差</td><td rowspan="2">不安全</td><td rowspan="2">较安全</td></tr>
<tr><td>速度</td></tr>
</table>

风河北路与琅琊台路交叉路口，属于无信号非正交型交叉路口，是典型的主路与支路交叉，南北方向为主路，交通流量较大，车道较宽，东西方向为支路，交通流量较小。此交叉路口属于全无控制交叉路口，虽设有监管设备，但由于通行规则不明显，车辆在交叉路口处无规则行驶，交通混乱程度较高。平峰时段虽可满足需求，但在高峰时段，车辆的通行效率较低，时常发生车辆溢流现象。道路安全设施完备性较差，行车安全措施有待提高。

该交叉路口为全无控制交叉路口，因该交叉路口为主路与支路相交，整体上交通流量较小，所以无信号的条件下也可较好地满足车辆通行，但因为东进口未设置单行道，南北方向的可以随意实行左右转，来自东进口的车辆也可同时进行左右转，导致冲突点较多，车流混乱，行人过街安全得不到保障，易引发交通事故。

此交叉路口存在的另一主要问题就是停车问题，首先是交叉路口停车让行问题，该交叉路口因南北方向为主路且车流量较大，即使在交叉路口处的视距条件满足要求，但为保证主路的通行能力，应对支路采取相应的限制措施，而在现状条件下，支路东进口上并未发现减速或停车让行标志和施划减速或停车让行的标线，这易导致主路上车辆的车流被打断，影响主路的通行能力，造成拥堵，影响交通安全。其次是交叉路口处随意停放车辆问题，因该交叉路口处有路段禁停标志，交叉路口处违规停车现象较少，保证交叉路口处良好的视距条件。

在速度方面，有限速抓拍装置，有效减少超速现象；该交叉路口的南进口为华清桥，缺少必要的限速标志；同时，作为支路的东进口未设置减速让行标志以及减速让行的标线；北进口较南进口的车道宽度宽，且北进口的车道数多于南出口的车道数，易导致车流汇集，速度降低，影响通行效率，会增大速度差，安全隐患增加，加上缺乏过渡设施，易发生车辆驶出路侧等危险状况。

2）改造后安全性评价（方案一）

针对上述改造前交叉路口现状问题，本研究就此提出了该交叉路口的安全提升改造措施，具体措施如下：

措施1：根据早晚高峰车流差异，设计华青桥潮汐车道，05:30—12:30为北向南2车道，匹配车流需求；13:00—05:00为南向北2车道。

措施2：将交叉路口东路段设计为单行道，只允许车辆出，同时设置花盆隔离，消除事故安全隐患点，保障交通安全有序运行。

措施3：增加了地面标志标线的完整度，使其清晰明了，增加驾驶员对道路环境的视认性。

措施4：重新规划了交通标志设施的合理性及其摆放位置，清晰简洁地表明道路条件和行驶状况。

措施5:对于路口的通行方式进行合理协调规划,增加了道路车辆的通行能力以及行车效率。

措施6:交叉路口一定范围内安装路侧护栏,提高护栏的防撞等级,并根据道路线形对护栏端部进行合理处理。

措施7:针对南北主路道路宽度变化处,通过施划标线、设置路侧护栏、设置渐变段,保证车辆安全。

通过对该无信号控制交叉路口进行合理的改造设计后,结合本书研究所提出的农村地区平交路口安全性综合评价方法,对该交叉路口的各安全性指标进行二次鉴定,其概况及评价分值如表6-3所示。

无信号控制交叉路口改造后安全性指标概况及评价分值(方案一)　　表6-3

序号	安全性指标	基本概述	平均分值
1	路面完整度	路面完好,无裂缝及坑槽,安全等级较高	92.33
2	路面摩擦性能	路面平滑,摩擦性能较差,安全等级中等	75.33
3	交叉路口间距	主路为交通型高等级道路,相邻交叉路口的间距小于1000m,不符合要求,安全等级较低	50
4	交叉角度	为非正交型规则交叉路口,安全等级较低	59
5	交叉类型	交叉路口角度超出规定范围,安全等级较低	67.33
6	标志视认距离	视认距离符合条件,安全等级较高	88.66
7	标志信息饱和度	信息量适中,能够完全识别,安全性较高	89.33
8	标志倾斜角度	标志角度适中,安全性较高	88.33
9	边坡	边坡坡度较陡但稳固性强,安全等级中等	84.33
10	路肩	各方向路面硬化水平较高,均设有硬路肩,安全等级较高	90
11	路侧环境	路侧有河流和地势低洼区域,安全等级较低	53

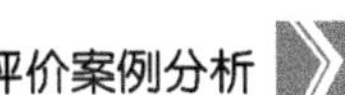

续上表

序　号	安全性指标	基本概述	平均分值
12	线形半径	平面线形符合要求设计半径值较大，安全等级高	91.66
13	坡度	进口道纵坡较小，符合标准，安全等级较高	92.33
14	标线清晰度	各方向标线清晰度较高，安全等级较高	94.66
15	标线完整度	标线施划种类齐全，安全等级较高	92.66
16	进出口机动车道	南北方向进出口车道数目一致，未出现拥堵冲突现象，安全等级较高	93.1
17	转弯顺畅度	各进口方向车辆转弯顺畅度较好，转弯难度较大，安全等级较高	96
18	慢行过街秩序	慢行过街秩序较好，各行其道，过街距离适中，安全等级较高	94
19	中央隔离	道路未设置隔离栏，仅施划中央分隔线，安全等级较低	68
20	防护种类	沿河方向增设对应的防撞护栏，安全等级较高	93
21	防护端头	各方向防撞护栏端头处进行安全化处理，安全等级较高	92.33
22	交通信息监测设备	布设有交通信息监测设备，安全等级较高	87.33
23	夜间视认性	各方向照明设施齐全，安全等级较高	89.66
24	排水设施	各方向排水设施齐全，安全等级较高	91
25	景观遮挡	路侧交通设施视认明显，无遮挡现象，安全等级较高	90.33
26	路侧变化	路侧景观变化明显，变化频率小于5km，符合条件，安全等级较高	91.33

续上表

序　号	安全性指标	基 本 概 述	平 均 分 值
27	三角区视距	各方向三角视距较好,安全等级较高	91.66
28	速度差	路段间速度差值较小,安全等级较高	82.33
29	速度	交叉路口处不存在超速现象,安全等级较高	87

针对上述安全性指标基本状况,利用本书研究所提出的农村地区平交路口安全性综合评价工具,对该交叉路口进行各层级间各指标进行二次安全等级评价。具体评价结果如表 6-4 所示。

无信号控制交叉路口改造后安全性指标评价结果(方案一)　　表 6-4

<table>
<tr><th>目标层 A</th><th>准则层 B</th><th>指标层 C</th><th>指标层 D</th><th>安全等级（C）</th><th>安全等级（B）</th><th>安全等级（A）</th></tr>
<tr><td rowspan="16">无信号控制交叉路口安全性综合评价</td><td rowspan="13">道路条件</td><td rowspan="2">路面性能</td><td>路面完整度</td><td rowspan="2">安全</td><td rowspan="13">安全</td><td rowspan="16">安全</td></tr>
<tr><td>路面摩擦性能</td></tr>
<tr><td rowspan="3">接入管理</td><td>交叉路口间距</td><td rowspan="3">不安全</td></tr>
<tr><td>交叉角度</td></tr>
<tr><td>交叉类型</td></tr>
<tr><td rowspan="3">交通标志</td><td>标志视认距离</td><td rowspan="3">安全</td></tr>
<tr><td>标志信息饱和度</td></tr>
<tr><td>标志倾斜角度</td></tr>
<tr><td rowspan="3">横断面</td><td>边坡</td><td rowspan="3">安全</td></tr>
<tr><td>路肩</td></tr>
<tr><td>路侧环境</td></tr>
<tr><td>平面</td><td>线形半径</td><td>安全</td></tr>
<tr><td>纵断面</td><td>坡度</td><td>安全</td></tr>
<tr><td rowspan="3">道路环境</td><td rowspan="3">交通渠化</td><td>标志清晰度</td><td rowspan="3">安全</td><td rowspan="3">安全</td></tr>
<tr><td>标志完整度</td></tr>
<tr><td>进出口机动车道</td></tr>
</table>

续上表

目标层 A	准则层 B	指标层 C	指标层 D	安全等级（C）	安全等级（B）	安全等级（A）
无信号控制交叉路口安全性综合评价	道路环境	交通渠化	转弯顺畅度	安全	安全	安全
			慢行过街秩序			
		隔离管理	中央隔离	不安全		
		路侧防护	防护种类	安全		
			防护端头			
		监管设备	交通信息监测设备	安全		
		视认特征	夜间视认性	安全		
		道路排水	排水设施	安全		
		路侧景观	景观遮挡	安全		
			路侧变化			
	驾驶员	视距	三角区视距	安全	安全	
	车辆	运行特征	速度差	较安全	较安全	
			速度			

针对现状存在的问题，对风河北路与琅琊台路交叉路口进行改造，根据该路口交通流量以及延误的具体情况，保持原来的无信号交叉路口，针对交叉路口存在的问题，采取了一系列安全管理措施，包括对车道功能的重新定义、对标志标线的重置、对路侧防护设施进行完善。

在无信号控制的条件下，为保证交叉路口的交通秩序以及南北主路的通行能力对东进口设置减速让行标志，施划减速让行标线，设置为减速让行交叉路口；同时将东进口设置为仅允许右转车道，减少交通冲突，对交通死点设置花盆隔离，在确保交叉路口良好视距的基础上，保证交通安全有序运行；通过设置护栏并对其端部按照道路线形进行特殊处理，结合标线的施划，解决交叉路口处南北主路车道宽度变化问题，保证行车安全。

针对交叉路口停车问题，主路上，南北进口施划有“车让人”的标线，保证行人过街的安全；支路上，对东进口实行减速停车让行，减少因支路对主路的干扰而导致的主路停车问题；在交叉路口内部施划网格线，禁止长时间停车，保证车辆有序通过交叉路口，解决交叉路口内部交通拥堵；设置禁停标志，禁止车辆在交叉路口处停车，保证驾驶员视距良好。

在速度方面，限速抓拍装置的设置，以及对南进出口为华清桥的限速标志，同时作为支路的东进口设置减速让行标志以及减速让行的标线，保证了车辆进入交叉路口时降低车速，有利于行车安全；对路面标线进行重新施划，补充原来缺失的导线箭头、减速让行标线等，有利于引导和限制驾驶员安全有序行驶，进一步减少交通事故的发生；通过对南进口车道进行改造，将原来的双向两车道改为中间为潮汐车道的双向三车道，有效缓解了潮汐交通出现的车道拥堵和车道空余现象，保证了行车的流畅性，提高了道路的通行能力。

3）评价结果对比分析（方案一）

如图6-3所示，目标层A的安全等级得到明显提高，这主要得益于从停车控制、速度控制、信号控制等方面对于交叉路口的各项指标的改造，改造较为合理。

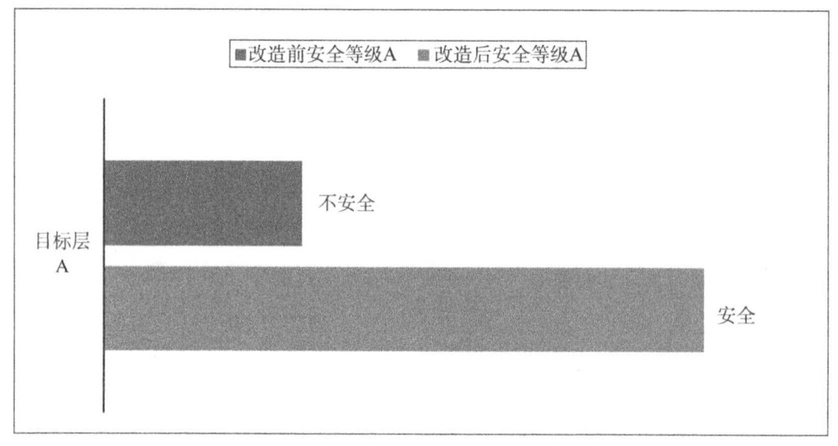

图6-3 无信号控制交叉路口A层指标改造前后安全等级对比

如图6-4所示，准则层B各指标改造前与改造后的安全等级变化较为明显。驾驶员、道路环境因素安全性都得到了相应提升。速度控制方面，对车辆行驶速度进行强制限制，通过增设限速标志、抓拍装置等设施减少车辆超速行为；在交叉路口管理控制方面，将原来的全无控制交叉路口改为优先控制交叉路口，改善了交叉路口的运行秩序；在停车控制方面，优化车辆的行驶路线，减少交叉路口、路段的车辆冲突，精细化地实现车辆协调控制，减少交叉路口停车次数，减少交通拥堵，全面提高道路通行能力。

如图6-5所示，在各评分指标中，通过对比分析发现指标层C在改造前后较多指标有明显的提升。总体来说,可以通过本书研究所设指标来评价道路的安全性,较直观地得到改造前后的安全改善效果,安全性能有较为明显的提升,改善合理可靠。

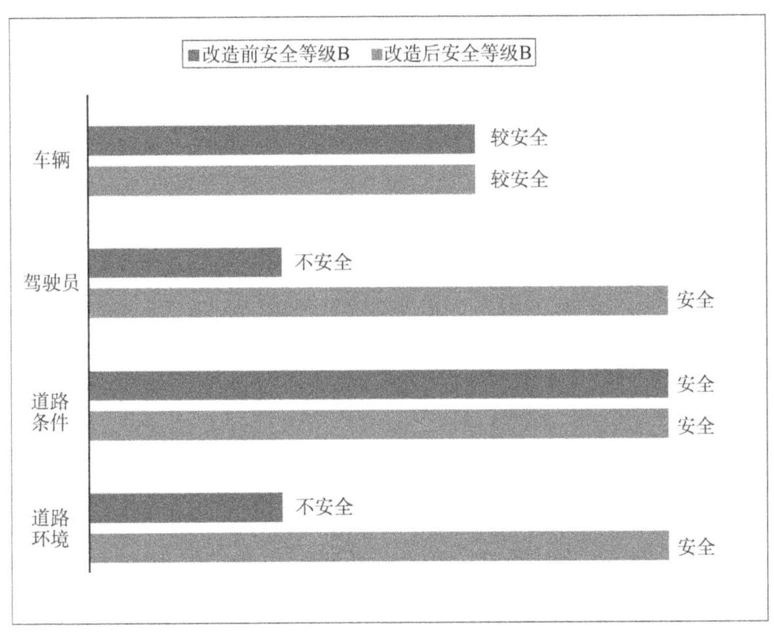

图6-4　无信号控制交叉路口B层指标改造前后安全等级对比

在停车控制方面,新设置的道路标志标线、车辆通行的引导指示标志,用于引导驾驶员,增加了道路行车的简便性;针对在不同时间段内车辆的通勤变化的不同,通过设置潮汐车道等方法,提高了道路通行效率,有效地减少了车辆在高峰时段内的行车溢流等现象的发生,提升了道路的疏散能力,满足了车辆行驶的需求。

速度控制方面,通过设置限速标志、抓拍系统等设施,强制性地降低驾驶员的行车速度,有效保障了道路行车的安全性。在改造后的交叉路口,驾驶员的视距得到明显的提升,能够使驾驶员尽早发现问题并及时采取正确的行为,如进行提前减速、停车、让行等,避免危险的发生。

信号控制方面,交叉路口采取停车让行管理,有效保障了运行秩序,保证了主路的通行效率;通过增设抓拍设备,增加驾驶员的警惕性,减少交叉路口、路段上车辆的超速等不安全行为,提高安全度。

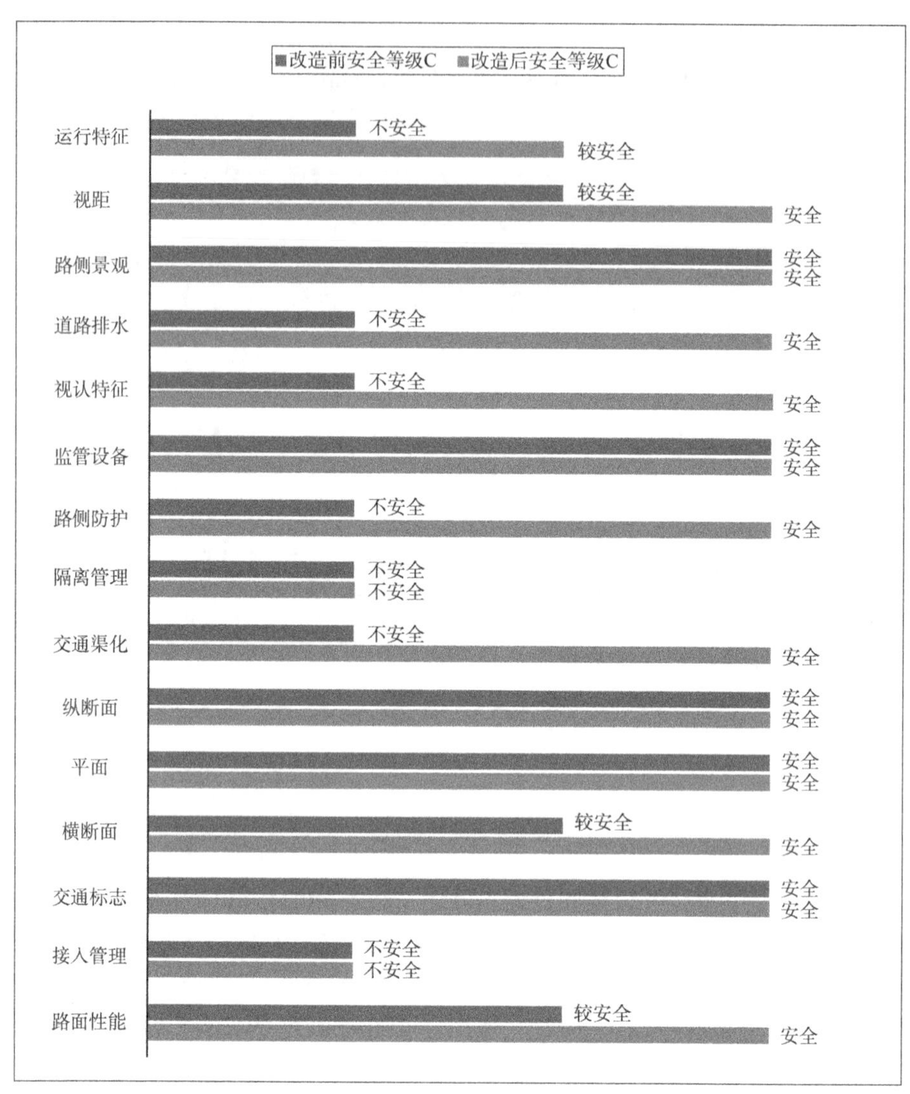

图 6-5 无信号控制交叉路口 C 层指标改造前后安全等级对比

4)改造后安全性评价(方案二)

针对上述改造前交叉路口现状问题,本书研究就此提出了该交叉路口的安全提升改造措施,具体措施如下:

措施 1:对华青桥进行拓宽,与琅琊台路同宽一体设计,改为双向四车道,并拓宽人行道宽度,增设中央护栏。

措施 2:将交叉路口东路段设计为单行道,只允许车辆出,减少了交通冲突点,

保证行车安全。

措施3:将南进口人行道长度向交叉路口内部适当延伸,缩短行人过街距离,同时消除事故安全隐患点,保障交通安全有序运行。

措施4:增加了地面标志标线的完整度,使其清晰明了,增加了驾驶员对道路环境的视认性。

措施5:重新规划了交通标志设施的合理性及其摆放位置,清晰简洁地表明道路条件和行驶状况。

措施6:增设路侧护栏,防止车辆驶出路外进入水域,同时对护栏端部进行合理处理。

通过对该无信号控制交叉路口进行合理的改造设计后,结合本研究所提出的农村地区平交路口安全性综合评价方法,对该交叉的各安全性指标进行二次鉴定,其概况及评价分值如表6-5所示。

无信号控制交叉路口改造后安全性指标概况及评价分值(方案二)　　表6-5

序　号	安全性指标	基本概述	平均分值
1	路面完整度	路面完好,无裂缝及坑槽,安全等级较高	95.1
2	路面摩擦性能	路面粗糙,摩擦性能较好,安全等级较高	89.33
3	交叉路口间距	主路为交通型高等级道路,相邻交叉路口的间距小于1000m,不符合要求,安全等级较低	61
4	交叉角度	为非正交型规则交叉路口,安全等级较低	55
5	交叉类型	交叉路口角度超出规定范围,安全等级较低	66.33
6	标志视认距离	视认距离符合条件,安全等级较高	91.66
7	标志信息饱和度	信息量适中,能够完全识别,安全性较高	89.33
8	标志倾斜角度	标志角度适中,安全性较高	88.33
9	边坡	边坡坡度较陡但稳固性强,安全等级中等	83.33
10	路肩	各方向路面均设有硬路肩,安全等级较高	92
11	路侧环境	路侧有河流和地势低洼区域,安全等级较低	55

续上表

序　号	安全性指标	基本概述	平均分值
12	线形半径	平面线形符合要求设计半径值较大,安全等级高	91.66
13	坡度	进口道纵坡较小,符合标准,安全等级较高	88.33
14	标志清晰度	各方向标线清晰度较高,安全等级较高	96.33
15	标志完整度	标线施划种类齐全,安全等级较高	93.66
16	进出口机动车道	南北方向进出口车道数目一致,未拥堵冲突现象,安全等级较高	92.1
17	转弯顺畅度	各进口方向车辆转弯顺畅度较好,转弯难度较大,安全等级较高	95
18	慢行过街秩序	慢行过街秩序较好,各行其道,过街距离适中,安全等级较高	89
19	中央隔离	道路未设置隔离栏,且施划中央分隔线,安全等级中等	81
20	防护种类	部分方向增设对应的防撞护栏,安全等级中等	79
21	防护端头	各方向防撞护栏端头处进行安全化处理,安全等级较高	95.33
22	交通信息监测设备	布设有交通信息监测设备,安全等级较高	87.33
23	夜间视认性	各方向照明设施齐全,安全等级较高	89.66
24	排水设施	各方向排水设施齐全,安全等级较高	91
25	景观遮挡	路侧交通设施视认明显,无遮挡现象,安全等级较高	93.33
26	路侧变化	路侧景观变化明显,变化频率小于5km,符合条件,安全等级较高	90
27	三角区视距	各方向三角视距较好,安全等级较高	91.66
28	速度差	路段速度差值较小,安全等级较高	82.33
29	速度	交叉路口处不存在超速现象,安全等级较高	87

针对上述安全性指标基本状况,利用本研究所提出的农村地区平交路口安全性综合评价工具,对该交叉路口进行各层级间各指标进行二次安全等级评价。具体评价结果如表6-6所示。

无信号控制交叉路口改造后安全性指标评价结果(方案二)　　表6-6

目标层A	准则层B	指标层C	指标层D	安全等级(C)	安全等级(B)	安全等级(A)
无信号控制交叉路口安全性综合评价	道路条件	路面性能	路面完整度	安全	安全	安全
			路面摩擦性能			
		接入管理	交叉路口间距	不安全		
			交叉角度			
			交叉类型			
		交通标志	标志视认距离	安全		
			标志信息饱和度			
			标志倾斜角度			
		横断面	边坡	安全		
			路肩			
			路侧环境			
		平面	线形半径	安全		
		纵断面	坡度	安全		
	道路环境	交通渠化	标志清晰度	安全	安全	
			标志完整度			
			进出口机动车道			
			转弯顺畅度			
			慢行过街秩序			
		隔离管理	中央隔离	较安全		
		路侧防护	防护种类	较安全		
			防护端头			
		监管设备	交通信息监测设备	安全		
		视认特征	夜间视认性	安全		
		道路排水	排水设施	安全		
		路侧景观	景观遮挡	安全		
			路侧变化			
	驾驶员	视距	三角区视距	安全	安全	
	车辆	运行特征	速度差	较安全	较安全	
			速度			

针对现状存在的问题,对风河北路与琅琊台路交叉路口进行动土改造,对华清桥进行拓宽重建,与琅琊台路同宽一体设计;基于该路口交通流量以及延误的具体情况,保持原来的无信号交叉路口;针对交叉路口存在的问题,采取了一系列安全管理措施,包括对标志标线的重置,对中央、路侧防护设施进行完善。

通过对华清桥进行拓宽,与琅琊台路同宽一体设计,根本上解决了南北主路车道宽度变化问题,有利于行车安全;在无信号控制的条件下,为保证交叉路口的交通秩序以及南北主路的通行能力,对东进口设置减速让行标志,施划减速让行标线,设置为减速让行交叉路口;同时将东进口设置为仅允许右转车道,减少交通冲突;将南进口的人行道向交叉路口内部延伸,同时延伸部分进行桥梁护栏的端部处理,保证了交叉路口良好视距,确保交通安全有序运行,缩短了行人过街距离,有利于行人过街安全;部分方向增设对应的路侧护栏,防止车辆驶出路侧驶入水域,对于华清桥增设中央隔离栏,减少对向干扰,保证行车安全。

针对交叉路口停车问题,在支路上,对东进口实行减速停车让行,减少因支路对主路的干扰而导致的主路停车问题;设置禁停标志,禁止车辆在交叉路口处停车,保证驾驶员视距良好。

速度方面,在华清桥南进出口设置限速抓拍装置。同时,在东进口设置减速让行标志和标线,保证了车辆进入交叉路口时降低车速,有利于行车安全;对路面标线进行重新施划,补充原来缺失的导线箭头、减速让行标线等,有利于引导和限制驾驶员安全有序的行驶,进一步减少交通事故的发生;通过对华清桥进行拓宽改造,将原来的双向两车道拓宽为双向四车道,保证了行车的流畅性,提高了道路的通行能力。

5)评价结果对比分析(方案二)

如图6-6所示,方案二中无信号交叉路口安全等级改造前后安全等级得到明显提高,这主要得益于从停车控制、速度控制、信号控制等方面对于交叉路口的各项指标的改造,改造较为合理。

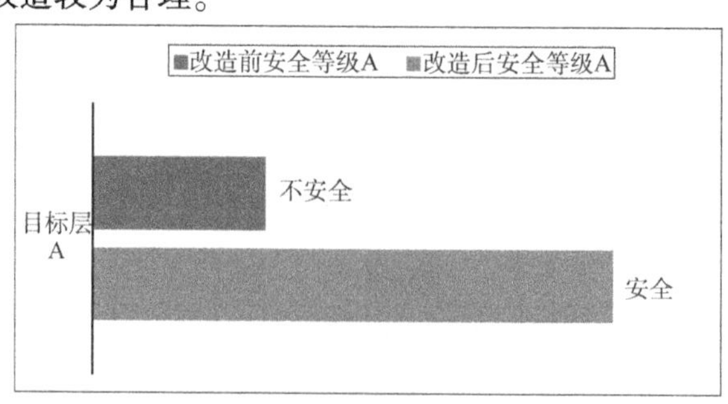

图6-6 无信号控制交叉路口A层指标改造前后安全等级对比

如图6-7所示，准则层B各指标改造前与改造后的安全等级变化较为明显，驾驶员和道路环境因素安全性都得到了相应提升。速度控制方面对于驾驶员驾驶车辆等限速行为进行强制控制，增设限速标志牌、增加减速带等设施减少车辆超速行为。在信号控制方面增加了指示等交通设施，进一步增加道路设施对于交通的管制，在停车控制方面，优化车辆的行驶路线，减少交叉路口、路段的车辆冲突，实现了精细化的车辆协调控制，增加道路车辆通行能力，减少交通拥堵。

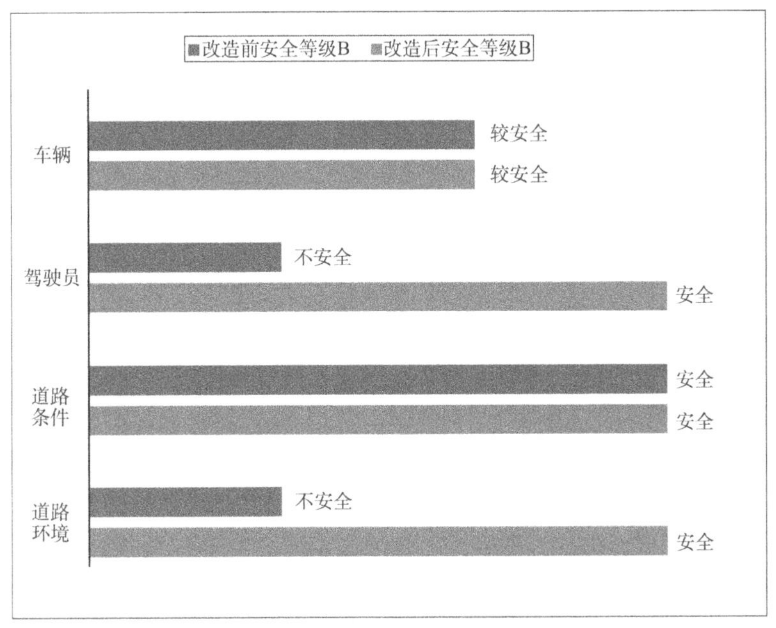

图6-7 无信号控制交叉路口B层指标改造前后安全等级对比

由图6-8可以看出，通过对比分析发现指标层C在改造前后较多指标的安全等级有明显的提升。总体来说，可以通过本书研究所设指标来评价道路的安全性，较直观地得到改造前后的安全等级，安全性能有较为明显的提升，改善合理可靠。

在停车控制方面，新增设的道路标志标线和车辆通行的指示标志，达到提醒和引导驾驶员效果，也提高了道路行车的快捷顺畅性；同时，对道路进行拓宽处理，拆除原有旧桥，修建新桥，桥面车道增至双向四车道，通行效率得到大大提升，有效减少了现状方案车辆在高峰时段行车溢流现象的发生，进一步满足了车辆行驶的需求。

速度控制方面，通过设置道路标志如限速标志、抓拍系统等设施，强制性的降低驾驶员的行车速度，间接性地增加了道路行车的安全性。在改造后的交叉路口，驾驶员的视距得到明显的提升，能够使驾驶员及早发现问题及时作出正确判断的时间，如进行提前减速、停车、让行等行为；对道路的拓宽处理、对标线的重新完善，保证行车的流畅性的同时，缩小了速度差，有利于行车安全。

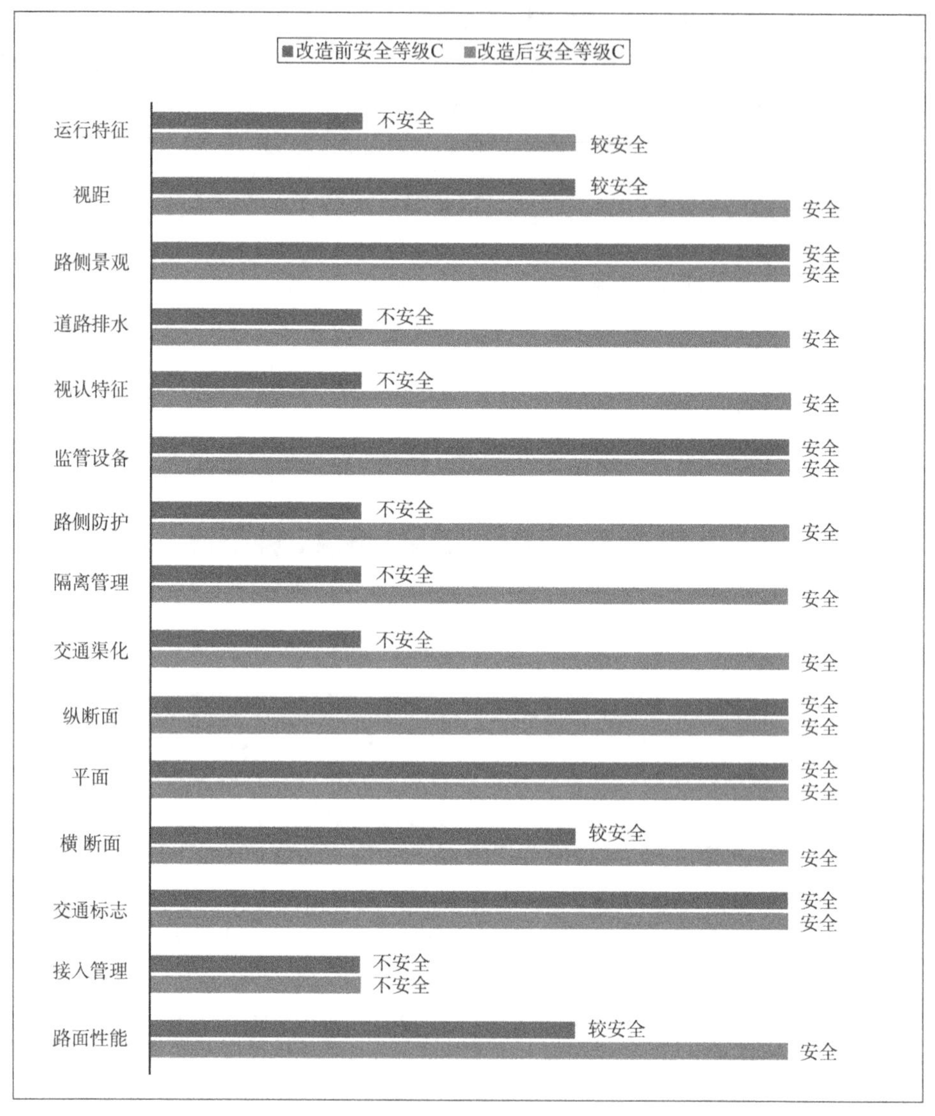

图6-8　无信号控制交叉路口C层指标改造前后安全等级对比

信号控制方面，警示灯等措施的设置对于车辆发挥相对多的作用，明显减少了交叉路口、路段上车辆的超速等不安全行为，增加了驾驶员的警惕性，安全度得到提高。

6.2.3　仿真评价

1)改造前安全性评价

在仿真虚拟交通场景下,提取了改造前无信号控制交叉路口的各方向出口道的车辆平均速度,各方向车速状况如图 6-9、图 6-10 所示。

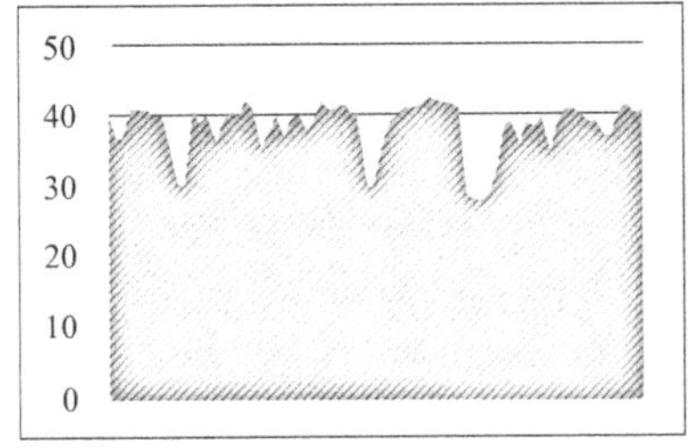

图 6-9　改造前南出口速度变化分布

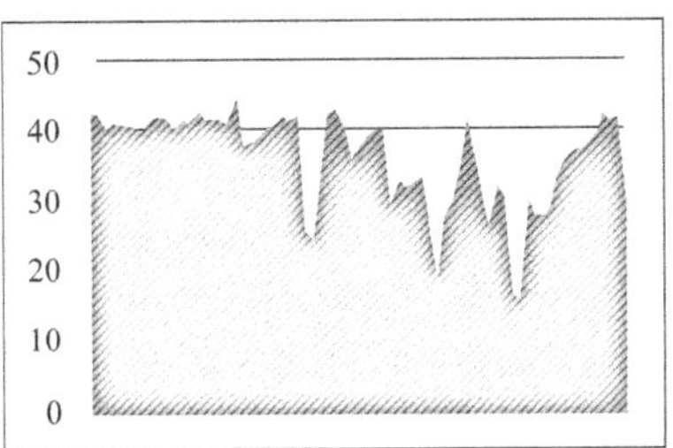

图 6-10　改造前北出口速度变化分布

2)改造后安全性评价(方案一)

在仿真虚拟交通场景下,提取了改造后无信号控制交叉路口的各方向出口道的车辆平均速度,各方向车速状况如图 6-11、图 6-12 所示。

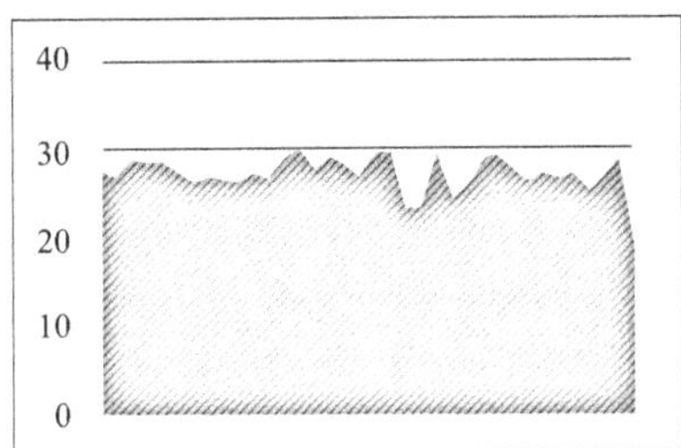

图 6-11　改造后北出口速度变化分布

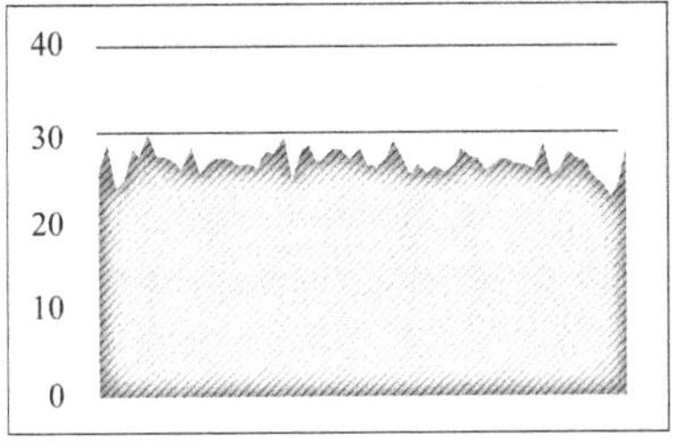

图 6-12　改造后南出口速度变化分布

3)评价结果对比分析(方案一)

本研究利用方差分析的方法,对改造前后无信号控制交叉路口的各出口道车速指标的稳定性进行对比评价,交叉路口改造前后各方向的方差数值见表 6-7。

无信号控制交叉路口改造前后车速方差及通行能力变化(方案一)　　表 6-7

指　标		改　造　前	改造后(方案一)
出口道平均车速方差	北出口	46.90	5.07
	南出口	14.86	2.17
交叉路口通行能力(pcu/h)		1950	2106

由表 6-7 可得,无信号控制交叉路口改造前后出口道车速方差变化较明显,其

中北出口道车速方差数值变化最大，同时交叉路口通行能力有较明显的改善。总体来看，经交叉路口改造后，各出口道车辆速度分布较改造前明显趋于稳定、集中，且交叉路口处车速明显降低，主要集中于25～30km/h，车速限制效果明显，机动车与非机动车出行环境明显改善，等级有序，进而其安全性能得到了显著提升。

4）改造后安全性评价（方案二）

在仿真虚拟交通场景下，提取了改造后无信号控制交叉路口的各方向出口道的车辆平均速度，各方向车速状况如图6-13、图6-14所示。

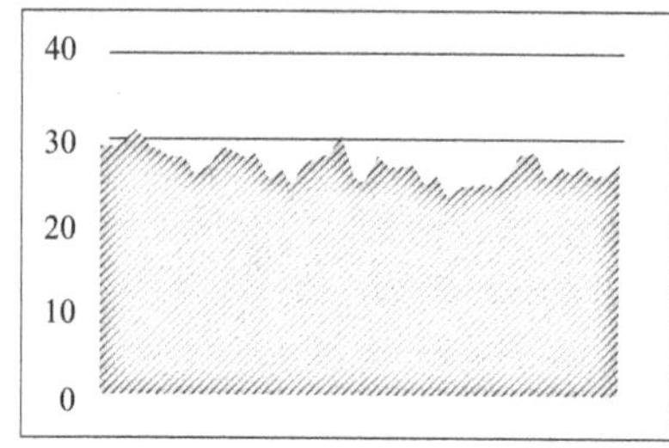

图6-13　改造后北出口速度变化分布

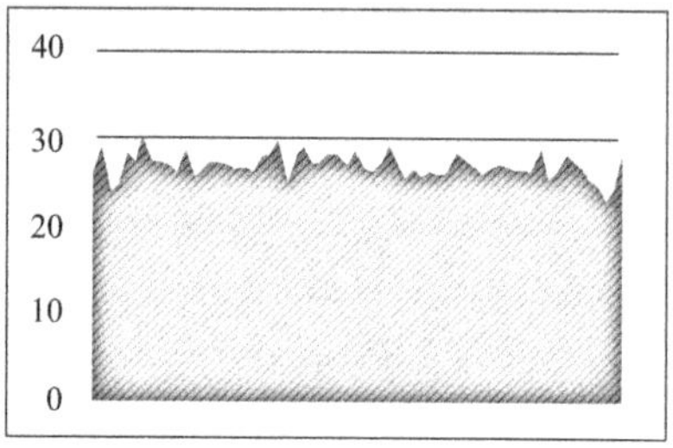

图6-14　改造后南出口速度变化分布

5）评价结果对比分析（方案二）

本研究利用方差分析的方法，对改造前后无信号控制交叉路口的各出口道车速指标的稳定性进行对比评价，交叉路口改造前后各方向的方差数值见表6-8。

无信号控制交叉路口改造前后车速方差及通行能力变化（方案二）　表6-8

指　标		改　造　前	改造后（方案二）
出口道平均车速方差	北出口	46.90	3.27
	南出口	14.86·	3.12
交叉路口通行能力（pcu/h）		1950	2796

由表6-8可得，无信号控制交叉路口改造前后出口道车速方差变化较明显，其中北出口道车速方差数值变化最大，同时交叉路口通行能力有明显的改善。总体来看，经交叉路口改造后，各出口道车辆速度分布较改造前明显趋于稳定、集中，且交叉路口处车速明显降低，主要集中于25～30km/h，车速限制效果明显，机动车与非机动车出行环境明显改善，等级有序，进而其安全性能得到了显著提升。

6.3　信号控制平交路口案例分析

6.3.1　案例概况

该交叉路口大致位于山东省青岛市黄岛区泊里镇郊区，周边以农田为主，是由

国道204、泊里一路与规划一路所形成的畸形交叉路口，东进口为泊里一路，南北进口为国道G204，西北进口为规划一路。国道G204为双向四车道，其中北进口道有一条直左车道和一条直右车道，南进口道无施划标线，但路段中为两车道；泊里一路为双向四车道，其中东进口有一条左转专用车道和一条直右车道；规划一路为施划标线。该交叉路口交通流量较大、过境大型车辆较多，同时其视距条件较差，慢行交通管理水平较低，影响了道路的正常通行。其地理区位状况如图6-15所示，基本情况如图6-16所示。

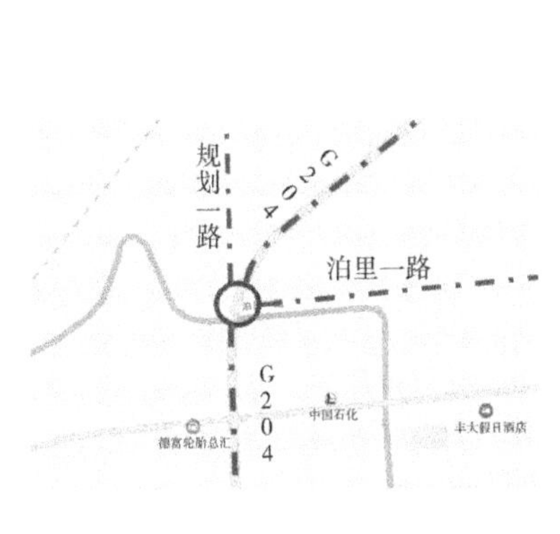

图6-15 信号控制交叉路口区位图

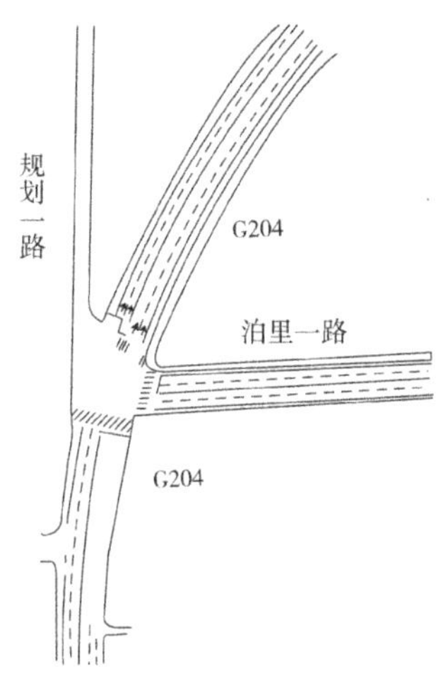

图6-16 信号控制交叉路口现状图

6.3.2 现场评价

1）改造前安全性评价

通过对该信号控制交叉路口现场调查，结合本研究所提出的农村地区平交路口安全性综合评价方法，该交叉路口的各安全性指标概况及评价分值如表6-9所示。

信号控制交叉路口改造前安全性指标概况及评价分值 表6-9

序号	安全性指标	基本概述	平均分值
1	路面完整度	路面较不完好，存在较多裂缝和坑槽，安全等级较差	57
2	路面摩擦性能	路面平滑，摩擦性能较差，安全等级较低	67.33
3	交叉路口间距	主路为交通型的高等级道路，车速较快，相邻交叉路口的间距小于1000m，不符合要求，安全等级低	30

续上表

序　号	安全性指标	基本概述	平均分值
4	交叉角度	为非正交型规则交叉路口，安全等级低	18.33
5	交叉类型	交叉角度较小，安全等级低	24.33
6	标志视认距离	视认距离符合条件，安全等级较高	85
7	标志信息饱和度	信息量适中，能够较快识别，安全性较高	88.33
8	标志倾斜角度	标志角度符合规定，安全等级高	88.33
9	边坡	边坡坡度较陡但稳固性强，安全等级中等	76
10	路肩	各方向路面均设有硬路肩，安全等级较高	86.67
11	路侧环境	交叉路口附近基本无障碍物，较空旷，路侧环境较好	91
12	线形半径	平面线形符合要求设计半径值，安全等级较高	91.33
13	坡度	进口道纵坡较小，符合标准，安全等级较高	90
14	标线清晰度	各方向标线清晰度较差，安全等级低	44
15	标线完整度	标线施划种类不齐全，存在大量缺失，安全等级较低	39.33
16	进出口机动车道	东西进出口车道数不一致，存在拥堵现象，安全等级中等	71
17	转弯顺畅度	西进口方向车辆转弯顺畅度较差，转弯难度较大，安全等级中等	70
18	慢行过街秩序	慢行过街秩序较差，过街距离较长，安全等级低	30
19	中央隔离	G204 交叉路口处设置有中央隔离栏，泊里一路施划有中央分隔线	74
20	防护种类	沿路方向未设对应的防撞护栏，安全等级较低	0
21	防护端头	各方向防撞护栏端头处均未进行安全化处理，安全等级较低	0

续上表

序　　号	安全性指标	基本概述	平均分值
22	交通信息监测设备	交叉路口处设有信息检测设备等,安全等级较高	85.33
23	信号周期	非饱和时段,交叉路口信号周期为30~150s,安全等级较高	87.67
24	信号相位	交叉路口存在冲突点,安全等级一般	73.33
25	夜间视认性	道路照明及视线诱导设施缺失,视认性较差,安全等级较低	0
26	排水设施	排水设施齐全,安全等级较高	85.67
27	景观遮挡	路侧交通设施视认明显,无遮挡现象,安全等级较高	88.33
28	景观变化	路侧景观变化明显,变化频率小于5km,符合条件,安全等级较高	86.33
29	三角区视距	交叉路口处视距较差,安全等级低	35
30	速度差	路段间速度差值较小,安全等级较高	68.33
31	速度	交叉路口处存在超速现象,安全等级较低	74

针对上述安全性指标基本状况,利用本研究所提出的农村地区平交路口安全性综合评价工具,对该交叉路口进行各层级间各指标的安全等级评价。具体评价结果如表6-10所示。

信号控制交叉路口改造前安全性指标评价结果　　　表6-10

<table>
<tr><th>目标层A</th><th>准则层B</th><th>指标层C</th><th>指标层D</th><th>安全等级(C)</th><th>安全等级(B)</th><th>安全等级(A)</th></tr>
<tr><td rowspan="5">无信号控制交叉路口安全性综合评价</td><td rowspan="5">道路条件</td><td rowspan="2">路面性能</td><td>路面完整度</td><td rowspan="2">不安全</td><td rowspan="5">不安全</td><td rowspan="5">不安全</td></tr>
<tr><td>路面摩擦性能</td></tr>
<tr><td rowspan="3">接入管理</td><td>交叉路口间距</td><td rowspan="3">安全</td></tr>
<tr><td>交叉角度</td></tr>
<tr><td>交叉类型</td></tr>
</table>

续上表

目标层 A	准则层 B	指标层 C	指标层 D	安全等级(C)	安全等级(B)	安全等级(A)
无信号控制交叉路口安全性综合评价	道路条件	交通标志	标志视认距离	安全	不安全	不安全
			标志信息饱和度			
			标志倾斜角度			
		横断面	边坡	较安全		
			路肩			
			路侧环境			
		平面	线形半径	安全		
		纵断面	坡度	安全		
	道路环境	交通渠化	标志清晰度	不安全	不安全	
			标志完整度			
			进出口机动车道			
			转弯顺畅度			
			慢行过街秩序			
		隔离管理	中央隔离	较安全		
		路侧防护	防护种类	不安全		
			防护端头			
		监管设备	交通信息监测设备	安全		
		信控设备	信号周期	安全		
			信号相位			
		视认特征	夜间视认性	不安全		
		道路排水	排水设施	安全		
		路侧景观	景观遮挡	安全		
			路侧变化			
	驾驶员	视距	三角区视距	不安全	不安全	
	车辆	运行特征	速度差	较安全	较安全	
			速度			

现状问题分析:路口作为一个多路交叉非正交型交叉路口,交叉角度过小,交叉路口转弯半径不足;多路交叉、相位设置不合理导致冲突点较多,道路行车秩序较为混乱,随着车流量增加,易导致交通拥堵;交叉路口处设施不完善,道路安全性差,不利于机动车、非机动车以及行人的安全通行,现状存在极大的道路安全隐患。

在信号控制方面,路口相位为直行与左转同时放行,路口存在较多冲突点,容易引发交通混乱;路口未设置警示灯、诱导信号等对于车辆行驶的提醒装置,在此种多路非正交复杂路口,信号灯以及警示灯、诱导信号等信号装置的设置缺失,会增大事故发生的频率,增加事故发生时的严重程度。在交叉角度方面,交叉角度过小,导致转弯半径不足、视距不良,不利于行车安全。

停车控制方面,车流量较多时,车辆无法在一个周期内全部通过,道路有限的空间无法满足大量车辆的通行,无转角岛等措施来增加道路通行能力,只能通过信号灯缓慢的疏散车流,增加了车辆在交叉路口处的停车次数,通行效率降低。信号灯为直行与左转车辆同时放行,未明确指出优先通行规则,交通混乱程度提高,停车次数增加,导致交通拥堵且不利于通行安全。

速度控制方面,路段缺乏限速标志,交叉路口缺乏限速标志、抓拍装置,缺乏对车辆行驶速度的有效限制,容易造成车辆在交叉路口处行驶速度过高的现象,存在严重的安全隐患;交叉角度过小导致车辆转弯困难、视距不良,加上交叉路口无有效的速度限制,易发生侧翻等交通事故。

2)改造后安全性评价

针对上述改造前交叉路口现状问题,本书研究就此提出了该交叉路口的安全提升改造措施,具体措施如下。

措施1:通过车道的拓宽,增加单侧车道的宽度、车道数,增加了车辆的通行数量,提高通行效率。

措施2:利用交叉路口的有效空间、新设转角岛等道路方法,实现右转车辆提前分流,提高道路通行能力。

措施3:增加分道指示标志明确各个车道行驶方向,提高了行车的舒适性和安全性。

措施4:增设右转导向标志,用于夜间提醒驾驶员右转,有利于夜间行车安全。

措施5:增加限速标志,引导车辆逐级减速,保障交叉路口安全。

措施6:增设爆闪灯和右转指示牌,提示车辆右转。

通过对该信号控制交叉路口进行合理的改造设计后,结合本研究所提出的农村地区平交路口安全性综合评价方法,对该交叉的各安全性指标进行二次鉴定,其概况及评价分值如表6-11所示。

信号控制交叉路口改造前安全性指标概况及评价分值　　表 6-11

序　号	安全性指标	基本概述	平均分值
1	路面完整度	路面完好,无裂缝和坑槽,平整度较好,安全等级较高	90.66
2	路面摩擦性能	路面颗粒明显,摩擦性能较良好,安全等级较高	87.33
3	交叉路口间距	主路为交通型的高等级道路,相邻交叉路口的间距小于 1000m,不符合要求,安全等级较低	38
4	交叉角度	为非正交型规则交叉路口,安全等级较低	45
5	交叉类型	交叉角度较小,安全等级较低	47.33
6	标志视认距离	视认距离符合条件,安全等级较高	88.33
7	标志信息饱和度	信息量适中,能够完全识别,安全性较高	91.66
8	标志倾斜角度	标志角度良好,可以清晰识别,安全等级较高	90.33
9	边坡	边坡坡度较缓且稳固性强,安全等级较高	93.33
10	路肩	各方向路面均设有硬路肩,安全等级较高	89.33
11	路侧环境	交叉路口附近基本无障碍物,较空旷,路侧环境较好	91
12	线形半径	平面线形符合要求设计半径值,安全等级较高	90.66
13	坡度	进口道纵坡较小,符合标准,安全等级较高	92.66
14	标线清晰度	各方向标线清晰度较高,安全等级较高	90
15	标线完整度	标线施划种类齐全,安全等级较高	90.66
16	进出口机动车道	各方向进出口车道数一致,未存在拥堵冲突现象,安全等级较高	93

续上表

序　号	安全性指标	基本概述	平均分值
17	转弯顺畅度	各方向车辆转弯顺畅度较好,转弯难度较低,安全等级较高	95
18	慢行过街通行安全	慢行过街秩序较好,各行其道,过街距离较短,安全等级较高	92
19	中央隔离	G204 交叉路口处设置有中央隔离栏,泊里一路施化有中央分隔线	87
20	防护种类	沿路方向增设对应的防撞护栏,安全等级较高	89
21	防护端头	各方向防撞护栏端头处均进行安全化处理,安全等级较高	88.5
22	交通信息监测设备	交叉路口处设有信息检测设备等,安全等级较高	89
23	信号周期	非饱和路段,交叉路口信号周期为30~150s,安全等级较高	93.66
24	信号相位	交叉路口存在冲突点,安全等级一般	74
25	夜间视认性	各方向照明设施齐全,安全等级较高	74
26	排水设施	各方向排水设施齐全,安全等级较高	87.66
27	景观遮挡	路侧交通设施视认明显,无遮挡现象,安全等级较高	87.33
28	景观变化	路侧景观变化明显,变化频率小于5km,符合条件,安全等级较高	90
29	三角区视距	各方向三角视距较好,安全等级较高	88.33
30	速度差	路段速度差值较小,安全等级较高	87.67
31	速度	交叉路口处不存在超速现象,安全等级较高	90.33

针对上述安全性指标基本状况,利用本研究所提出的农村地区平交路口安全性综合评价工具,对该交叉路口进行各层级间各指标进行二次安全等级评价。具体评价结果如表6-12所示。

信号控制交叉路口改造前安全性指标评价结果 表6-12

<table>
<tr><th>目标层 A</th><th>准则层 B</th><th>指标层 C</th><th>指标层 D</th><th>安全等级（C）</th><th>安全等级（B）</th><th>安全等级（A）</th></tr>
<tr><td rowspan="31">无信号控制交叉路口安全性综合评价</td><td rowspan="13">道路条件</td><td rowspan="2">路面性能</td><td>路面完整度</td><td rowspan="2">安全</td><td rowspan="13">安全</td><td rowspan="31">安全</td></tr>
<tr><td>路面摩擦性能</td></tr>
<tr><td rowspan="3">接入管理</td><td>交叉路口间距</td><td rowspan="3">不安全</td></tr>
<tr><td>交叉角度</td></tr>
<tr><td>交叉类型</td></tr>
<tr><td rowspan="3">交通标志</td><td>标志视认距离</td><td rowspan="3">安全</td></tr>
<tr><td>标志信息饱和度</td></tr>
<tr><td>标志倾斜角度</td></tr>
<tr><td rowspan="3">横断面</td><td>边坡</td><td rowspan="3">安全</td></tr>
<tr><td>路肩</td></tr>
<tr><td>路侧环境</td></tr>
<tr><td>平面</td><td>线形半径</td><td>安全</td></tr>
<tr><td>纵断面</td><td>坡度</td><td>安全</td></tr>
<tr><td rowspan="15">道路环境</td><td rowspan="5">交通渠化</td><td>标志清晰度</td><td rowspan="5">安全</td><td rowspan="15">安全</td></tr>
<tr><td>标志完整度</td></tr>
<tr><td>进出口机动车道</td></tr>
<tr><td>转弯顺畅度</td></tr>
<tr><td>慢行过街秩序</td></tr>
<tr><td>隔离管理</td><td>中央隔离</td><td>安全</td></tr>
<tr><td rowspan="2">路侧防护</td><td>防护种类</td><td rowspan="2">安全</td></tr>
<tr><td>防护端头</td></tr>
<tr><td>监管设备</td><td>交通信息监测设备</td><td>安全</td></tr>
<tr><td rowspan="2">信控设备</td><td>信号周期</td><td rowspan="2">安全</td></tr>
<tr><td>信号相位</td></tr>
<tr><td>视认特征</td><td>夜间视认性</td><td>较安全</td></tr>
<tr><td>道路排水</td><td>排水设施</td><td>安全</td></tr>
<tr><td rowspan="2">路侧景观</td><td>景观遮挡</td><td rowspan="2">安全</td></tr>
<tr><td>路侧变化</td></tr>
<tr><td>驾驶员</td><td>视距</td><td>三角区视距</td><td>安全</td><td>安全</td></tr>
<tr><td rowspan="2">车辆</td><td rowspan="2">运行特征</td><td>速度差</td><td rowspan="2">安全</td><td rowspan="2">安全</td></tr>
<tr><td>速度</td></tr>
</table>

通过交叉路口的改造,拓展车道宽度,增加车道数,提高道路的通行效率,减缓了高峰时段的交通拥挤程度;通过采取相应的交通渠化措施,使得交叉路口的通行效率得到明显提高;对道路标志标线设施的完善,提高行车安全,降低了交通冲突发生的可能性。

信号控制方面,相位的优化、精细化的信号灯配时,从时间上减少交通冲突,提高道路通行效率,减小交叉路口延误;通过对道路爆闪灯、右转指示牌、导向标志、爆闪灯等信号提醒措施的设置,以引导驾驶员行车方向,方便驾驶员快速通过交叉路口,降低交通混乱程度。

停车控制方面,通过拓宽车道,增加转交岛的措施,实现提前分流右转车辆的措施,减少停车次数,提高道路的通行能力;对道路标志标线的完善,使得路况清晰,增加驾驶员对于道路的辨识度,有利于车辆安全且快速地通过交叉路口。

在速度控制方面,在路边设置的限速标志能够有效地提醒驾驶员逐级减速,以便可以安全通过路口的行驶速度;增设抓拍系统,严禁车辆超速和越线,保障了车辆遵照规定行驶,确保了交叉路口的通行安全。

3)评价结果对比分析

由图6-17可以看出,信号控制交叉路口改造前后的安全等级的安全等级得到明显提高,这主要得益于停车控制方面的实施、信号控制方面的保障以及速度控制方面的协助,三者的协调提升,对于交叉路口的安全性能的总体设计改造,较为合理。

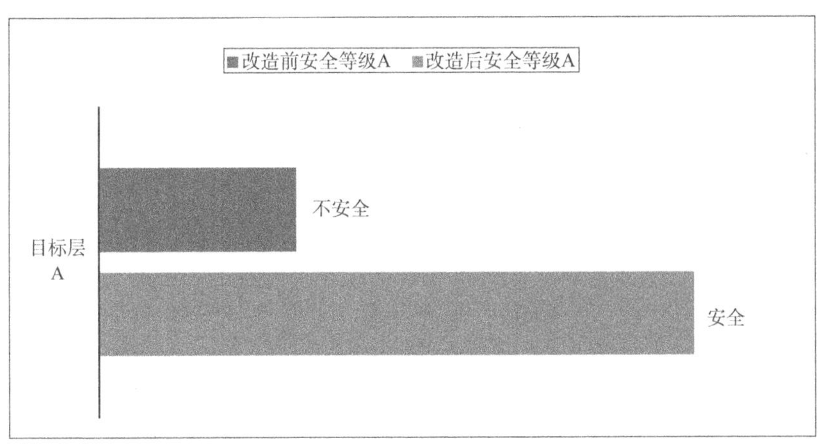

图6-17 有信号控制交叉路口A层指标改造前后安全等级对比

由图6-18可以看出,准则层B中各指标改造前与改造后的安全等级变化较为明显,安全性得到明显提高。

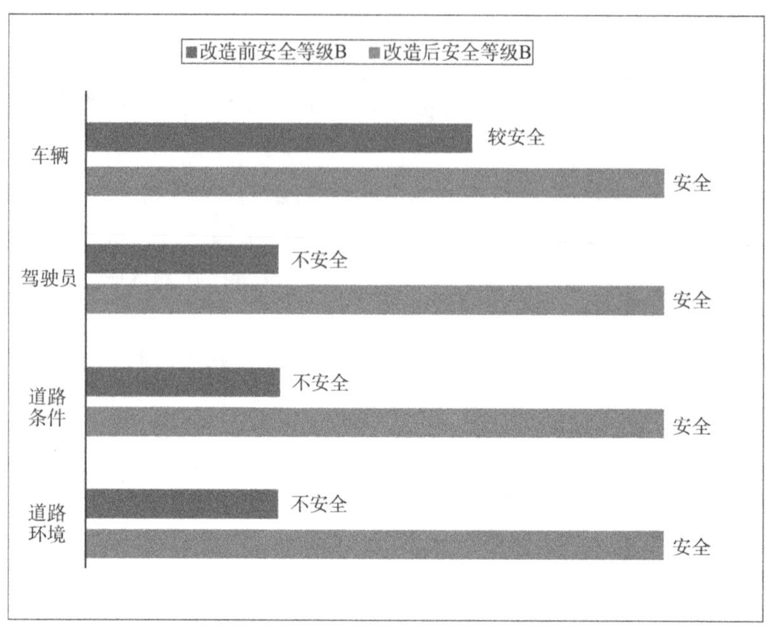

图 6-18　有信号控制交叉路口 B 层指标改造前后安全等级对比

在速度控制方面,道路增加限速标志、强制限速设施等交通管制设备,可以明显地减少交叉路口处车辆的超速等不安全行为的发生,减少驾驶员超速行驶等行为,安全度得到明显提高。

停车控制方面,对于道路的宽度、单侧车道数目等的重新规划,与原来改造前相比,车辆的通行效率大大提高。减少了路段以及交叉路口处车辆的冲突,合理有效地解决了停车时间长、停车次数多等问题。

信号控制方面,采用精细化的信号配时,尽可能缩短延误时间,提高通行效率;通过警示灯、诱导标志灯等设施的合理设置,道路交通设施的规范性和完整性得到明显提高,交叉路口安全性有明显改善。

由图 6-19 可以看出,通过改造前后的安全等级对比,运行特征、路面性能、视距、视认特征、路侧防护、隔离管理等指标安全等级都得到明显提高。

在速度控制方面,通过对于道路增设限速标志、强制限速设施等交通管制设备,可以减少车辆超速行为的发生;对于交通监管抓拍设备的设置、规范驾驶员的驾驶行为、控制速度有至关重要的作用。

停车控制方面,采用多种提高通行效率的方法及措施,如增设转角岛,提前分流右转向车辆,利用有限的空间,拓宽路段原有宽度,增加车道数量,在充分利用空间的同时,也使车辆的通行效率大大提高;减少了路段以及交叉路口处车辆的冲

突,合理有效地解决了停车时间长、停车次数多等问题。

信号控制方面,通过精细化的信号配时,警示灯警示、诱导标志灯等设施的设置,提高了驾驶员对道路环境的辨识能力,道路交通设施的规范性和完整性得到提高,有效提升了信号控制交叉路口的通行效率,增加了驾驶员道路行车的安全性和舒适性。

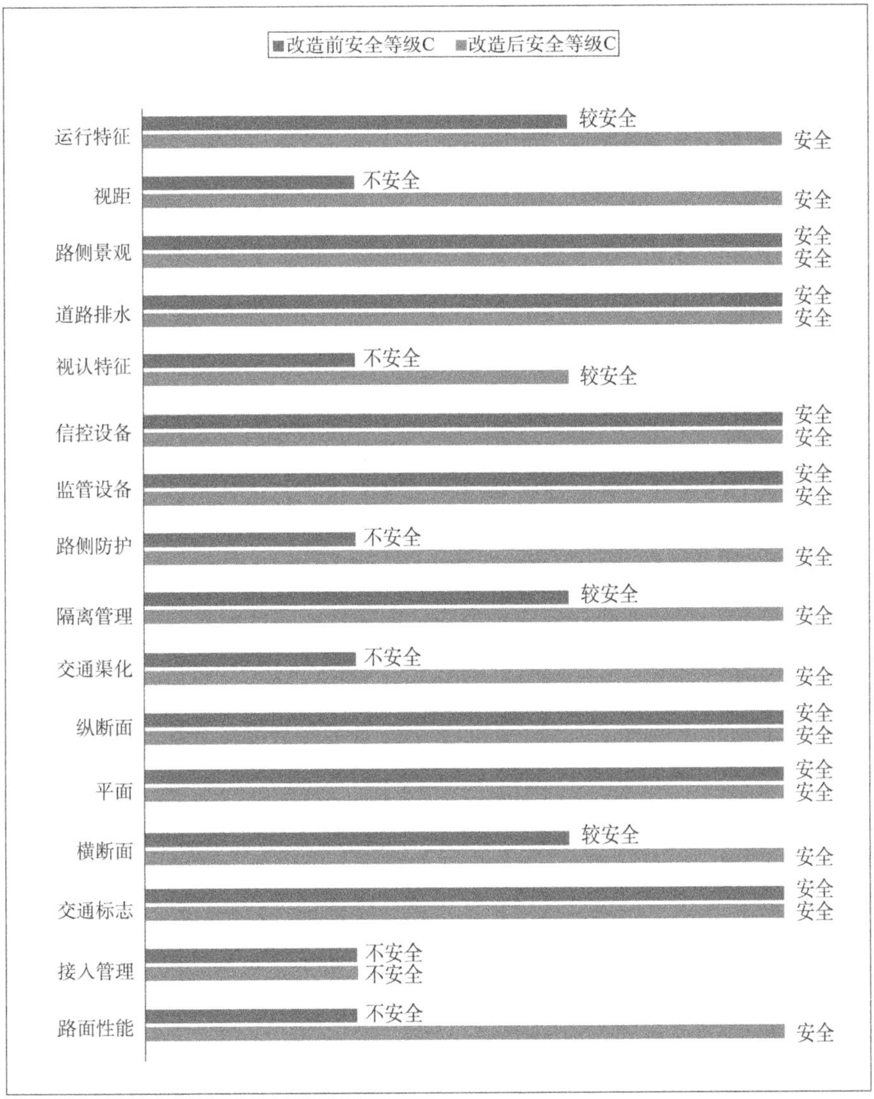

图 6-19　有信号控制交叉路口 C 层指标改造前后安全等级对比

6.3.3 仿真评价

1)改造前安全性评价

在仿真虚拟交通场景下,提取了改造前信号控制交叉路口的各方向出口道的车辆平均速度,各方向车速状况如图6-20~图6-23所示。

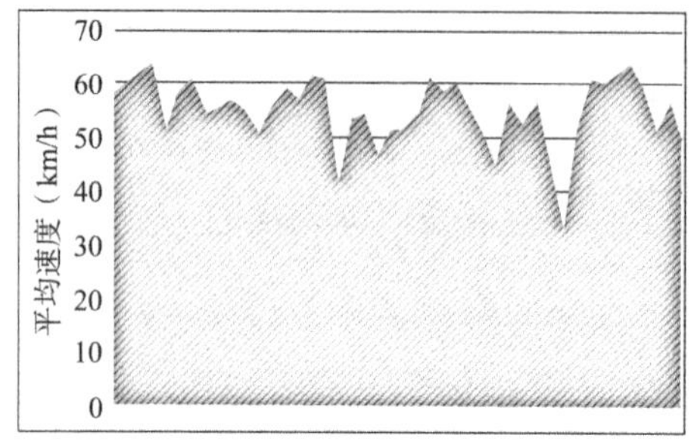

图6-20 改造前东出口速度变化分布

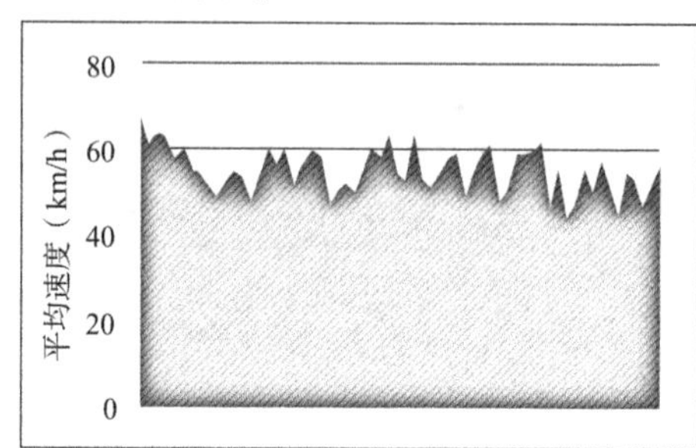

图6-21 改造前南出口速度变化分布

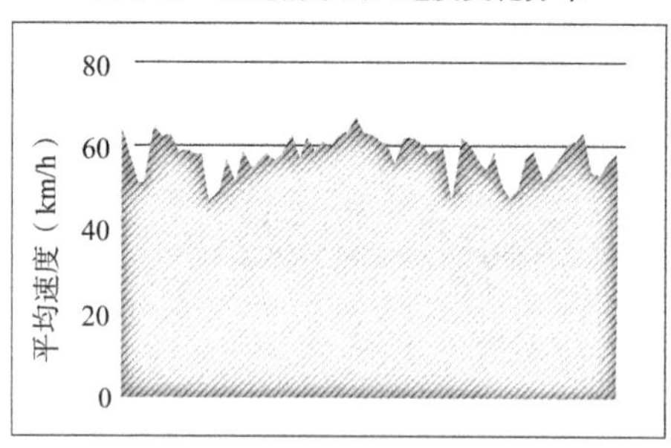

图6-22 改造前西出口速度变化分布

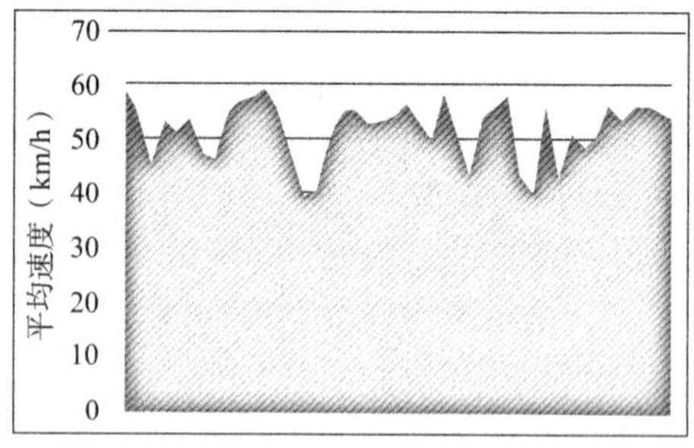

图6-23 改造前北出口速度变化分布

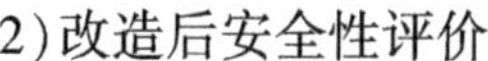

2)改造后安全性评价

在仿真虚拟交通场景下,提取了改造后信号控制交叉路口的各方向出口道的车辆平均速度,各方向车速状况如图6-24~图6-27所示。

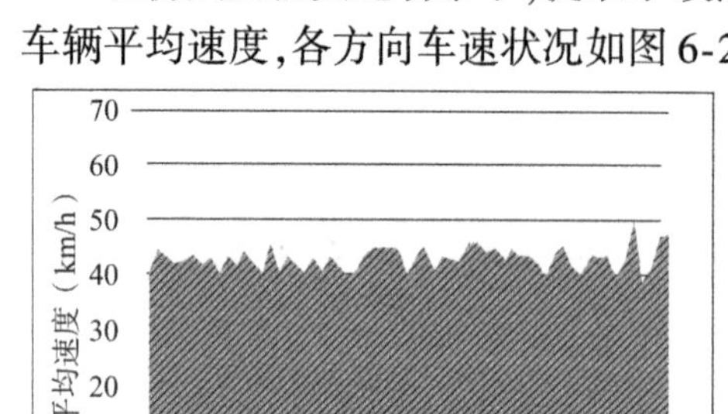

图6-24 改造后东出口速度变化分布

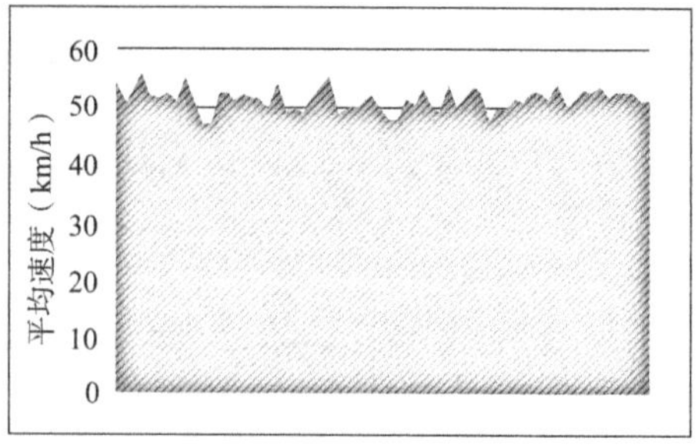

图6-25 改造后南出口速度变化分布

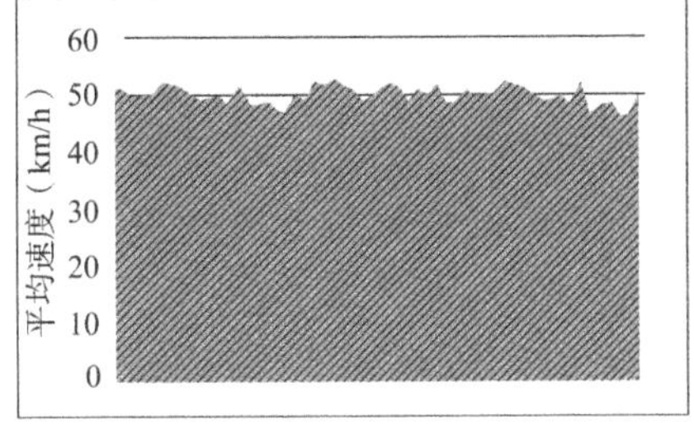

图6-26 改造后西出口速度变化分布

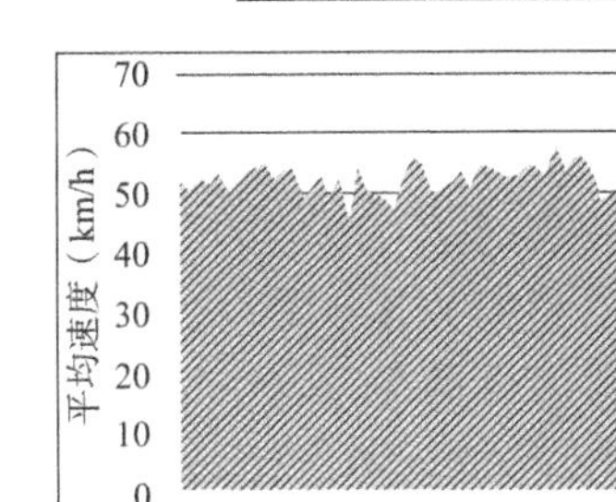

图6-27 改造后北出口速度变化分布

3)评价结果对比分析

本研究利用方差分析的方法,对改造前后信号控制交叉路口的各出口道车速指标的稳定性进行对比评价,交叉路口改造前后各方向的方差数值见表6-13。

信号控制交叉路口改造前后车速方差及通行能力变化 表6-13

指标		改造前	改造后(方案二)
出口道平均车速方差	东出口	42.15	6.87
	南出口	29.21	4.20
	西出口	22.51	2.60
	北出口	34.70	8.10
交叉路口通行能力(pcu/h)		3654	3894

由表6-13可得,信号控制交叉路口改造前后出口道车速方差变化较明显,其中东出口道车速方差数值变化最大,同时交叉路口通行能力有较明显的改善。总体来看,经交叉路口改造后,各出口道车辆速度分布较改造前明显趋于稳定、集中,且交叉路口处车速明显降低,主要集中于50~60km/h,未出现超速现象,车速限制效果明显,机动车与非机动车出行环境明显改善,等级有序,交叉路口安全性能得到了显著提升。

6.4 平交路口安全性提升对策

为了提高平交路口的安全性,通过对众多交叉路口的安全性评价,针对具体交叉路口所存在的问题,从停车控制、速度控制和信号控制三个方面提出针对平交路口安全性提升的普适性对策。

6.4.1 速度控制

1)标志

相交道路中速度控制类标志设置的分类、颜色、形状、线条、字符、图形、尺寸和设置等，均应符合现行《道路交通标志和标线》(GB 5768.1～5768.8)的规定。

速度控制类标志设置应充分考虑路网、路线和路段不同层面的信息需求，采用总体布局、逐层推进、重点设置的方法进行。方案设计时应注重速度控制策略的分析，同时应合理控制标志数量，避免标志信息过载现象，提高驾驶员对速度控制类标志的视认性，以保障行车顺畅与安全。

可采用设置限速标志、交叉路口标志、急弯路口标志、注意行人标志、村庄标志、建议速度标志、慢行标志、注意保持车距标志等警告类标志进行强制性速度控制，提高驾驶员对驾驶车辆的速度控制程度。但要注意的是，此类标志布设时应避免频繁变化设置，尤其避免限速值变化频繁，宜施行分路段限速、分车型限速、分区域逐级限速，并配合其他交通安全设施配合使用。

同时，可设置连贯、合理的预告、告知、确认标志等指示类标志进行引导性速度控制，较人性化地保证车辆速度的连续性，从而提升交叉路口车辆的运行效率与安全等级。

2)标线

相交道路中速度控制类标线设置的分类、定义、颜色、尺寸和设置等，均应符合现行《道路交通标志和标线》(GB 5768.1～5768.8)的规定。速度控制类标线设置应充分考虑人、车、路、环境等各方面因素，并进行全面的调查和分析，且应能够正确引导车辆有序高效地通过交叉路口。同时，速度控制类标线应与相应的交通标志配合使用，但需注意重复使用或错误使用。

可采用设置减速标线、人行横道线、网状线、路口导流线、中央隔离线、左转弯专用道、右转弯专用道、人行横道预告标识线、减速丘、出入口导向车道线及导向箭头等速度控制类标线，一方面采取强制性的控制车辆速度，另一方面配合人性化的控制车辆速度，从而提高交叉路口处对车辆的速度控制水平，进一步保障车辆运行安全与效率。若城市经济条件允许，可布设彩色或立体标线，对速度控制类标线进行颜色化管理，以提升其对速度控制的实际效果，同时减速标线的选择应考虑减速效果、行车舒适性、路面排水和日常养护等因素。

3)线形设计

相交道路在平面交叉范围内的路段宜采用直线，两相交道路应正交或接近正交，斜交时，其锐角应不小于70°。受地形条件或其他特殊情况限制时，应大于45°。若条件不允许，采用曲线方式时，其半径宜不大于不设超高的圆曲线半径，不宜再用需设超高的圆曲线半径值。若平面交叉路口由于进口道线形、地形特征以及周围用地的开发等条件限制，难以正交而无法满足合理的平面线形要求时，则应保证斜交小于70°，改建交叉路口特殊情况下可达60°，否则应进行平面交叉的扭

转设计。

纵断面应尽量保证平缓,并满足停车视距的要求,避免出现影响视线遮挡的现象,且应符合视觉所需的最小竖曲线半径值。主要道路在交叉范围内的纵坡应在0.15% ~3%的范围内;次要道路紧接交叉的引道部分应以0.5% ~2%的上坡通往交叉。

4)进出口道车道渠化设计

交叉路口处应合理进行车道功能与车道数目的渠化设计,满足交叉路口处进口道与出口道车道数目匹配,尽量避免出现出口道车辆过度交织现象;车道宽度可根据车辆大小,适当压缩原路段车道宽度,以增设进口车道;为提高车道通行速度,增大通行能力,增大道路承载能力,在条件允许的情况下可以进行车道分离,将直左、直右车道进行分离。

在信号控制交叉路口中若进口道车道高峰15min内每信号周期左转车辆平均交通量超过2辆,应设置左转专用车道,若高峰15min内每信号周期右转平均交通量超过4辆,应设置右转专用车道。

同时,在设置左转和右转专用车道时,若空间受限,应在保障慢行通行效益的基础上,可通过缩减进口道车道宽度、机非分隔带宽度和绿化带等措施进行车道增设。

无信号交叉路口中次要道路进口道仅有一条车道且有展宽余地时,应规划设置为2条车道,以保证车辆进出口车道数目匹配;主要道路进口车道数可与路段车道数相同。

5)交通岛

交通岛分为方向岛和安全岛,若满足交叉路口较大、行人无法在绿灯时间内完全通过路口、交通流秩序混乱等条件时,应在道路中央分隔带或机非分隔带设置供行人过街驻足的安全岛,缩短行人一次过街距离,改善行人视距,减少机动车延误,从而保障行人安全与车辆行驶车速稳定性。

在交通量大、车速较高的交叉路口进行安全岛组织渠化时,还需考虑设置变速车道和候驶车道,以利于左转弯车辆转向行驶和等候的需要。

在交叉路口布置渠化岛时,应使行车自然方便,一般采用比较集中的大岛,应尽量避免采用混乱分散的小岛,在充分安全论证后,方可采用小岛的渠化形式。

各种交通岛的面积不宜过小,一般应大于7m^2,同时设置安全岛还应满足行人的待行空间,保证安全岛驻足区服务水平达到C级及以上等级。交通岛上可布置绿化,但不得种树,以保证驾驶员的视线能够通视。交通岛的路缘必须醒目,其高度不宜超过12 ~15cm。

6）视距

平面交叉路口应留出通视三角区空间，按照停车视距计算，各进口道第一辆车应能被其他方向进口道的第一辆车辨认。

若出现无法辨认的视线遮挡现象，在交叉路口通视三角区空间内应清空遮挡驾驶员视线高度以上的所有障碍物，如高大树木、广告牌、路灯、信号灯杆、标志及其他设施等，以保障行车视距与通行安全，保证车辆行驶的顺畅性。

当主路红灯时，为保证次干路车辆提供足够的视距条件，左转车辆车道停车线可适当后退，提高次干路车辆对主路右转车辆的可视认性，从而进一步保障交叉路口视距安全性能。

7）交通监控设备

交通事件视频检测器、交通安全违法行为视频取证设备、违反禁行规定自动记录设备等交通监控设备的布设应充分结合城市经济发展阶段、交通管理需求与交通量等因素考虑，在条件允许的范围内，平面交叉路口应尽量布设较完备的交通监控系统。

存在交通安全事故隐患、交通量大的交叉路口应完善信息采集设施，实时监测道路交通参数与紧急状况，同时可配合信息发布和控制设施与违法行为取证设施，提供可变的交通信息，如可变限速、可变文字等，从而达到降低车辆行驶速度、提升交叉路口安全等级的目的。

8）中央隔离

对于受对向车流干扰、横向干扰严重的路段建议设置中央隔离。中央隔离的形式可主要分为两种：一种是单纯的水泥制中央隔离带，宽度为1m（中央隔离带两侧白实线之间的距离）；另一种是中央绿化隔离带，宽度没有一个统一的标准，需要根据道路等级、道路宽度、设计速度等具体的道路情况而定。通过设置中央隔离栏可分离对向车流，可以减少行人、非机动车横穿马路等行为，降低不同交通方式的横向干扰，给驾驶员营造较为安全舒适的行车环境，增加道路行车流畅度，减少驾驶员看到对向来车的紧迫感，遵循道路线形行驶，有利于提高道路车辆行车安全。对于设置中央隔离带高护栏的路段，要注意在距路口50～100m处设置护栏渐变段，有利于驾驶员提前掌握路口的情况，控制车速，保证安全。

9）消除冲突点

对于部分畸形交叉路口的转角处，因视距不足导致频频发生交通事故的地点，建议对转角处进行优化设计，可采用设置低矮的绿化隔离装置增大转弯半径，或者进行相关转角岛、右转、左转车道的设计，将车辆行驶路线进行合理分配优化，减小道路行驶车辆并排行驶或交叉行驶的可能性，在提高安全性的同时，一定程度上增

加车辆运行速度，增加了道路通行效率，并结合设置必要的交通标志，消除隐患点，保障交通安全有序运行。

10）路侧防护

道路线形不良的路段、受到横向干扰较为严重的路段应设置路侧防护。路侧防护主要指的是护栏。护栏的设置往往是路侧净区内有影响车辆安全的障碍物，因护栏本身也是一种障碍物，因此护栏的设置要充分考虑当车辆驶出路侧时，车辆碰撞障碍物与碰撞护栏相比，导致后果的严重程度。除此之外，在道路线形不良的地段，如山区地段的急弯、悬崖等地段，需要设置护栏来保证驾驶员的行车安全。对于隧道、桥梁等特殊地带，设置护栏既起到填充路段空白的作用，又是安全防护的重要手段。护栏形式及强度的选择要根据具体的道路等级，设计速度等道路的实际情况参考规范而选择。路侧护栏的设置既可以排除横向干扰，提高行车速度；在危险地段又可有效保证驾驶员的安全。

11）照明设备

在道路线形路段，多车流汇集路段，如交叉路口，易设置照明设备来保证夜晚行车安全。在设计道路照明时，应确保其具有良好的诱导性。照明设备的设置需根据交通流量的大小、车速的高低以及交通控制系统和道路分隔设施完善程度，确定同一级道路的照明标准值，具体的选择和设置位置需参考国家标准。照明设备的设置位置，根据道路宽度以及道路线形有关，需根据实际情况具体而定。照明设备的设置要注意与周围相交道路的协调，当路面平均亮度高于1.0cd/m²的道路与无照明设施的道路相连接时，且行车速度高于50km/h时，应设置过渡照明。照明设备的设置可有效引导驾驶员视线，便于驾驶员及时掌握前方道路的线形以及实际道路情况，有利于驾驶员及时有效地控制车速，减少在夜晚因视线不良而导致的交通事故，保证行车安全。

12）排水设施

为避免积水影响路面性能，进而影响驾驶员的行车速度。对于需要设计排水装置的路段或是交叉路口，应考虑排水设施的设计形式及其尺寸。对于路侧的排水结构物如排水沟、截水沟等具体的形式及其尺寸需根据规范要求设计，按照其外部形式可分为暗埋式和露天式，对于排水设施深度较深的路段以及车辆易驶入路侧的事故多发路段，建议设置暗埋式，可以降低驾驶员的紧张度，提高道路线形的流畅度，提供宽阔的路侧净区，保证行车的流畅性和安全性。

13）减速带（减速标线）

在长陡坡下坡路段以及必须要求减速的路段，为帮助驾驶员有效控制车速，进行减速，易设置减速带、减速标线，强制车辆降低速度，起到控制道路车辆车速的关键作用。减速带也叫作减速垄,是安装在公路上使经过的车辆减速的交通设施,形状一般为条状,也有点状,使路面稍微拱起以达到车辆减速目的,宜设置在公路道口、工矿企业、学校等需要车辆减速慢行的路段和容易引发交通事故的路段。减速带的具体设置并无明确的规范要求。减速标线同样也是用于控制车辆速度的,对于减速标线的设置在规范中有明确要求,设置在收费站广场、出口匝道或其他要求车辆减速路段的白色虚线,其形式有单虚线、双虚线和三虚线,垂直于行车方向设置。用于警告前方应减速慢行,还可设置沿行车道纵向设置的减速标线,它主要是通过车道视觉上变窄形成压迫感,使驾驶员在需要减速的弯道、坡道等位置自动减速。

减速带的设置,有助于减少不合理的行驶速度对人们的生命及财产安全构成的威胁,改善道路安全状况。设有减速带的道路,容易引起驾驶员注意,减速带能够带给驾驶员相应紧迫感,迫使车辆减速,可以在很大程度上改善道路的交通安全状况。

14)路面性能

路面的摩擦性能、完好度、平整度都直接影响车辆的行驶速度,影响行车安全。路面的摩擦性能需根据道路的设计速度以及具体的道路情况而定,在长陡坡、急转弯、视距不足的不良路段,可以适当增大路面的摩擦性能,可缩短车辆的制动距离,同时有效地控制车辆的行驶速度。在不良天气下,如雨雪天气下,路面摩擦性能会下降,此时需要结合排水设施的设置,避免路面积水,在雪天要及时清理路面积雪,尽可能减小摩擦性能的下降幅度。

路面的完好程度是影响车辆安全快速行驶的重要条件之一,保证路面的完好度除了与路面的材料、施工过程有关,与车辆超载以及后期的维修养护也有关。路面的坑槽、孔洞将严重影响车辆的行驶速度、行驶的舒适性,同时也是道路的不安全因素。为确保路面的完好,需做好道路后期的维修养护,并严格控制超载车辆。

不仅要保证路面的完好度还要确保路面的平整度,通过在施工过程中严格要求,同时也要对超载车辆进行严格控制,避免路面出现波峰波谷的波浪形态,影响驾驶员行车的行车速度及其舒适度。

道路性能也可通过通勤车辆类型进行合理建设,对于大货车、挖掘机等载重车辆或特种设备车辆常行驶的路段可以在施工时进行相关的路面凹凸度、弯曲度、硬度的设计,减少道路在使用期限内的磨损程度,提高道路行车安全性。

15)路侧景观

路侧景观不仅起到美化环境的作用,在长直线路段,通过路侧景观的变换来防止驾驶员驾驶疲劳,进而保证行车安全。路侧景观的变换频率具体可参照规范,根据道路不同的设计速度而定。在交叉路口处需注意景观遮挡视线的问题,进入交叉路口处,要对三角视距内的景观进行修剪、移除,保证进入交叉路口的车辆能及时掌握其余进口道的来车情况以及行人的分布状况,使驾驶员控制车速,及时减速,保证车辆以及行人的安全。不同景观的变化频率对驾驶员驾驶疲劳影响程度也不相同。路侧景观色彩无需过于鲜明,以减少道路行车的突兀感。与道路线形相结合,达到有规律的变化,将有助于驾驶员调整车速,提高注意力。路侧景观同样需要注意遮挡问题,避免出现景观遮挡标志牌,要保证驾驶员能及时获取标志牌上的信息,作出相应的调整。

6.4.2　信号控制

1)机动车信号灯

对交通拥堵且无信号控制设备的交通交叉路口,进行信号配时,增设信号灯。科学合理的控制调节,缓解道路拥堵,确保交通畅通。交叉路口信号灯的设立能够有效地减少交叉路口内部冲突点,提升交叉路口安全性。

信号灯应设置在机动车驾驶员、非机动车驾驶员以及行人能够清晰地看到的位置处,而且交通信号灯还要能够与道路交通标志和标线进行良好的配合,确保所有的交通参与者能够清晰地看到。

为了确保所有的交通参与者都能清晰地看到交叉路口的信号灯,应对信号灯的设置位置进行科学合理的选址,尽量远离沟渠、窨井以及容易发生坍塌的位置。道路交叉路口通行净空的范围内,严禁设置信号灯。

针对信号灯相位、配时,可以运用"精细化配时"技术手段,充分挖掘时间资源。结合交叉路口渠化设计进行路口信号调整,优化信号相序相位,充分利用时间资源,根据车辆需求减少不必要的相位时间,均衡路口时空资源,增大交叉路口整体通行效率。

2)慢行灯

当慢行交通流与机动车交通流通行权产生交通冲突时,应设置慢行交通灯。规范慢行交通流行驶路线,减少行人与其他交通工具交通冲突。在人、非隔离的道路上,可以分别设置行人交通信号灯和非机动车交通信号灯。消除冲突点,在一定程度上增加了道路行车安全及效率。在人行横道通过人流量超过500人/h时,应设置慢行灯。

3)警示灯

在道口、危险路段、事故多发路段、涵洞口、隧道出入口、桥梁等处,应当设置警示灯,也可将警示灯设置在分道隔离栏上。提示驾驶员在如上所示特殊路段行驶时,注意可能发生的危险、需要警惕的事件,提示驾驶员和行人在通过路口时注意观望,确认安全。

4)导向灯

在施工路段,临时改道地段,路线复杂、无法清楚辨识的行驶路段,易发生错误驾驶的路段,建议设置导向灯,引导驾驶员行驶路线。在缺少夜间照明设备的路段,建议设置导向灯,保证驾驶员夜间行车安全。导向灯的设置将有助于提高驾驶员安全、高效驾驶意识。

5)文明标语

在事故多发的交叉路口附近或人流量较多的地段,建议张贴相关的文明标语。文明标语应安置在较为醒目的位置,同时不能遮挡行车视距。文明标语应清晰、明确、简洁,文明标语周围不能发生遮挡,使驾驶员能够及时地得到道路环境驾驶信息,提醒驾驶员安全行驶等行为,确保文明标语能够起到警示、宣传的作用。

6.4.3 停车控制

1)标线

为减少交通冲突,提高道路车辆的通行效率,增加人车路的协调性。在交叉路口处,应预留充足空间,保证交叉路口处车辆通行的顺畅性、高效性、安全性。

人行横道线前、交叉路口待行区的前端及其他需要车辆停止的位置应设置停止线;设置有让行线的交叉路口进口道可不设停止线。因停车可能严重干扰交通运行或引发交通安全事故的区域,可设置禁止停车线;交通繁忙的主干路出入口、交叉路口及其相邻路段,宜设置禁止停车线。在交通流量大、等级较高的交叉路口内部严禁停车,需要在交叉路口内部施划网格线,阻止车辆进入交叉路口阻塞交通。

停止线应设置在有利于驾驶员观察路况的位置;当设有人行横道时,停止线应距人行横道线 1 ~ 3m,单向两条及以上车道的道路,停止线距人行横道线宜采用3m;当无人行横道时,停止线宜设在距横向道路路缘延长线后 3 ~ 10m 处。

交叉路口范围内路侧停车极易发生交通事故,应预留足够空间,保证通行的流畅性。因此建议交叉路口处范围 200m 内,不宜设置路侧停车泊位。

充分考虑交叉路口附近土地利用状况,重新规划路侧停车功能。在景区附近,调整景区停车位置的停车时段,将景区停车场作为节假日景区班车专用停车场,限制社会车辆进入停车,减少社会车辆进出停车场对交叉路口的影响。

同时因地制宜,针对性地打破路口单一的白线框架标线,独具匠心地采用颜色化管理模式,如通过设置立体或多颜色斑马线、双彩非机动车引导线设计,规范慢行交通秩序,保障慢行交通安全,彰显人文情怀。

2）标志

为减少交通冲突，提高道路车辆的通行效率，增加人车路的协调性。在交叉路口处，对于无信号控制交叉路口应设置必要的停车让行或减速让行标志，同时配合必要的交通标线，以起到对车辆停车控制的目的，从而保证交叉路口处车辆通行的顺畅性、高效性、安全性。

3）慢行过街

为提高慢行交通的安全，在交叉路口慢行过街处应提高慢行连续性，通过采取合理措施，减少慢行交通对于整个交通系统的影响，提高车辆通行效率。

在复杂交叉路口且有足够空间时，可设置人行地道或者人行天桥，减少行人与车辆间的冲突；人行地道和人行天桥可采用梯道型和坡道型结合的升降方式，其中坡道坡度不应陡于1:7，坡道表面应防滑耐磨，便于自行车、儿童车、轮椅等的推行。

同时应尽量保证足够的慢行驻足区面积，因地制宜，采取合理的慢行过街形式。当非机动车通行空间较狭小时，可以将机动车停车线适当后移，设置慢行优先待行区，同时设置慢行优先信号，保障慢行通行效率。

交叉路口处行人过街等待区域边缘可采取设置行人护栏、隔离桩、抬高人行道等措施，并配合设置注意行人警告标识、过街引导标识，以充分保障行人通行安全与机动车通行安全顺畅性。

对斑马线、非机动车道线取直，保障行人、非机动车通行时间；根据路口实际情况前移斑马线，减少行人过马路的距离和时间，提高通行效率。同时，行人过街距离不宜过长，行人一次过街长度一般不宜多于3～4条，否则应当设立安全岛等二次过街等候区。

4）隔离柱

为了禁止机动车进入慢行交通道，影响慢行交通正常通行，减少冲突，增大车辆之间的协调性。

交叉路口处人行道应处设置必要的隔离柱，其宽度宜设置为0.5m左右，既防止非机动车进入人行道，保障了慢行过街秩序，同时也避免了机动车在交叉路口转角处侵占慢行空间的停车现象，缓解了车辆与行人的冲突压力，从而提高行人通行安全性。

5）违法抓拍系统

在路口增设机动车不礼让行人、非机动车闯红灯等机动车或非机动车违法抓拍点位，并配合慢行地面发光警示灯、闯红灯语音提醒设备，加大路口整治管控力度。利用路口秩序智能交通管控模式，综合设置具有人脸识别功能的行人非机动车闯红灯自动抓拍设备、“交通违法曝光台”，通过增加交通参与者的违法成本，减少交通违法行为的发生，实现违法抓拍、声光提示、违法曝光一体化。

结　　论

本书从农村地区平交路口出发，研究了农村地区平交路口交通事故发生特点及规律，确立了农村地区平交路口评价指标体系，提出了农村地区平交路口安全性综合评价方法，并进行了实例验证，得到结论如下：

(1)通过在实际农村公路上进行实车试验，实时采集"安全生命防护工程"改造前后，驾驶员通过平面交叉路口路段时的眼动特征参数，分析驾驶员通过平面交叉路口路段时驾驶员眼动特性。研究表明，驾驶员的眼动特性可以有效衡量驾驶员的行车安全状态，并确立了驾驶员生理安全阈值，分为三个等级，即危险级(A级)、较危险级(B级)及一般危险级(C级)。

(2)根据实际的道路交通事故原始数据，建立了交通事故数与速度间的多元回归函数拟合模型，并从主观原因(人)和客观原因(道路条件、道路环境、车辆、其他原因)方面分析了交通事故的影响因素。研究发现，不良道路条件、道路环境是导致交通事故的重要原因。同时发现道路交叉路口处事故发生频率远高于其他路段，且其事故所造成的不良后果往往也较为严重。

(3)通过充分考虑农村地区平交路口的多因素(道路环境、道路条件、驾驶员、车辆)复杂性特征，利用模糊层次分析法建立了农村地区平交路口安全性综合评价体系，在评价体系中进行了有无信号控制区分。另外，在评分细则中，为了增强实施过程中的可操作性，分别从高等级路中有无信控设备和低等级路中有无信控设备四个方面分别进行分析评价。同时针对评价结果，从停车控制、速度控制及信号控制三个方面提出了农村地区平交路口安全性提升的对策。

(4)分别选取了有信号控制与无信号控制交叉路口进行了安全性综合评价的实例验证，并进行了虚拟仿真试验分析，有效验证和增强了研究成果的可靠性。

参考文献

[1] [苏]巴布可夫.道路条件与交通安全[M].景天然,译.上海:同济大学出版社,1990:42-70,262-298.

[2] 王炜,高海龙,李文权.公路交叉路口通行能力分析方法[M].北京:科学出版社,2010.

[3] 吴高雄.山区农村公路交通安全综合评价研究[D].江西:江西理工大学,2009.

[4] 田建,李江,席建峰,等.基于系统聚类的城市道路交叉路口安全评价方法研究[J].武汉理工大学学报(交通科学与工程版),2006,30(6):1398-1340

[5] 项乔君,卢川,吴群,等.基于冲突严重性划分的公路平交路口安全评价[J].公路交通科技,2008,25(8):128-131.

[6] 李应南.公路平面交叉路口交通安全评价及对策研究[D].江苏大学,2010.

[7] 关宇驰.公路穿村镇路段交通安全设计技术研究[D].长安大学,2013.

[8] 葛兴,姜波.基于指标定权灰色聚类的公路平交路口安全评价[J].交通信息与安全,2014,32(6):159-165.

[9] 田毕江,代德彪,丁光柱,等.一级公路大型平面交叉路口设计阶段安全评价方法研究[J].公路交通科技·应用技术版,2015,11(11):239-242.

[10] 肖莉英.基于TCT的城市道路平面交叉路口安全评价研究[D].重庆交通大学,2015.

[11] 刘义春.公路平面交叉路口安全隐患检测及评价技术研究[D].长安大学,2016.

[12] 裴玉龙.道路交通安全[M].北京:人民交通出版社,2004.

[13] 张尚凯.在役农村公路安全评价及安全保障技术研究[D].大连交通大学,2015.

[14] 潘旺,郑元勋.农村公路交叉路口安全问题研究与解决举措[J].科学技术创新,2019(19):105-107.

[15] 洪松.农村公路施工质量缺陷与改进措施[J].交通世界,2019(15):22-23.

[16] 刘飞燕,沈文,韦钦平,等.农村公路交通安全综合评价[J].公路与汽运,2013(04):88-92.

[17] 徐发尧.特殊天气条件下农村公路交通安全保障研究[D].长安大学,2013.

[18] 董秀凤.农村公路事故多发路段识别研究[D].长安大学,2010.

[19] 王达.基于认知心理学的农村公路交通安全设施设计探讨[J].内蒙古科技与经济,2018(19):26-27+39.

[20] 李超.农村公路交通安全综合评价指标体系研究[D].长安大学,2018.

[21] 王飞.农村公路事故多发路段交通安全技术研究[D].长安大学,2018.

[22] 肖承凯.农村公路安全问题特征与对策[J].黑龙江交通科技,2015,38(03):153-154.

[23] 段孟贵,沈永峰.云南高原山区农村公路交通安全特征与影响因素分析[J].公路交通科技(应用技术版),2014,10(04):287-290.

[24] 王建军,王娟,吴海刚.道路交通标志信息过载阈值研究[J].公路,2009(04):174-180.

[25] 郭英.公路车辆行驶速度与事故关系模型研究[D].吉林大学,2012.

[26] 祝站东.基于道路环境的双车道公路运行速度模型研究[D].北京工业大学,2011.

[27] 王建军,王娟,吴海刚.道路交通标志信息过载阈值研究[J].公路,2009(04):174-180.

[28] 蒋昕,倪金戈.事故形态对车速鉴定的影响[J].时代汽车,2018,303(12):11-12.

[29] 张华.基于局部加权线性回归的交通事故数据分析[J].宁德师范学院学报(自然科学版),2019,31(01):10-15.

[30] 丁林.公路通行能力分析在实际工程中的应用[J].中国水运(下半月),2017,17(10):212-213.

[31] 张晓明.高速公路线形与事故率关系及其事故诱导因素研究[D].哈尔滨工业大学,2012.

[32] 马永强.城镇化公路安全运行速度研究[D].武汉工程大学,2014.

[33] 陈振奎.道路交通事故车速计算方法分析与应用研究[D].内蒙古工业大学,2015.

[34] 林新国.基于车速变化评价交叉路口的行车安全[D].广州大学,2016.

[35] 裴玉龙.信号控制条件与道路交通事故关系的研究[A].中国公路学会公路规划分会.中国公路学会公路规划分会2003年文集[C]//中国公路学会公路规划分会:中国公路学会,2003:77-81.

[36] 刘利花,张金喜.高速公路不良天气交通事故分析[J].道路交通与安全,2006(8):26-29.

[37] 崔枭翔. 道路交通事故及其严重程度影响因素研究[D]. 大连理工大学,2018.

[38] 祝华倩. 公路平面交叉路口交通安全改善对策分析[J]. 建筑工程技术与设计,2019,(32):3432.

[39] 羊钊. 平面交叉路口交通设计多目标综合评价方法[D]. 东南大学,2014.

[40] Saaty T L . Basic theory of the analytic hierarchy process: how to make a decision [J]. Revista De La Real Academia De Ciencias Exactas Físicas Y Naturales, 1999, 93(4): 395-423.

[41] 杜栋, 庞庆华, 吴炎. 现代综合评价方法与案例精选[M]. 北京:清华大学出版社, 2008.

[42] 唐林俊, 杨虎. 因子分析法在区县经济综合指标评析中的应用[J]. 数理统计与管理, 2003(05):25-30.

[43] 戴西超, 张庆春. 综合评价中权重系数确定方法的比较研究[J]. 煤炭经济研究, 2003(11):43.

[44] Diakoulaki D , Mavrotas G , Papayannakis L . Determining objective weights in multiple criteria problems: The critic method[J]. Computers & Operations Research, 1995, 22(7):763-770.

[45] 王昆, 宋海洲. 三种客观权重赋权法的比较分析[J]. 技术经济与管理研究, 2003(6):48-49.

[46] 杨峰. 城市平面信号交叉路口评价体系研究[D]. 北京工业大学, 2001.

[47] 李尚辉. 城市道路畸形交叉路口改造优化设计与评价研究[D]. 福建农林大学 2015.

[48] 中华人民共和国交通运输部. 公路工程技术标准:JTG B01—2014[S]. 北京:人民交通出版社,2014.

[49] 王建军, 王娟, 吴海刚. 道路交通标志信息过载阈值研究[J]. 公路, 2009(04):181-187.

[50] 国家质量技术监督局. 道路交通标志和标线:GB 5768. 2—2009[S]. 北京:中国标准出版社,1999.

[51] 中华人民共和国交通运输部. 公路路线设计规范:JTG D20—2017[S]. 北京:人民交通出版社股份有限公司,2017.

[52] 王振华. 城市交叉路口安全评价体系研究[D]. 北京工业大学,2008.

[53] 中华人民共和国交通运输部. 公路护栏安全性能评价标准:JTG B05-01—2013[S]. 北京:人民交通出版社,2013.

[54] 国家市场监督管理总局,中国国家标准化管理委员会. 城市道路交通组织设计规范:GB/T 36670—2018[S]. 北京:中国标准出版社,2018.

[55] 中华人民共和国公安部. 道路交通信号控制方式 第1部分:通用技术条件:GA/T 527.1—2015[S]. 北京:中国标准出版社,2015.

[56] 章坤鹏. 基于交通安全的公路景观绿化设计[D]. 长安大学,2011.

[57] Lamm, R., Psarianos, B., & Cafiso, S. Safety Evaluation Process for Two-Lane Rural Roads: A 10-Year Review. Transportation Research Record, 2002, 1796(1), 51-59.

[58] 王琰, 郭忠印. 基于模糊逻辑理论的道路交通安全评价方法[J]. 同济大学学报(自然科学版), 2006, 36(1):47-51.

[59] 齐庆杰, 吴宪, 温秀红. 道路交通安全评价方法[J]. 辽宁工程技术大学学报, 2005(03):6-9.

[60] 过秀成. 道路交通安全学[M]. 南京:东南大学出版社,2001.

[61] 饶睿. 南京市国省道公路交通安全影响因素及其改善对策研究[D]. 东南大学,2017.

[62] 朱小红, 陆愈实, 周德红. 模糊评价数学模型在道路交通安全评价中的应用[J]. 安全与环境工程, 2006(03):106-108.